Nigel Barley

Tanz ums Grab

Aus dem Englischen übersetzt
von Ulrich Enderwitz

Klett-Cotta

Klett-Cotta
Die Originalausgabe erschien unter dem Titel
»Dancing on the Grave. Encounters with Death«
im Verlag John Murray, London
©1995 by Nigel Barley
Für die deutsche Ausgabe
© J. G. Cotta'sche Buchhandlung Nachfolger GmbH,
gegr. 1659
Stuttgart 1998
Fotomechanische Wiedergabe nur mit Genehmigung
des Verlags
Printed in Austria
Schutzumschlag: Philippa Walz, Böblingen
Gesetzt aus der 10.5 Punkt Berling
von Satzcentrum Jung, Lahnau
Auf säure- und holzfreiem Werkdruckpapier
gedruckt und gebunden von Wiener Verlag, Himberg

Die Deutsche Bibliothek – CIP-Einheitsaufnahme
Barley, Nigel:
Tanz ums Grab / Nigel Barley. Aus dem Engl. übers. von
Ulrich Enderwitz. – Stuttgart : Klett-Cotta, 1998
Einheitssacht.: Dancing on the grave <dt.>
ISBN 3-608-91811-6

Inhalt

Einleitung ... 7

1 Die Universalität des Todes ... 11

2 Vor und nach dem Faktum ... 56

3 Der mythische Ort des Todes ... 76

4 Die Fixen und die Toten:
Beziehungen, die über das Grab hinausreichen ... 97

5 Nur Fleisch und Blut ... 126

6 Politische Tode ... 147

7 Fester Wohnsitz: Zeit, Ort und Tod ... 169

8 Metaphern, mit deren Hilfe wir sterben ... 197

9 Von der Wiege bis zum Grab ... 234

10 Fortschritte in der Kopfjagd:
Krieg, Mord und Todesstrafe ... 256

In Memoriam ... 289

Einleitung

Ein Buch wie dieses in Angriff zu nehmen kommt bereits einer kulturellen Stellungnahme zu Leben und Tod gleich. Die Zeit wird als etwas Nichtendendes vorausgesetzt, als ein, soweit das Auge reicht, unbegrenzt verfügbares Gut; von einer unüberschreitbar letzten Frist weit und breit keine Spur. »So Gott will« zu sagen, wie das nahöstliche Piloten manchmal tun, wenn sie die voraussichtliche Ankunftszeit mitteilen – dazu scheint kein Anlaß.

Dies ist keine »Anleitung zu ...« Die Welt ist bereits voll von Büchern, die uns lehren möchten, wie man am besten stirbt oder, besser noch, *nicht* stirbt. In unserer Kultur denken wir weniger darüber nach, wie man gut stirbt oder mit Bravour tötet, als darüber, wie man den Tod anderer mit Anstand betrauert. Angst und Faszination gehen Hand in Hand. In einer Welt, in der es von Fachleuten nur so wimmelt, verwundert es nicht, daß die Volkshochschule sogar einen Lehrgang für Leidtragende und Hinterbliebene anbietet. Daß eine Kultur, in der die Entsorgung der Toten vollständig von bezahlten Fachkräften übernommen wird, als nächstes die Kummerbewältigung zu einem marktgängigen Gewerbe erhebt, erscheint nur logisch.

Anderen Menschen in solchen Fragen zur Seite zu stehen erfordert große Weisheit, Menschlichkeit und Urteilskraft; an Leuten, die diese Tugenden für sich in Anspruch nehmen, fehlt es nicht. Sie gehören indes keiner anerkannten akademischen Disziplin an, schon gar nicht der Ethnologie; und dieses Buch stützt sich in der Hauptsache auf ethnologische Daten. Die Ethnologen wissen einiges darüber, was für ein Bild sich Menschen vom Tod machen. Welches Bild sich Menschen von ihm machen *sollten*, darüber wissen sie nichts. Sich missionarisch zu betätigen stünde ihnen schlecht an. Aus den Bräuchen anderer lassen sich keine Null-acht-fünfzehn-Lösungen für eigene Probleme herleiten. Kein Patentritual oder vorgefertigtes Bild vermag den Tod kurzerhand »ins rechte Lot« zu bringen und seinen Stachel in eine Liebkosung zu verwandeln. Die ungeheure Vielzahl von Betrachtungsweisen und Verfahrensformen im Blick auf den Tod lehrt uns bloß, daß unsere eigenen eingefleischten Formen, mit ihm umzugehen, nichts Naturgegebenes sind und daß wir sie ändern *könnten*, wenn wir wollten; zugleich lehrt sie uns, daß wir mit unseren Gewohnheiten denkbar weit entfernt davon sind, den Tod in seiner Bedeutungsfülle zu erschöpfen, und daß wir höchstens an der Oberfläche kratzen.

Wenn der Weg zur Hölle mit guten Vorsätzen gepflastert ist, so der zum Tode mit Platitüden. Wenn man Todesrituale in »Glaubensvorstellungen« übersetzt, wie wir im Westen das gerne tun, dann erweisen sich viele von ihnen als abgeschmackte Gemeinplätze über Leben und Tod als über zwei Seiten ein und derselben Wirklichkeit. Tiere und Pflanzen sterben, damit der Mensch leben kann. Die Alten sterben, um Platz für die Jungen zu machen. Der animalische Tod befördert das Leben der Vegetation. Die eine pflanzliche Ernte liefert das Saatgut für die nächste – und so weiter. Der Tod ist janusköpfig. Lévi-Strauss zufolge kann man gar nicht genug hervorheben, auf einer welch geringen Zahl von Grundideen mythologische Vorstellungssysteme aufbauen. Vielleicht aber handelt es sich bei dem Interesse an »Vorstellungen« einfach nur um eine fixe Idee des Westens. In China ist die eifrige Observanz einer allgemein anerkannten rituellen Reaktion auf den Tod ohne weiteres vereinbar mit völliger Gleichgültigkeit dagegen, ob die Praxis auch mit entsprechenden Glaubensvorstellungen einhergeht: es spielt keine große Rolle, wie man einschätzt, was man tut; die Hauptsache, man tut es und entspricht damit den allgemeinen Gepflogenheiten. Sich Gedanken über »Vorstellungen« zu machen bleibt einer kleinen Schar von Ausländern und einheimischen Experten überlassen.

Auf dieser Basis, die unter theoretischen Gesichtspunkten nicht gerade erfolgversprechend wirkt, haben verschiedene Völker komplizierte und aufwendige Ritualsysteme entworfen und zu wahren Kunstwerken ausgearbeitet. Mit den Gedenkstätten für die Toten setzt der Mensch zugleich seinem eigenen Ingenium ein Denkmal; sie gehören für uns eindeutig zum Menschsein dazu. Manche Kulturen, unter denen die des Alten Ägypten hervorsticht, haben sich im Bemühen, dem Tode eines einzelnen Menschen gerecht zu werden, praktisch völlig verausgabt, während zum Beispiel die nomadischen Völker Südafrikas wenig mehr tun, als das Dach auf den Leichnam herabfallen zu lassen und sich dann aus dem Staub zu machen. Wie man sich verhält, ist nicht allein eine Frage des relativen Wohlstands und der technischen Entwicklung. Die australischen Stämme haben unter schwierigsten Lebensbedingungen komplizierte Begräbnispraktiken ausgebildet, die zum großen Teil Eingang in die maßgebende humanwissenschaftliche Theoriebildung gefunden haben. Für Gleichgültigkeit gegenüber den Toten hat man verschiedene Gründe verantwortlich gemacht – etwa einen allgemeinen Mangel an Interesse für die Tiefendimension der Zeit, fehlende ackerbauliche Modelle wiederkehrender Fruchtbarkeit oder mangelhaft ausgeprägtes Rollenbewußtsein, eine Weltsicht, der das Leben nicht als endliches und beschränktes Gut gilt, die Verdrängung der Vorstellung vom Reichtum an Menschen durch den Kapitalbegriff. Manchmal werden diese Gründe auf milieuspezifische oder wirtschaftliche Verhältnisse rückbezogen. Sie alle haben einen gewissen Erklärungswert, aber wie die meisten ethnologischen Theorien passen sie eben nur, wo sie passen. Betrachtet man sie genauer, erweisen sie sich als entweder schlicht falsch oder als einfach tautologisch. Es gibt keine einzelne, erschöpfende Erklärung dafür, daß die eine Gesellschaft sich für den Tod interessiert, während die andere ihn ignoriert. Wittgenstein hat die These vertreten, der Tod gehöre nicht zum Leben. Den meisten Menschen zufolge irrt Wittgenstein – oder behält jedenfalls nur im allerkrudesten Sinne recht. In den meisten Kulturen ist der Tod fester Bestandteil einer umfassenderen Sicht vom Leben. Das Umgekehrte gilt weniger oft. Was als Fenster zur Ewigkeit erscheint, wird zu einem Spiegel, in dem wir uns selbst betrachten.

Die engen Bande, die den Tod mit der Art und Weise verknüpfen, wie wir die Welt betrachten, finden ihren deutlichsten Ausdruck in der Vielzahl von schlechten Wortspielen, die fast alle Bücher über den Tod durchgeistern und ihren Schatten auf das Alltagsleben werfen. Ich habe mich bemüht, ihnen aus dem Weg zu gehen. *Meistens* ist es mir gelungen.

1 Die Universalität des Todes

»Bei dieser Sache sind wir allesamt allein.«
Lily Tomlin

Sich für den Tod zu interessieren wird einem nicht leicht gemacht. In Großbritannien gilt die Beschäftigung mit der Sterblichkeit und ihren Formen als »morbide« oder, schlimmer noch, als »krank«. In Afrika wurde meine ständige Anwesenheit bei Begräbnissen rasch bemerkt. »Sie sind wie ein Geier«, bemerkte ein Mann kühl. »Ich sehe, wie Sie die Hänge hinaufsteigen, und weiß, jemand muß die Welt verlassen haben.« Einem politisierten Blick könnte sich das als Sinnbild dafür aufdrängen, daß sich alle ethnologische Forschung als Aasgeier betätigt beziehungsweise daß der Ethnologe die Rolle des Leichenbestatters und Einbalsamierers bei sterbenden Kulturen spielt. In Java erregt das Verlangen, einen Friedhof zu besuchen, noch größeren Anstoß; den Toten stellt man nicht ohne guten Grund nach. »Sie können nicht auf einen Friedhof gehen«, erklärte mein entsetzter Gastgeber. »Ich kann Sie da nicht hinbringen. Man würde uns sehen. Die Leute würden uns für wahnsinnig halten, für Hexen, die auf der Suche nach frischem Leichenfleisch sind.«

Und doch ist der Tod mehr als bloß eine Erfahrung des einzelnen; die Ethnologen haben sich redlich Mühe gegeben, ihm einen wichtigen Platz im Drama des Lebens einzuräumen. Wegbereiter der Ethnologie wie Bronislaw Malinowski sahen im Tod den Ursprung aller Religion, aber das war letztlich eine einfache logische Folgerung aus den Verbindungen zwischen Magie, Wissenschaft und Religion, die Malinowski selbst zuvor hergestellt hatte. Spätere Autoren haben in der Angst vor dem Tod und in seiner Verleugnung die Quelle *aller* Kultur zu entdecken geglaubt.[1] Der Mangel solcher Positionen besteht nicht darin, daß sie zuwenig erklären, sondern – wie jede Psychoanalyse – zuviel.

Die Archäologen haben sich als vergleichbar gute Presseagenten im Dienste des Todes bewährt. In der archäologischen Literatur zählt die rituelle Sorge um die sterblichen Überreste nach wie vor zu den ersten Anzeichen dafür, daß der Mensch sich vom menschenähnlichen Tier zu einem höherstehenden Wesen fortentwickelt hat. Es gehört zu den ironischen Seiten dieser »rituellen Sorge«, daß dabei mit den sterblichen Überresten unter Umständen genauso umgesprungen wird, wie das die höherstehenden Wesen tun, wenn sie sich gegenseitig auffressen. »Rituelle Sorge« wird als Beweis für ein vernünftiges und achtungsvolles Verhalten genommen, wohingegen Kannibalismus als Ausdruck tierischer Rohheit gilt. Wie es scheint, trägt der Tod stets zwei Gesichter zur Schau, dank deren er sich in ebenso nützlicher wie naturgegebener Zweideutigkeit präsentiert; nicht das Grauen, sondern das Paradox geht im Schattenreich des Todes um. Müssen wir also die Tatsache, daß der Pekingmensch vor 400 000 Jahren menschliche Röhrenknochen und Schädel spaltete, als Beweis für ein erhebendes Bestattungsritual oder für primitiven Kannibalismus nehmen? Tatsächlich ist beides ein und dasselbe. Sobald die Grenze zum Menschsein überschritten ist, wird das Aufessen der Toten ebensosehr zu einer

---

[1] Baumann 1993

12

rituellen Handlung wie ihre Bestattung, weil beides – ebenso wie die Angst der Javaner vor hungrigen Hexen – einfach nur unterschiedliche kulturelle Methoden sind, mit dem Problem fertig zu werden, daß die Mitmenschen aus Fleisch bestehen.

Aristoteles sah im Humor das auszeichnende Charakteristikum des Menschen, während andere sich aufs Sprachvermögen geworfen haben. Voltaire kommt der Wahrheit näher, wenn er feststellt, daß Menschen die einzigen Wesen sind, die wissen, daß sie sterben müssen. Der Tod bildet so etwas wie einen Grenzpunkt, eine Art Grund- und Schlußstein, der das menschliche Sein nach beiden Seiten absteckt und begrenzt.

Die Forscher auf dem Gebiet der tierischen Kommunikation haben kürzlich einen Durchbruch erzielt. Entgegen der Vorstellung, daß nur Menschen über Sprachfähigkeit verfügen, gelang es ihnen, Schimpansen die Verwendung von Zeichen der menschlichen Taubstummensprache beizubringen. Wie nicht anders zu erwarten, setzten sie dann noch eins drauf und nahmen die nächste künstliche Trennlinie zwischen Mensch und Tier in Angriff. Ein Forscher mußte der Schimpansin Washoe, der berühmtesten aus der Gruppe der Versuchstiere, mitteilen, daß ihr Säugling gestorben war; er versuchte, ihr das auf die Weise beizubringen, daß er die Zeichen für »Baby« und »zuende« zusammenfügte. Was Washoe sich daraus zusammenreimte, werden wir nie erfahren – in Antwort auf die Frage, wie die Schimpansin reagiert habe, sackte der Wissenschaftler jedenfalls in sich zusammen und nahm einen unendlich traurigen Ausdruck an. Ein Mensch äfft einen Schimpansen nach und und stützt damit die These, Schimpansen seien wie Menschen und hätten, da sie über ein vergleichbares Wissen vom Tod verfügten, auch Anspruch auf ähnliche Rechte im Leben.

Ein Hauptstrang der frühen anthropologischen Forschung, wie ihn ein Lévy-Bruhl oder Evans-Pritchard vertraten, kon-

13

zentrierte sich in seinen Überlegungen zur geistigen Homogenität der Menschheit auf den Bereich des logischen Denkens. Wie kam es, daß verschiedene Völker angesichts derselben Empirie zu völlig unterschiedlichen Erkenntnissen gelangten? Hatte der Primitive ein genetisch anderes Denkvermögen oder Gehirn? Liefen in unterschiedlichen geistigen Systemen unterschiedliche logische Prozesse ab, oder war alles nur eine Frage ungleicher kultureller Voraussetzungen, die dem im Grunde gleichen Instrument unterschiedliche Weisen entlockten? Der bequeme Konsens, zu dem man gelangte – auch wenn dagegen immer wieder einmal temperamentvoll aufbegehrt wird – besteht darin, daß alle Menschen gleich denken. Das hat mittlerweile als unanfechtbarer Glaubenssatz Aufnahme in das Gründungsdogma der Ethnologie gefunden. Wer diesem Glaubensartikel widerspricht, ist ein Rassist, aller Wahrscheinlichkeit nach ein Bösewicht und mit Sicherheit ein schlechter Ethnologe.

In einem gewissen Sinne aber hat sich der Mann auf der Straße dieser Auseinandersetzung entzogen und andere Orientierungsmarken gesetzt, indem er den Akzent perverserweise von der rationalen auf die emotionale Homogenität des Menschengeschlechts verschoben hat. Das ist ein Ansatz, der im akademischen Bereich durchaus Befürworter findet und der vor allem in menschlicher Hinsicht anspricht. Hat man den ganzen Tag damit verbracht, den ortsansässigen Teilnehmern an einem indonesischen Begräbnis abstruse und wenig überzeugende Erklärungen zu entlocken und eine auf denkbar wackligen Füßen stehende Brücke der Verständigung mit ihnen herzustellen, so braucht nur der herrlich gewandete Oberpriester zu stolpern und unter dem schallenden Gelächter aller Anwesenden der Länge nach in den Dreck zu fallen: Ein einziger zufälliger Blick, den man mit einem Dorfbewohner wechselt, genügt dann, die Gewißheit eines dennoch vorhandenen Grundkonsenses zu vermitteln. Zum ersten Mal an diesem Tage ist man *sicher*, sich gegenseitig zu verstehen.

Diese Einfühlungsperspektive kennt man am besten aus populären Fernsehsendungen süßlich ethnographischen Inhalts. Deren schulmeisterliche Botschaft lautet: »Das Leben besteht aus Geburt, Erwachsenwerden, Heirat, Elternschaft und Tod, mit jeder Menge Leiderfahrung dazwischen. Das Leid zu ertragen und unter Tränen tapfer zu lächeln ist die universale Bestimmung des Menschen.«

Sehr zu ihrem Unwillen sind mittlerweile nicht mehr die Anthropologen, sondern die Massenmedien für Urteile über Allgemeingültigkeit zuständig; der Todeserfahrung die emotionale Allgemeingültigkeit zu bestreiten heißt, dem im Film festgehaltenen Schluchzen der Witwe eines am Hunger Gestorbenen den mitleiderregenden Charakter abzusprechen. Es bedeutet, zwischen die Trauernden, die ein Grab in Soweto umstehen, und den abseits stehenden Beobachter einen Keil zu treiben. Das Mitgefühl im allgemeinen erfährt eine Entwertung. Im Einklang mit unseren eigenen vorgefaßten Meinungen beschreiben wir Trauer nicht als eine rituelle soziale oder körperliche Verfassung, sondern als einen Zustand emotionalen Aufruhrs, der unter Umständen nach einem therapeutischen Eingriff verlangt. Dabei haben doch Ethnologen die Ansicht vertreten, daß bei chinesischen Begräbnissen das vorherrschende Gefühl nicht Trauer, sondern kaum verhohlene Angst vor den verderblichen Einflüssen des Todes sei.[2] In vielen Kulturen, in denen der Tod als die Folge bösartiger Handlungen anderer Menschen in Form von Zauberei und Hexenkünsten gilt, kann Wut die tonangebende Emotion sein. Von den Geschlechtern wird unter Umständen erwartet, daß sie auf unterschiedliche Weise reagieren, der Mann mit Zorn, die Frau mit Tränen.

Letzte Zweifel wurden offenbar während des Vietnamkrieges ausgeräumt – auch diesmal wieder durchs Fernsehen. Die Stimme von General Westmoreland, der sich mit der von eth-

---

[2] Watson und Rawski 1988, S. 121

nologischen Einsichten einigermaßen unbeleckten Erklärung hören ließ, »Der Orientale mißt dem Leben keinen so hohen Wert bei wie der Mensch im Westen«, wurde als Kommentar zu einem Bild gesendet, das eine dem Zusammenbruch nahe, zitternde vietnamesische Greisin zeigte, der eine muskulöse westliche Hand einen M 16-Karabiner an die Schläfe preßte. Wenn das antirelativistische Argument so präsentiert wurde, ließ sich ihm schwer etwas entgegenhalten.

Jeder aber, der bei einem fremden Volk Feldforschung betrieben hat, weiß, daß es unmöglich ist zu wissen, was ein anderer Mensch, geschweige denn ein ganzes anderes Volk, »empfindet«. Manche Kulturen rücken offenbar Emotionen in den Vordergrund, die für uns ohne Bedeutung sind – wie etwa *amae*, das »Abhängigkeitsgefühl«, das für ein Verständnis des japanischen Miteinander und seiner neurotischen Seiten so zentral ist. Oder ganze Emotionen können verschwinden wie zum Beispiel die *akedie*, die Sorglosigkeit, die den Menschen der Renaissance noch bekannt war. Daß Philosophen das Ganze in ein Sprachproblem verwandelten und sich einfach auf die Analyse des sprachlichen Ausdrucks von Emotionen verlegten, war wenig hilfreich und hat die Sache höchstens kompliziert. Es nützt uns nichts, wenn wir erfahren, daß der Satz »Ich fürchte, ich kann mich mit Ihnen nicht treffen« kein tatsächliches Furchtgefühl beim Sprechenden ausdrückt. Und es hilft uns auch nicht weiter, wenn wir wissen, daß bei den Ilongot die Wörter für »Ärger« und »Leidenschaft« keine Gemütszustände, sondern vielmehr soziale Verhaltensformen und Diskursweisen bezeichnen. Nur die falsche Hoffnung, Gemütszustände unmittelbar vergleichen zu können, macht überhaupt die Frage nach den Emotionen interessant, weil sich für uns das Versprechen eines universalen Menschseins darin verbirgt.

*

Als Kind war ich sehr beeindruckt von einer Frau in unserem Dorf, die ein schwarzes Armband anlegte, wenn in einer beliebten Fernsehserie jemand starb. Mit Hilfe einer schwarzen Lederleine, die an die Stelle der üblichen braunen trat, bezog sie auch ihren Hund in die Trauer ein. Anzunehmen, daß der tiefe Kummer, den bei diesen Anlässen ihr ganzes Äußeres verriet, nicht von Herzen kam, haben wir kaum einen Grund. Um betrauert werden zu können, muß man nicht wirklich existiert haben. Fernsehstationen sind heutzutage daran gewöhnt, mit Trauerbekundungen überhäuft zu werden, sooft in irgendeiner Serie eine beliebte Figur »aus dem Verkehr gezogen« wird. Trauerkränze treffen ein, begleitet von Schmähbriefen; der Sender erhält tränenreiche Telefonanrufe; sogar Mordvorwürfe werden erhoben und Morddrohungen gegen den Produzenten ausgestoßen. Gutbürgerliche Zeitungen nehmen solch irrationales Verhalten voll Begeisterung als Beweis dafür, wieviele Irre die Welt bevölkern. Illustrierten-Psychologen ziehen an ihren Pfeifen und schreiben Kolumnen, in denen sie solche Fans für unfähig erklären, zwischen Phantasie und Wirklichkeit zu unterscheiden. Soziologen geben zum Besten, die trauernden Fans seien ein redendes Symptom für den Verfall der Gesellschaft: Schatten auf der Leinwand seien den Leuten wichtiger als ihre Nachbarn aus Fleisch und Blut. Postmodernisten verklären die Fans zu grandiosen Kronzeugen des Inauthentischen aller Darstellung.

Vielleicht sollten wir in diesen fiktiven Toten das einfache Gegenstück zu den wirklichen Säuglingen sehen, deren trauriger Tod keine größere Lücke ins soziale Gefüge reißt und deshalb von allen außer von den nächsten Angehörigen ignoriert wird. Die Leinwandtoten beschränken sich auf eine rein soziale und vom Konsens getragene Existenz. Schließlich ist Kennzeichen der Berühmtheit, daß man von Leuten geliebt oder gehaßt wird, die man noch nie zu Gesicht bekommen hat; mittlerweile müssen die Stars nicht einmal mehr existieren, um ihre Rolle weiterspielen zu können. Als der Schauspieler Brandon Lee während der Dreharbeiten zu dem Film *Die Krähe* versehentlich erschossen wurde, ließ man Filmaufnahmen von ihm elektronisch bearbeiten, damit er auch in den späteren Szenen auftrat. Beim Tode von Filmstars ist es ganz natürlich, daß sie nicht als Darsteller, sondern als Rollen betrauert werden; der Leichnam selbst wirkt eher störend, weil er der aufbereiteten, verdichteten Realität des Leinwandbildes widerspricht.

Aufschlußreich ist in diesem Zusammenhang der Tod der mexikanischen Filmschauspielerin Lupe Velez, die sich 1944 mit Schlaftabletten umbrachte. In Vorbereitung ihres Abganges zog sie ihr bestes Kleid aus Silberlamé an, schmückte das Zimmer mit Blumen und Duftkerzen und drapierte sich auf dem Bett mit gefalteten Händen, wie ins Gebet vertieft. In der Nacht indes bewirkten die Tabletten einen Brechreiz bei ihr, so daß sie in höchster Not ins Bad rannte, stolperte und hinfiel. Am nächsten Morgen fand sie das Zimmermädchen mausetot, mit aufgerichtetem nacktem Oberkörper und dem Kopf im Klobecken, in einer Lache aus Erbrochenem und Exkrementen kniend.

Da dies für einen Filmstar kein akzeptabler Tod war, wurden die Umstände vertuscht. In der Presse erschien die »Dornröschen«-Version, wie sie Lupe selbst geplant hatte. Der Tod – nicht anders als das Leben – steht im Dienste der Kunst.

Wir können niemals sicher sein, was im Gegensatz zur reinen Körperreaktion als »Emotion« gelten darf; Begriffe wie »Überdruß«, »Abscheu« und »Kummer« scheinen sich bei genauerem Hinsehen aufzulösen. Die westliche Psychologie hat einen Großteil ihrer Bemühungen darauf konzentriert, sämtliche Reaktionen in der Weise neu zu ordnen, daß sie entweder tief innerlich/emotional oder rein äußerlich/reaktiv erscheinen. Die Indonesier indes bestehen hartnäckig darauf, daß sie das eine wie das andere in ihrer Leber spüren. Die Beschäftigung mit Ausdrücken, die andere Kulturen für Emotionen verwenden, ist so, als versuchte man, Gerüche in Worte zu fassen.

»Dieser Kriegstanz *(ukukina)*«, erklärte ein alter Nyakyussa-Mann, »ist eine Trauerhandlung; wir trauern um den Toten. Wir tanzen, weil Krieg in unserem Herzen ist. Ein leidenschaftliches Gefühl des Kummers und der Furcht erfüllt uns mit Erbitterung *(iljodscho likutusila)*.« Da diese Äußerung Aufschluß über die heutige wie auch über die traditionelle Bedeutung gibt, die der Kriegstanz für die Hauptleidtragenden hat, müssen wir uns die Ausdrücke sorgfältig anschauen. *Eljodscho* bedeutet eine leidenschaftliche Empfindung des Kummers, des Zorns oder der Furcht; *ukusila* bedeutet unerträgliche Wut oder Erbitterung hervorrufen. Ein Mann erläuterte *ukusila* mit folgenden Worten: »Wenn jemand mich ständig beleidigt, dann versetzt er mich in Rage *(ikusila)*, so daß ich mit ihm kämpfen möchte.« Der Tod ist ein Furcht und Kummer erregendes Ereignis, das die am stärksten betroffenen Männer mit Zorn erfüllt und ihre Kampfeswut anstachelt. Die Hauptleidtragenden und persönlichen Freunde machen ihren Gefühlen durch eine zeremonielle Totenklage Luft, wenn sie Frauen sind; sind sie Männer, geschieht das durch den zeremoniellen Kriegstanz. »Ein Angehöriger lindert seinen leidenschaftlichen Kummer *(iljodscho)* durch das Tanzen; er geht ins Haus, um zu weinen, und dann kommt er heraus und tanzt den Kriegstanz; sein Kummer wird beim Tanzen erträglicher [wörtlich, ›er kann ihn dort, im Tanz, leichter aushalten‹], er zwängt sein Herz ein, und der Tanz lindert ihn.«[3]

Schön und gut, aber allen krampfhaften Bemühungen Godfrey Wilsons zum Trotz wissen wir am Ende seiner Erklärungen noch weniger als vorher, was im Herzen und Be-

---

[3] Wilson 1939, S. 13

wußtsein der Betreffenden vorgeht. Als Lösung bietet sich an, mit der Geschichte kurzen Prozeß zu machen und sich mit dem ganzen naiven Vertrauen, das wir im Westen in die äußere Realität setzen, daran zu halten, was der Betreffende *tut*, nicht, was er *sagt*. Menschliche Wesen weinen und wehklagen, wenn sie traurig sind. Sehen wir Menschen so etwas tun, so meinen wir, darin eine universale Sprache des Kummers erkennen zu können. Wird also bei jedem Begräbnis geweint und gewehklagt? Haben wir hier den Beweis für eine allen Menschen gemeinsame emotionale Grundlage?

Oft sind die Tränen das geringste bei der Sache, sind bloß die Ruhe nach dem Sturm. In manchen Gegenden Afrikas enden Begräbnisse in tätlichen Auseinandersetzungen, bei denen Menschen umkommen; Tod gebiert Tod. In Tonga hackten sich früher die Menschen Finger ab. Bei den Ojibwa in Kanada nahm die Trauer ähnlich krasse Formen an: Männer, Frauen und Kinder schütteten sich Asche über den Kopf. Die Männer gingen offenbar noch weiter und trieben sich an Brust und Armen Messer, Nadeln und Dornen durch die Haut. Die folgende Schilderung der Reaktion der australischen Warramungas auf den Tod ist mittlerweile so etwas wie ein Klassiker:

»An einem Spätnachmittag, unmittelbar vor Sonnenuntergang und kurz nachdem einige heilige Zeremonien abgehalten worden waren, verließen wir den Versammlungsplatz, als plötzlich vom Lager der Männer her ein lautes, durchdringendes Wehklagen erscholl. Wie jeder wußte, bedeutete dies, daß der Mann gestorben war oder im Sterben lag, und wie auf Verabredung rannten alle Männer, einschließlich der kostümierten Tänzer, in wildem Durcheinander in Richtung Lager, wobei die meisten von ihnen gleichzeitig zu heulen anfingen ... Einige der Frauen hatten sich traditionsgemäß über den Leichnam geworfen, während andere im Umkreis standen und knieten und sich die spit-

zen Enden von Kampfkeulen und Pflanzstöcken oben in die Kopfhaut bohrten, so daß ihnen das Blut übers Gesicht herab-strömte. Sie alle schrien und heulten aus Leibeskräften… Ein Mann war zu seinem Lager geeilt, um ein Steinmesser zu holen und kam jetzt brüllend zurück, während er mit dem Messer in der Luft herumfuchtelte. Plötzlich sprang er zwischen die Män-ner und schlitzte sich beide Oberschenkel tief auf. Weil der Schnitt quer durch die Muskulatur ging, war er außerstande, sich aufrechtzuhalten und stürzte mitten in der Männergruppe zu Boden; von dort zerrten ihn nach einiger Zeit drei oder vier weibliche Verwandte – Mutter, Frau und Schwestern – fort und begannen sogleich, die klaffenden Wunden mit dem Mund zu bearbeiten, während er erschöpft am Boden lag… Das Trauer-ritual war äußerst ausgefeilt, und wer versäumte, sich dem Brauch gemäß zu verhalten, bewies damit einen Mangel an Re-spekt, den der Geist des Toten gewaltig übelnehmen würde. Auf dem Lagerplatz lagen mehrere Männer, die ihre Schenkel aufge-schlitzt und sich so außer Gefecht gesetzt hatten. Sie hatten ihre Pflicht erfüllt und trugen fortan zum Beweis dafür tiefe Narben. An einem dieser Männer zählten wir nicht weniger als sechs-undzwanzig dieser Narben… Das Bein des Mannes, der sich die tiefste Schnittwunde beigebracht hatte, wurde von dessen Vater gehalten, den seinerseits von hinten ein älterer Mann um-schlang – der Schwiegervater des Patienten –, so, als wolle er ihm in seinem Kummer beistehen. Verschiedene weitere Männer kamen einer nach dem anderen herbei, und allenthalben um-armte man sich, wobei Heulen und Stöhnen miteinander wech-selten.«[4]

Solch lautstarker öffentlicher Kummer paßt nur zu gut in das bequeme westliche Bild von den anderen Völkern, die weniger selbstbeherrscht – »naturnäher« – seien als wir oder die stärker zu abstoßenden Schaustellungen neigten. Bei

---

[4] Spencer und Gillen 1912, S. 426

malaiischen und javanischen Begräbnissen indes besteht ein absolutes Verbot, laut zu klagen, da dies den Dahingeschiedenen belasten würde. Aber egal. In der Welt, in der wir uns aufhalten, wenn wir kulturelles Anderssein wahrnehmen, einer Welt, in der die anderen immer die Dummen sind, bleibt es dabei, daß wir die Vernunft gepachtet haben. Wir brauchen uns nur darauf zurückzuziehen, daß die Malaien in völlig anderer Weise »Sklaven der Gewohnheit« seien als wir natürliche Wesen. Jüdische Begräbnisse stellen offenbar einen Versuch dar, beides miteinander zu vereinen: einerseits wird ausgiebig gewehklagt und andererseits werden die Fotos des Verstorbenen verhängt, »damit er unsere Tränen nicht sieht«.

Dennoch ist es mit Sicherheit nicht legitim, diese Bräuche einfach als unterschiedlich aber exakt ablesbare Skalenwerte auf einem gemeinsamen Kummerthermometer zu betrachten und höchstens noch dem jeweiligen Kulturzusammenhang zuzubilligen, daß bei ihm der Thermostat ein bißchen höher oder niedriger eingestellt ist. Das ist so, als wenn man eine Ohrfeige und den Abwurf von Napalmbomben unter dem Oberbegriff »Aggression« subsumiert.

In einem komischen Sketch stellt Bill Cosby auf vielsagende Weise Begräbnisse bei Schwarzen und bei Weißen im heutigen Amerika einander gegenüber. Beim schwarzen Begräbnis werfen sich die Menschen schreiend über den Sarg. Beim weißen Begräbnis hört man nur eine blasierte Stimme fragen: »Entschuldigen Sie, ist diese schmutzige Erde *unbedingt* nötig?« Gemeinsam ist beiden Verhaltensrepertoires die Überzeugung, daß es bei Begräbnissen um den Ausdruck emotionaler Bindungen zwischen den Lebenden und den Toten geht, egal, ob die Emotion Respekt oder Kummer ist. Von der andernorts anzutreffenden Erwartung, daß die Verhaltensformen Einfluß auf das Schicksal des Toten haben, kann hier keine Rede sein. Andere Völker sind starr vor Entsetzen darüber, daß wir die Körper unserer Toten wildfremden Leuten überlassen, damit diese sie ausziehen, ausweiden und nach Gutdünken mit ihnen verfahren. Wir wiederum empfinden es als skandalös, wenn Menschen dafür bezahlt werden, daß sie wehklagen und Kummer heucheln. Um es mit Montaigne zu sagen: »Jedermann nennt alles barbarisch, was nicht seinen eigenen Gewohnheiten entspricht.«

Nicht nur der Tod selbst wird in aller Form betrauert.

»Wenn ein Häuptling einen Zahn verliert, erhebt seine Familie eine Totenklage, im Herd wird Feuer gemacht, und die Söhne schlitzen sich zum Zeichen der Trauer die Stirnhaut auf – das ist eine gängige Art, dem alternden Mann Mitgefühl zu bezeigen, weil er jetzt nicht mehr alles essen kann.«[5]

Auch solch ein kleiner Vorgeschmack auf den Tod, der vierzigste Geburtstag, der Verlust von Körperkraft oder sexueller Potenz, bedarf unter Umständen der kulturellen Markierung. Man stelle sich vor, wie unterhaltsam es ein könnte, wenn wir unseren Alterungsprozeß kommentierend begleiten würden, statt ihn totzuschweigen.

Das herrschende Modell für den Geist liefert heute der Computer, aber dank Freud schleppen wir uns immer noch mit einem Bild vom Gefühlsleben ab, das dem Zeitalter der Dampfmaschine entstammt. Demnach stecken in unserem Inneren naturgegebene Gefühle, die unter Druck zu brodeln anfangen, ausbrechen wollen und Ventile brauchen, häufig allerdings durch gesellschaftliche Zwänge unter Verschluß gehalten werden. Weinen stellt ein »Sicherheitsventil« dar, eine Möglichkeit, vorsichtig »Dampf abzulassen« und auf diese Weise eine Explosion zu verhindern. Ist der Druck be-

---

5 Firth 1936, S. 185

seitigt, läßt sich der Kummer in geordnete Bahnen lenken und stillen.

Genauso häufig aber wird eine Zurschaustellung von Emotionen gefordert, die mit tatsächlichen Gefühlen wenig zu tun hat und bei der es sich um eine gesellschaftlich verfügte Darbietung handelt. Die zitierte Passage über die Warramunga in Australien geht folgendermaßen weiter:

»Das meiste war einfach eine Frage des angemessenen Betragens und hatte mit echtem Kummergefühl nichts zu tun. Beim Tode eines Mannes, zu dem man in einer bestimmten Beziehung steht, muß man tun, was sich schickt, was bedeuten kann, daß man sich den Schenkel aufschlitzt oder sich die Haare abschneidet – unabhängig davon, ob man mit dem Toten persönlich bekannt oder ob man sein engster Freund beziehungsweise sein ärgster Feind war.«[6]

Bezeichnend ist schließlich, daß bei den Warramunga der »Kummer« einen Mann dazu bringt, sich für den Onkel mütterlicherseits die Schenkel aufzuschlitzen, für die Mutter hingegen den Unterleib zu versengen, und daß bei den Ojibwa der Kummer nur die *Männer* veranlaßt, sich die Haut zu durchbohren. Trauer ist die Erfüllung einer letzten Pflicht, und selbst wo sie nicht nur ausgedrückt, sondern auch empfunden wird, steht zwischen uns und den nackten Tatsachen die Kultur.

Der Schauspieler John Gielgud hat ein Kabinettstückchen auf Lager, das er in Interviews immer wieder vorführen muß. Er kann nach Belieben weinen, kann sich einfach hinsetzen, die Tränenkanäle öffnen und »spontane« Tränenbächlein die Wangen herabfließen lassen. Mit dieser Fähigkeit steht er nicht allein. Noch im 18. Jahrhundert war es in ländlichen Teilen Europas üblich, bei Traueranlässen öffentlich Tränen

---

6 Spencer und Gillen 1912, S. 429

zu vergießen. Und bei vielen Völkern rund um die Erde, unter denen die Andamaner besondere Berühmtheit erlangt haben, stellt der Gielgud-Trick einen ganz normalen Höflichkeitsbeweis dar.

Solch ein Verhalten kann großen Überlebenswert besitzen. Wer versäumt, auf diese Weise seine Trauer zu zeigen, zieht sich möglicherweise die Anschuldigung zu, den Tod des Verstorbenen durch Magie verschuldet zu haben. Ein Anführer auf den Trobriand-Inseln übernimmt vielleicht für den Tod eines Gegners einfach dadurch die Verantwortung, daß er sich in Reaktion auf die Nachricht herausputzt, statt Trauerkleider anzulegen.

Die Treue einer Ehefrau wird oft nach den Trauerbekundungen beurteilt, die als Aushängeschild ihrer Tugendhaftigkeit gelten. Bei den Tlingit in Alaska pflegte die Familie des verstorbenen Mannes die schwarze Farbe, mit der die Witwe ihr Gesicht bemalt hatte, danach zu untersuchen, ob ordnungsgemäß Tränenspuren zu sehen waren. Wer es an der angemessenen Trauer fehlen ließ, setzte sich einer mehr oder minder offenen Mißbilligung aus. Ende des 19. Jahrhunderts zog sich eine Witwe den Vorwurf zu, die Anstandsregeln mißachtet, ja, sogar durch ein Verhältnis mit einem Weißen kraß gegen sie verstoßen zu haben. Bei der abschließenden Gedenkfeier für den verstorbenen Mann ließ dessen Familie, um die Witwe zu beschämen, einen Knaben in europäischen Kleidern auftreten und laut auf der Quetschkommode spielen.[7]

*

»*Die Gesichter des Todes*, das sollten Sie sich anschauen«, sagt zu mir ein malaysischer Museumskollege bei einer jener Gelegenheiten zum Gedankenaustausch, die sich vorzugweise

---

[7] Olson 1967, S. 66

ergeben, wenn man sich spät abends in der Bar näherkommt. Seine Spezialität ist »Ehebruch« – kein Pappenstiel in einem moslemischen Staat. Meine ist »Tod«.

»*Die Gesichter des Todes*, was ist das?«

Er zuckt die Achseln und zieht ein Gesicht. »Filmmaterial aus Wochenschauen. Allerhand Sorten Begräbnisse von überall auf der Welt, Archivzeug. Massen von Leuten, die heulen und sich wild aufführen, Opfer bringen. Kuru, Sie wissen, die Krankheit, die sie in Neuguinea kriegen, weil sie Leichen essen. Hab's vergessen. Ich werd's Ihnen schicken.« Aber als er mir *Die Gesichter des Todes* schickt, wird es vom Zoll Ihrer Königlichen Majestät beschlagnahmt. »Filmmaterial über den Tod und die Verstümmelung von Menschen und Tieren unter wechselnden Bedingungen«, stellt der Brief rügend fest; »wurde vom kontrollierenden Beamten als obszön eingestuft und ist folglich zu beschlagnahmen.«

Ein moslemisches *kenduri* – Gebete, um die Seele eines Verstorbenen hinüberzugeleiten – in einem Hochhausblock in Singapur. Die Schuhe stehen in Fächerform vor der Tür, als handelte es sich um eine Ausstellung über die sozialen Aspekte von Schuhwerk. Da sind Frauenschuhe, winzige Kinderschuhe, Männerslippers mit bequemlichkeitshalber heruntergetretenen Rändern, die abgenutzten Sandalen der Nachbarn, die modischen Docs eines Teenagers, doppelt unbequem in einer Kultur, in der man täglich ein dutzendmal beim Verlassen und Betreten eines Hauses die Schuhe an- und ausziehen muß. Während ich meine westlichen Schnürsenkel aufknote, fällt mir ein Witz ein, den ich von einem Imam auf Java gehört habe: »Warum haben wir keine komplizierten Gesänge und Prozessionen in den Moscheen, wie die Christen sie in ihren Kirchen haben? Das wissen Sie nicht? Haben Sie nicht all die Sandalen vor der Tür gesehen? Wir haben genug damit zu tun, daß wir wieder mit dem gleichen Paar Schuhe losziehen, mit dem wir gekommen sind.«

Drinnen trifft man Trauernde in traditioneller Tracht oder irgendeinem Kompromiß aus Trauerkleidung und normalem Aufzug. Die meisten Männer tragen *songkok*-Hüte und Sarongs, die kleinen Jungen präsentieren sich stolz im kompletten malaiischen Kostüm. Die Männer sind die Vorbeter, die Frauengruppe hält sich ein bißchen abseits. Frauen sollen mit dem Tod möglichst wenig in Berührung kommen.

Zwei Dinge fallen dem westlichen Beobachter auf. Erstens wirkt alles so entspannt, macht den Eindruck eines familiären Ereignisses, ohne religiöse Amtsträger. Jeder, der die Gebete kennt, kann sich beteiligen. Aber ein *gottloser* Mensch – auf diese Feststellung legen sie Wert – wäre zur Teilnahme nicht imstande. Eine Mutter wiegt ihren Säugling, während sie singt, ein Junge klopft im Rhythmus des Gesanges mit dem Finger sanft auf den Kopf seines kleinen Vetters. Zweitens gibt es keine Tränen. Die würden den Toten belasten. Sie begrüßen mich mit einem Lächeln oder durch ein kurzes Heben der Augenbrauen.

Danach essen und schwatzen wir. Ohne viel Umstände wird der Fernseher angestellt, damit wir das Fußballspiel nicht verpassen, Singapur gegen Brunei. Die Frauen essen nach den Männern.

»In England haben die Damen den Vortritt.«

»Also ... jedenfalls *behaupten* wir das.«

Beim Essen unterhalten wir uns darüber, welche neuen Zipperlein und finanziellen Sorgen sich seit unserer letzten Begegnung eingestellt haben. Sie fragen nach dem Buch über den Tod, an dem ich, wie sie wissen, schreibe, und erzählen mir über die *kenduris* und wie sie sich verändert haben. »Wichtig ist«, sagt der Streber vom Dienst, »daß wir die richtigen Antworten auf die Fragen kennen, die uns der Engel des Todes stellt, wenn er uns nach unserem Tod ins Kreuzverhör nimmt. Wir lernen das als Kinder – wie die Abfassung eines Lebenslaufs.«

Ich wiederum erzähle ihnen von englischen Begräbnissen

und Trauerritualen, wie sie sich seit meiner Kindheit verändert haben. Damals nahmen wir vor dem Kriegerdenkmal die Hüte ab und verhängten die Spiegel, während wir in Trauer waren. »Wah, das mußten wir im Dorf machen, wenn es ein Gewitter gab. Die Menschen tun verrückte Dinge. Warum tun sie so etwas?«

Das Fußballspiel ist vorbei, und es folgt ein alter Film, winselnde Geigen, das Malaiische mit indonesischen Endungen, wie das Britisch, das früher auf den Broadwaybühnen gesprochen wurde. Wir lassen uns vor dem Fernseher nieder, um uns den Film anzuschauen. Ein schöner, alter Schinken aus dem Inselmeer, muskelbepackte, edle Männer, betrogen von Frauen, die nichts taugen, jede Menge Tränen, Verwünschungen, Vergebung, vielleicht sogar ein Gespenst. Shakespeare wäre hier in seinem Element gewesen. Der Film fängt mit einem dörflichen *kenduri* an, Männer mit tollem Kopfschmuck, dolchbewaffnet, dazu traditionelle Musik. Wir lachen, gewahren uns selbst als blasse Schemen dieser flimmernden Bilder in schwarzweiß.

»Seht doch«, sage ich provozierend, »*echte* Malaien«.

Sie lassen sich die Sache durch den Kopf gehen. »Nein«, sagt einer schließlich, »*alte* Malaien. Wir möchten gern das Programm wechseln. Da läuft ein Basketballspiel.«

»Onkel«, flüstert einer der Jungen. »Komm mit und sieh dir mein Video an. Es ist sehr gut, sehr interessant – es bildet. Es weckt den Wunsch in mir, nach Abschluß der Schule Arzt zu werden.«

»Pornographie«, denke ich und erwarte nacktes blondes Fleisch in Nahaufnahme, pulsierende Leiber, unterlegt mit einer Tonspur aus Keuchen und Stöhnen. Wie verhalte ich mich am besten? Wie ein schamloser, abgebrühter – weil von Gott verlassener – Westler? Höchst unangenehm! Aber natürlich sind es *Die Gesichter des Todes*. Und die sind kein Problem – dank meines westlichen Informationsstandes bin ich über Formen brutalster Schlächterei und mutwilligster Ver-

28

stümmelung besser im Bilde als über die Art und Weise, wie man stinknormal stirbt.

*

In zahlreichen ethnologischen Konstruktionen wird der Trauer bei Begräbnissen eine Brückenfunktion zur Festigung der Beziehung zwischen einzelnem und Gemeinschaft zugesprochen. Durkheim sah im Trauerritual einen Mechanismus zur Stärkung sozialer Bindungen: Das Ritual nötige eine Anzahl von Menschen, Gefühle zu teilen und zu zeigen, die sie von sich aus vielleicht gar nicht verspürten. Für Radcliffe-Brown war das Weinen bei Begräbnissen und bei anderen Gelegenheiten ein Mittel, gesellschaftlich wichtige Bande und die Eingebundenheit des einzelnen in die Gruppe herauszustellen. Wenn einer sterbe, fühle sich die ganze Gruppe bedroht und dränge sich zusammen, um soziale Solidarität zu beweisen und zu erleben. Dem heiligen Augustin zufolge dienen Begräbnisrituale eher den Lebenden als den Toten. Außerdem – dies die raffinierte Wendung, die Augustin der Sache gibt! – vergössen die Menschen nicht deshalb Tränen, weil sie traurig seien. Viemehr seien sie traurig, *weil sie weinten*. Die Unterscheidung ist von zentraler Wichtigkeit. Schließlich besteht nach Ansicht der meisten Menschen bei uns das Problem darin, den Kummer *heraus*zulassen – wie Eiter aus einem Geschwür. Wer sich heutzutage nach irgendeinem größeren Leid, das ihm widerfahren ist, weigert, das zu tun, sieht sich im Zweifelsfall von empörten Psychohygienikern gepiesackt, die den Vorwurf der »Verleugnung« erheben. Aus Sicht des Ethnologen stellt sich das Problem genau umgekehrt dar. Es geht darum, den Kummer in die Person *hinein*zubringen, sie zu veranlassen, sich so zu verhalten, wie es Brauch ist.

Kein Gedanke ist banal genug, um nicht zur Erklärung menschlicher Rituale bemüht zu werden. Mit wahrhaft psychoanalytischer Unverfrorenheit erklärt Thomas Scheff sämtliche Begräbnisrituale zu aufgeblähten kulturellen Spielarten des Kleinkinderspiels, bei dem eine Mutter ihr Gesicht mit den Händen bedeckt, um es dann plötzlich mit dem Ruf »Guck-guck« ihrem Kind wieder zu zeigen – womit sie eine kathartische Bewegung beschreibe, deren Stationen Verlust und Widerruf des Verlustes seien.[8] Mehr Interesse verdient, daß Hitchcock in diesem Spiel den Ursprung des Thrillers sah.

Im Westen betrachtet man heutzutage die Totentrauer als »Privatangelegenheit«. Familien bestehen darauf, »in aller Stille« und im »engsten Familienkreis« zu trauern. Öffentliche Trauerveranstaltungen riechen unweigerlich nach Großmannssucht und Heuchelei. Was du zur Schau stellst, damit ist es dir nicht ernst. Das steht in einem merkwürdigen Gegensatz zu der Theatralik unserer Begräbnisse. Wie Filme und Theaterstücke haben jetzt auch Begräbnisse ihre Regisseure. In Bestattungsunternehmen sind Fassade und was sich dahinter befindet strikt getrennt, geradeso, wie bei Film und Schauspiel unterschieden wird zwischen dem, was auf der Bühne und was hinter ihr vorgeht, was für die Öffentlichkeit sichtbar ist und was dem Einblick absolut entzogen bleibt. Und doch gilt bei unseren heutigen Begräbnissen das Gebot, daß alle Beteiligten nur dann regelkonforme Mitspieler sind, wenn ihnen ihre gemurmelten Beileidsbekundungen von Herzen kommen. Die Ethnologen haben sich hauptsächlich für ritualisierte öffentliche Trauerveranstaltungen in anderen Kulturen interessiert und sie so behandelt, als erschöpfe sich die Praxis des Trauerns in ihnen; sie haben sich dann endlos den Kopf darüber zerbrochen, ob die bei diesen Veranstaltungen zum Ausdruck kommenden Gefühe »echt« seien. Was den Streit um die Innerlichkeit oder Äußerlichkeit der Gefühle betrifft, so ist denkbar, daß die Gefühle derer, die den äußeren Rand der Trauergemeinde bilden, durch das Ritual

---

[8] Scheff 1977

verstärkt werden, während es bei den Hauptleidtragenden zu einer Gefühlsabschwächung kommt. Kein einzelnes Modell taugt dazu, das Gesamtbild zu erfassen.

Es mag natürlich erscheinen, daß der Tod Menschen dazu bewegt, in der Welt herumzureisen und Fragen zu stellen, die das Verhältnis zwischen Zeitlichem und Ewigem, zwischen Öffentlichem und Privatem, zwischen den verschiedenen Generationen und zwischen Individuum und Gemeinschaft betreffen. Tatsächlich sind genau dies die Fragen, die von Ethnologen gestellt werden. Da es sich hier indes um das grundlegende Fragerepertoire der westlichen Soziologie handelt, dürfen wir füglich die Naturgegebenheit dieses glücklichen Zusammentreffens bezweifeln. Zutreffender dürfte die Feststellung sein, daß Ansichten darüber, was Totsein heißt, stets Teil einer allgemeineren Vorstellung davon sind, was es überhaupt bedeutet, ein lebendes menschliches Wesen zu sein, und daß sich weltweit die Verhaltensformen und Überzeugungen, die im Zusammenhang mit Begräbnisritualen stehen, wie eine ausgedehnte Erörterung des Begriffs der Person lesen lassen.

Die melanesischen Dobu haben ihre eigenen Ansichten über den Zusammenhang zwischen Trauer und Leid. Wie Radcliffe-Brown machen sie die Trauer *verantwortlich* für den Tod.

»Sinebomatu, die Nordostwind-Frau, ging mit ihrer Enkelin baden. Die Großmutter schwamm in Richtung Meer einen Fluß hinab. Sie schälte ihre Haut ab und warf sie weg. Sie kam landeinwärts zu ihrer Enkelin. Ihre Enkelin wehklagte: ›Meine Großmutter ist eine alte Frau. Du bist nicht sie.‹ Sie antwortete: ›Doch. Ich bin deine Großmutter.‹

›Du lügst. Du bist eine andere Frau. Meine Großmutter ist eine alte Frau.‹

Sie antwortete: ›Du wehklagst. Ich hole meine Haut.‹

Sie holte ihre Haut und legte sie wieder an wie ein Hemd. Sie kam zurück. Sie sagte: ›Du hast die Wehklage angestimmt. Hättest du das nicht getan und wären wir zum Dorf zurück- gegangen, hättest du im Alter deine runzlige Haut wechseln können.‹

Die Schlange, der Waran, Krabbe und Hummer aßen ein Stück von der Haut. Sie werfen ihre alten Häute ab und leben ewig. Wir sterben.«[9]

Bei den nigerianischen Nupe gibt es eine ähnliche Ge- schichte. Gott führte den Tod ein, weil die Menschen anfin- gen, Baumstämme herumzutragen, sie zu betrauern und zu bestatten. Wie ein Vater, der seinem nörgelnden Kind eine Ohrfeige verpaßt, gab Gott ihnen den Tod, damit sie nicht grundlos jammerten.

Selbst wenn es uns gelänge, eine bestimmte persönliche und deshalb – hoffentlich – spontane Ausdrucksform dingfest zu machen, wäre dies noch keine Garantie dafür, daß wir damit Einblick in eine kulturübergreifende emotionale Reaktion auf den Tod erlangten. Tränen werden nicht bloß aus Kummer vergossen. Vielmehr kann jeder emotionale Exzeß in Tränen enden. So erklärten mir die Dowayo in Kamerun: »Wir wei- nen vor Freude und singen aus Kummer.« Jedenfalls glaube ich, daß ich sie richtig wiedergebe. Das Wort, das ich mit »Kummer« übersetze, war nicht ganz unproblematisch, und freilich sangen und weinten sie auch bei Begräbnissen – und pfiffen sogar eine ziemlich ulkige Melodie.

Tatsächlich ist »Begräbnis« eine recht umfassende Katego- rie, vergleichbar dem Begriff »Fest«. Ein Fest bei Hof kann eine quälend steife Angelegenheit sein, die sich auf ein per Tischordnung ausgetragenes einziges großes Gerangel um Statusfragen reduziert. Das Essen ist ungenießbar und weit- gehend nebensächlich. Ein studentisches Abschlußfest dage-

---

[9] Nach Fortune 1932, S. 186

gen kann eine wilde, regellose Orgie sein, bei der die Sinne durch Alkohol, Musik und Diskolicht benebelt sind und eine sexuelle Freizügigkeit herrscht, unter deren Bedingungen alles erlaubt ist und der Verlust jeder persönlichen Identität und allen gesellschaftlichen Abstands zu den erklärten Zielen der Veranstaltung gehört. Beides sind Feste. Die Begräbnisse, die man weltweit antrifft, weisen eine ähnliche Variationsbreite auf, die von striktester Förmlichkeit bis zum blindwütigen Chaos reicht. Das Wort Begräbnis dient als eine Art »Mädchen für alles«.

Die Yoruba in Nigeria erklären, sie betrauerten den Tod eines jungen Menschen, feierten hingegen, wenn ein alter Mensch seinen Lebenslauf beschließt. Unterschiedliche Begräbnisse können also auch von unterschiedlichen »Gefühlen« begleitet sein. Eltern dürfen an den Begräbnissen ihrer verstorbenen Kinder gar nicht teilnehmen, weil die Kinder die Eltern zu Grabe tragen sollten und nicht umgekehrt und weil sich von Eltern, die Kinder verloren haben, nicht erwarten läßt, daß sie noch Herr ihrer selbst sind. Das Grab für einen älteren Menschen heben die Totengräber unter Scherzen aus. Handelt es sich um einen jüngeren Menschen, sind Späße strikt untersagt.

Rita Astuti[10] berichtet, daß bei den Vezo auf Madagaskar die Gedenkzeremonie der Kreuzaufstellung vom Ernst des Todes getragen und von feierlichen Gesängen begleitet ist, wenn es sich bei den Toten um Kinder handelt. Die Zeremonien für die »guten Toten«, die nach einem erfüllten Leben gestorben sind, haben dagegen ein heiteres Gepräge, legen den Akzent auf die Wiedergeburt und werden von lärmender Musik untermalt.

In den meisten Kulturen gibt es eine Vorstellung davon, wie ein natürlicher Lebenslauf aussieht. Wenn die Jungen vor

---

[10] Astuti 1994

den Alten beziehungsweise noch vor Erreichen des Erwachsenenalters sterben, so ist das zutiefst beunruhigend. In Ghana kommt es nicht selten vor, daß Enkel der verstorbenen Person beim Begräbnis einen heiteren Tanz aufführen und verkünden, sie trauerten nicht, weil es ganz in Ordnung sei, daß die Älteren vor den Jüngeren sterben.

Normalerweise verletzt die Umkehrung der Reihenfolge das sittliche Empfinden. Man versucht, stigmatisierten Gruppen die Schuld daran zuzuschieben, und wirft ihnen Zauberei vor. Das gleiche Phänomen tritt heute bei uns in Reaktion auf die AIDS-Erkrankung auf.

*

Oft dient die Kommunikation als Merkzeichen des Todes. Die Hinterbliebenen werden isoliert und von der restlichen Welt abgeschnitten, dürfen nicht mehr ihre gewohnten Funktionen ausüben, sind sozialen Einschränkungen unterworfen. Ein Nigerianer beschrieb mir das Trauerritual mit folgenden Worten: »Man rasiert sich den Kopf und legt den Telefonhörer neben die Gabel.«

Eine häufige Begleitform des Todes sind Feuerwerksdetonationen, das Abfeuern von Schußwaffen, Gongschläge – einfacher Krach. Von tiefem Leid erwarten wir, daß es uns in einen Zustand haltlosen Schluchzens versetzt – uns sprachlos werden läßt; unser offizielles Kennzeichen des Todes ist eine Schweigeminute. Leid ist für uns so eng mit dem Schweigen verknüpft, daß uns der bloße Versuch, die Tatsache des Todes in Worte zu fassen, unmöglich, unanständig und peinlich erscheint; daß sie das Mitgefühl des Trauergastes würdigt, tut die Witwe normalerweise durch einen tapferen, aber wortlosen Händedruck kund – das tränenfeuchte Taschentuch darf dabei nicht fehlen. Bei den Westlichen Apachen sind die Rollen vertauscht. Das Schweigen ist hier Sache der Nichtbetroffenen, weil vom Hinterbliebenen angenommen wird, daß er dem Wahnsinn nahe ist und durch sein wirres Gerede demjenigen, der ihn anspricht, Schaden zufügt.

Aber auch in der Shakespeareschen Tradition führt emotionale Erregung zu zwanghaften Wortspielen und verbalen Eskapaden, den funkensprühenden Kurzschlüssen der Sprache, die zum Ausdruck bringen, daß die Welt aus den Fugen ist. »Tu' aus das Licht und dann – Tu' aus das Licht« witzelt Othello und springt von Dunkelheitsvorstellungen zu Todesgedanken über – nur pedantische Federfuchser können humorlos genug sein, sich dieser Assoziation zu verschließen. Überall auf der Welt dienen verbale Kapriolen und poetische Einfälle ebenso regelmäßig als Ausdrucksmittel der Todeserfahrung wie einfacher Krach oder Schweigen oder Bewegungslosigkeit. Auf der polynesischen Insel Tikopia ist eine Totenklage vorgeschrieben, die allerdings hochgradig stilisiert ist und mit poetischen Liedern und Tänzen einhergeht. Die größte Wortgewalt entfesselt nicht wie in unserer Kultur die Liebe, sondern der Tod.

Die Tlingit in Alaska trauern hauptsächlich in ebenso wortspielreichen wie ergreifenden Liedern:

Sooft ich den Laut des Donner[vogels] höre,
Tut es mir weh.
Dieser Laut erinnert mich an meinen toten Onkel und Bruder.
Den Donner zu hören, versetzt mir einen Schock.
Er klingt wie Verwandte, die ich verloren habe.[11]

Solche Lieder werden beim Begräbnis gesungen. Namen werden nicht genannt, nur Verwandtschaftsklassen und Sippenembleme wie in diesem Fall Donnervogel; die Lieder gehören zum bleibenden Besitz des Clans. Als Claneigentum können die Lieder immer wieder verwendet werden und beziehen sich unter Umständen nicht bloß auf die gerade Verstorbe-

---

[11] Kan 1989, S. 145

nen. Eine Gruppe von Trauernden kann also eines der Lieder gemeinsam singen und dabei das gleiche empfinden, nur bezogen auf verschiedene Personen.

Eine Alternative besteht im Wechsel zwischen Lautgebung und Stille. Bei bestimmten australischen Gruppen ist vielleicht zu Anfang lautes Wehklagen am Platze. In anderen Abschnitten der Zeremonie sind dann die Verwandten der verstorbenen Person gehalten, Schweigen zu wahren und sich nicht zu bewegen; manche Frauen verstummen unter Umständen und bleiben für den Rest ihres Lebens auf die Zeichensprache beschränkt. Bei den Bwende in Zentralafrika müssen Frauen so lange Zeit weinen, daß in einzelnen Fällen das ständige Tränenvergießen zum Erblinden geführt haben soll. Bei den Jivaro in Südamerika sind Trauerfälle stark mit Blindheitsassoziationen verknüpft. Der Geist des Toten taumelt blind herum, wirft Töpfe um und macht Krawall, während den Leidtragenden beißender Tabaksaft in die Augen gespien wird, weil sie nicht einschlafen dürfen, damit ihnen der Tote nicht erscheint.[12] Und falls die Toten erscheinen, tun sie das in Gestalten, die vornehmlich für den Gesichtssinn bedrohlich sind oder Einschränkungen bedeuten – als starr blickende Eulen oder andere wilde Tiere oder als fast unsichtbarer Nebel oder als Wesen, die normal aussehen, tatsächlich aber haarige, abstoßende Kreaturen sind, die lebende Menschen rauben, um sie als Schoßtiere zu halten. Denn es sind vor allem die Toten, die ein Gefühl verzweiflungsvollen Grams und tiefer Verlassenheit erfüllt; wie Dennis Nilsen töten sie, weil sie sich nach Gesellschaft sehnen.

Jahrhundertelang bemühte sich die christliche Kirche, Sterbende mittels letzter Ölung in einen Zustand frommer Bußfertigkeit zu versetzen. Durch die Einführung des schriftlichen Testaments, das die Möglichkeit schuf, die Rechte der

---

[12] Taylor 1993

erbberechtigten Verwandtschaft zugunsten geistlicher Orden kurzerhand zu übergehen, hatte indes die Kirche ihr eigenes seelsorgerisches Tun längst Lügen gestraft. Das Testament ließ den Sterbenden garantiert das letzte Wort behalten, und das Persönliche begann sich unaufhaltsam gegen die standardisierten Formeln durchzusetzen, die den Tod zu einem moralischen Schlußstrich erklärten, den man unter das Leben zog. Wie der unlängst populäre amerikanische Grabspruch »Glaubst du mir jetzt meine Krankheit?« beweist, war die Versuchung oft unwiderstehlich, mit einem flotten Spruch auf den Lippen statt mit niedergeschlagenen Augen aus dem Leben zu scheiden. Im besten Fall gelingt es, die Mitte zwischen spektakulärem Gag und moralischer Botschaft zu halten. Was könnte an Boshaftigkeit den Shakespeareschen Einfall übertreffen, der Ehefrau das »zweitbeste« Bett zu vermachen?

Das 18. Jahrhundert bildete vielleicht den Gipfelpunkt in dieser Tradition bemühter, künstlicher Ironie, die den Gentleman verpflichtete, mit einem sardonischen Lächeln auf den Lippen aus der Welt zu scheiden. Edward Wortley Montagu, der 1776 im Alter von 62 Jahren starb und sich durch seine eiserne Perücke und seine türkische Garderobe einen Namen gemacht hat, hinterließ folgendes Testament:

»...Ich hinterlasse seiner Lordschaft nichts weiter von meinem Eigentum, da er es verstanden hat, sich den besten Teil davon bereits anzueignen. Ferner gebe ich Sir Francis – mein Wort, da es ihm unglücklicherweise nie gelungen ist, seines zu halten. Ferner erhält Lord M-- nichts von mir, weil ich weiß, er würde es den Armen schenken. Ferner hinterlasse ich –, dem Autor, als Zuschuß zu seinen Reisen fünf Shilling für seinen Esprit, unbeeindruckt vom Vorwurf der Verschwendung, dem ich mich aussetze, weil nach dem Urteil meiner Freunde, die sein Buch gelesen haben, fünf Shilling zuviel sind. Ferner vermache ich Sir Robert W – meine politischen Überzeugungen und zweifle keinen Augenblick

daran, daß er sie erfolgreich in klingende Münze umsetzen wird,
da er ja auch seine eigenen immer so eifrig zu Markte getragen
und gewinnbringend gewechselt hat. Ferner hinterlasse ich meine
abgelegte Gewohnheit, Eide zu schwören, Sir Leopold D –, und
zwar in Anbetracht dessen, daß bislang noch kein Eid vermocht
hat, ein Urteil gegen ihn zu erwirken.«

Lange Zeit gab es die derbere Tradition der letzten Worte vor
dem Galgen, deren Bandbreite von großartigen Einsichten
bis zu völliger Verblendung reichte. Monsieur Mayse, ein wegen Mordes an seinem Sohn verurteilter Franzose, begnügte
sich damit, dem Scharfrichter die Worte entgegenzuschleu-
dern: »Wie? Sie bringen es über sich, einen Familienvater zu
töten?« Von Sammlungen solch letzter Worte geht eine merkwürdige Faszination aus. Ihre Endgültigkeit verleiht ihnen ein
Gewicht, das ihnen häufig gar nicht gebührt. Ein typischer
Fall ist Goethes Ausspruch »Mehr Licht!«, dem sich alle möglichen Deutungen geben lassen, angefangen von der Forderung, die Fensterläden zu öffnen, bis hin zum Wunsch nach
einer weiteren Verbreitung der Aufklärung. Am sympathisch-
sten kommt einem Pancho-Villa vor, der das ganze Genre auf
den Begriff brachte: »Laßt es nicht so enden. Sagt, ich hätte
etwas Kluges geäußert.«
    Die letzten Worte am Galgen haben kürzlich in Amerika in
der absurden Form von Post mortem-Videos eine Wiederauferstehung erlebt. Zu solch schrecklichen Einrichtungen wie
Hochzeitsansprachen und Leichenreden kommt nun noch das
Erfordernis hinzu, einen autobiographischen Film zu drehen,
der nach dem Tode den lieben Hinterbliebenen und sogar späteren Generationen vorgeführt werden kann. Sterbliche, die
wir sind, dürfen wir unser Los nicht mehr passiv erdulden,
sondern müssen unser Sprüchlein aufsagen, unsere Stellungnahme abgeben. Wir müssen uns in Szene setzen, müssen bis
zum letzten Atemzug der westlichen Vorstellung vom aktiven
Subjekt hinterherhetzen. Manche sind von der Prominenz, die

ihnen plötzlich winkt, so überwältigt, daß sie vom Totenbett aufspringen und sich durch Sinatras »I did it my way« steppen. Aber diese Inszenierungen haben sich rasch stereotypisiert. Die meisten von ihnen sind süßliche Schwafeleien, wo mit morphiumglänzenden Augen und starrem, leblosem Lächeln von Liebe und geleistetem Beistand gefaselt wird, in Worten, die so leer und banal sind wie ein Feriengruß auf der obligatorischen Ansichtskarte. Egal, was auf solchen Ansichtskarten steht, die bloße Tatsache, daß sie geschickt werden, reduziert die Botschaft auf ein einfaches »Wärst du doch hier!«. Die Botschaft des Videos reduziert sich in etwa auf die Inschrift, die man unter den grinsenden mittelalterlichen Gerippen auf Wandmalereien in Kirchen antrifft: »Wie ich einst war an deiner Stell', so wirst bald du sein mein Gesell.«

Ab und zu stößt man auf eine menschliche Note. Ich sah ein Video von einer gebrechlichen alten Dame in gehäkeltem rosafarbenem Nachtgewand, die in der Einsamkeit ihres Krankenhauszimmers die üblichen rechtgläubigen Platitüden über familiären Zusammenhalt und amerikanische Werte losließ. Vielleicht in der Annahme, daß der Film zusammengeschnitten würde, richtete sie zuletzt den Blick auf jemanden oberhalb der Kamera und sagte: »Reicht das? Ist es dir so recht? Ach, was soll's! Ihr habt doch alle nur Scheiße im Kopf.«

*

Lächeln und Lachen haben für uns bei Begräbnissen nichts zu suchen. Sie sind etwas zutiefst Empörendes. Alles liegt unter einer Hülle unbewegter Förmlichkeit. Ich erinnere mich, daß ich als Kind in dem Dorf, in dem wir lebten, bei einer Parade zum Volkstrauertag zuschaute. Truppen marschierten vorbei. Zuschauer nahmen trotz des Regens ihre Hüte ab und hielten sie in der Hand. Hinter den Soldaten marschierten in Reih und Glied Veteranen mit Orden an ihren muffigen Jacketts, mit Melonen auf dem Kopf und mit Schirmen, die sie wie Gewehre geschultert trugen. Mir als gottesfürchtigem Kind kam das wie die geschmackloseste Burleske vor, wie eine Verhohnepipelung militärischer Bräuche; solch ein billiger Spott war doch wohl bei einer Feier zu Ehren der Toten fehl am Platze. Als ich versuchte, das benachbarten Zuschauern zu erklären, zischten die, ich solle Ruhe geben; schließlich bekam ich einen Klaps, der mich »Respekt lehren« sollte.

»Die Nyakyusa von Malawi finden die Nüchternheit englischer Begräbnisse erstaunlich: ›Wir reden und tanzen, um die Angehörigen zu trösten. Wenn wir anderen traurig und finster herumsäßen, dann wäre der Kummer der Angehörigen noch weit größer als unserer. Wenn wir uns einfach nur grämten, in welche Abgründe des Kummers würden sie dann stürzen? Und deshalb sitzen wir da und reden und lachen und tanzen, bis auch die Angehörigen lachen.‹«[13]

Lächeln und Lachen stehen zu inneren Zuständen in der gleichen zweideutigen Beziehung wie Tränen und sind nicht zwangsläufig universale Zeichen der Freude. Von den Thais wird zu Recht gesagt, daß sie für jede Gefühlsregung ein besonderes Lächeln haben. Ein Kollege, der Ende des Zweiten Weltkriegs in Westafrika arbeitete, hat sich nie erklären können, warum die Einheimischen lachten, als er ihnen die ersten Aufnahmen aus Konzentrationslagern zeigte, die veröffentlicht wurden.

Aber auch für Komisches und für Ausschweifungen bietet der Tod Platz. Tollheit und Grimassieren, das Herumwerfen mit Exkrementen in Slapstickmanier, Versuche, die eigene Großmutter oder die Leiche zu beschlafen, heftiges sexuelles Treiben, Freßorgien und Besäufnisse – all diese Dinge sind als

---

[13] Wilson 1939, S. 24

Bestandteil regelmäßiger, verbindlicher Trauerrituale gut belegt.

Der Nyakyusa-Mann, der den Eindruck des Todes mit der Wirkung empörender Beleidigungen verglich, schlug damit ein gängiges Thema an. Bei den Nyakyusa gibt es »Bestattungsfreunde«, deren einzige Aufgabe darin besteht, die Toten und Leidtragenden ständig zu beleidigen und zu reizen, wobei letztere daran keinen Anstoß nehmen dürfen. Man trifft dergleichen in Afrika und anderswo vielfach bei bestimmten Klassen an, insbesondere bei Kreuzvettern, angeheirateten Verwandten, »Blutsbrüdern«, Altersgenossen, Beschneidungskameraden – kurz, bei Menschen, die durch periphere Sippenbande miteinander verknüpft sind. Sie dürfen freien Gebrauch vom Eigentum des anderen machen, seiner Frau nachstellen, seine Mutter verleumden. Herkömmlicherweise werden sie als »Spaßbrüder« bezeichnet. Aber sie haben auch eine ernsthafte Funktion. Wir gehen wie selbstverständlich davon aus, daß man sich bei »primitiven Völkern« um tote Angehörige kümmert, und fühlen uns in der Tat gehalten, diesem guten Beispiel zu folgen. Häufig trifft unsere Annahme aber gar nicht zu. Ein enger Kontakt zu den eigenen Toten ist unter Umständen höchst riskant, da es ein typisches Merkmal von Hexen ist, mit Angehörigen geschlechtlich zu verkehren oder sie aufzufressen. Beim Umgang mit den Toten sind Mittelsleute unentbehrlich.

Es ist wie bei dem Schweinephänomen in Nordengland, das ich als Kind von meinen Großeltern erklärt bekam. Jede Familie mästete mit Küchenabfällen ein Schwein zum Schlachten. Aber das eigene Schwein konnte man nicht schlachten. Das verstieß gegen die Moral. Statt dessen tauschte man mit den Nachbarn die Schweine aus und schlachtete deren Tier, womit man Tod und Trauer in gebührendem sozialem Abstand hielt. Wie sagen doch die LoDagaa in Ghana: »Ein Mensch mit langem Gesicht kann nicht seine eigene Wunde aussaugen.«

Die Spaßmacher müssen die am meisten verunreinigenden Tätigkeiten übernehmen, einschließlich der Handlungen im Zusammenhang mit Bestattungen. Sie waschen und rasieren die Leiche, massieren manchmal den Darm leer, sorgen für die Beseitigung der persönlichen Gegenstände, steigen ins Grab und legen die Leiche hinein. Bei den LoDagaa legen sie den Angehörigen des Toten Fesseln an, um deren Kummer im Zaum zu halten; der Grad der Fesselung richtet sich dabei nach der angenommenen Stärke des familiären Bandes zwischen den Betroffenen und dem Toten. Bei der Tochter eines Toten genügt Bindfaden um den Fuß. Beim Ehemann einer Toten wird das Handgelenk mit Leder und Stoff umwunden und Taille und Fußgelenk mit Bindfaden.

Manchmal sind ganze Sippen durch Spaßmacherbeziehungen verbunden. Bei den Gogo von Tansania sind unter Umständen alte Feindschaften die Voraussetzung, die nun durch das Spaßmachen mit einer Mischung aus Aggressivität und Intimität mehr oder weniger überwunden werden. Man macht sich endlos über die Clannamen der anderen lustig und verballhornt die Bezeichnungen für Verwandtschaftsbeziehungen. Häufig ist auch der Tod selbst Gegenstand von Scherzen, etwa wenn der eine Spaßbruder den anderen in Aprilscherz-Manier vom Tode eines Verwandten, der in Wahrheit putzmunter ist, zu überzeugen sucht und wenn es ihm zur allgemeinen Erheiterung gelingt, den Genasführten zu öffentlichen Trauerbekundungen für einen noch Lebenden zu veranlassen.

Bei den Ambo in Simbabwe wird davon ausgegangen, daß die Beziehungen zwischen den Clans die tatsächliche Ordnung der Dinge widerspiegeln, die den Clans ihre Namen geben, so daß also der Penis-Clan dem Gras-Clan übergeordnet ist, da mit dem Penis aufs Gras gepinkelt wird. Darauf konzentrieren sich die Späße.

Die spaßhaften Beleidigungen bei Begräbnissen sind sinnvollerweise zweischneidig und halten die Mitte zwischen Aggression und Zuspruch. Anomalien, Schmutz, Kränkungen und Zweideutigkeiten dienen ihnen als Ausdrucksmittel für die Darstellung eines gefährlichen und grenzsituativen Ereignisses – eben des Todes selbst. Analysen von Begräbnisritualen auf das Moment der »Außerordentlichkeit« und der »Grenzsituation« abzustellen ist allerdings ein hervorragendes Mittel für den Ethnologen, jene Elemente unter den Teppich zu kehren, die in die Analyse einfach nicht hineinpassen wollen. Es ist merkwürdig, daß diese Späße noch nie unter dem Gesichtspunkt eines letzten Aufblitzens von Individualität beim Verstorbenen und bei den Leidtragenden betrachtet worden sind. Bei der Deutung vergleichbarer Rituale im Westen (wie etwa der Beisetzung der Asche) käme dieser Gesichtspunkt mit Sicherheit ins Spiel; die Ethnologen waren indes allzu erpicht darauf, das »Gemeinschaftsmoment« im Leben und Sterben nichtwestlicher Gesellschaften hervorzuheben und hierin Unterschiede zu unserer Lebensform zu entdecken. Auch wenn im Westen kein Mensch eine Insel ist, wird doch so mancher als eine eingeschnürte Landenge vorgestellt, weshalb alle Veränderungen in den Bestattungsritualen während der letzten tausend Jahre, von der Einführung von Grabsteinen bis hin zur Einäscherung, als Schritte in Richtung auf mehr Individualismus interpretiert worden sind. In den ethnologischen Arbeiten über die soziale Einbindung des Todes in Afrika findet man das Thema vom Triumph der Gruppe über den einzelnen endlos variiert, wobei alle Variationen auf wenig mehr hinauslaufen als auf die an Todkranke im Westen gerichtete Mahnung, »sich zu entspannen und an Afrika zu denken«.

Späße nur zwischen den Lebenden oder auch zwischen den Lebenden und den Toten? Der mexikanische Tag der Toten erscheint als Beispiel für eine Spaßmacherbeziehung zum Tod selbst. Einmal im Jahr, um Allerheiligen (1. November) herum, werden die Toten ins Land der Lebenden zurückgebeten und königlich bewirtet. Sie bekommen neue Kleider geschenkt; ihnen werden Getränke und Leckerbissen vorgesetzt. Die regionalen Bräuche sind verschieden, abhängig davon, wie sehr die kirchlichen Behörden auf »Achtung vor den Toten« und Nüchternheit dringen; die Tradition bevorzugt überbordende Fröhlichkeit, Exzesse und Tanz. Mancherorts verkleiden sich die Männer zum Tanz als Frauen. Die Toten werden unter Umständen durch Fährten aus Ringelblumen zum Haus ihrer Angehörigen geleitet, oder man zieht mit festlichem Essen und mit Musik zum Friedhof. Für die Kinder werden zum Lutschen üppig glasierte oder schokoladenüberzogene Totenschädel aus Zuckermasse hergestellt. Figürchen aus Pappmaché, Zucker, Zinn und Papier zeigen die Toten bei allen möglichen Lebenstätigkeiten. Sie telefonieren, fahren in Straßenbahnen, verkaufen an Straßenecken Zeitungen oder auch sich selbst. Die Toten halten also den Lebenden den Spiegel vor und lassen sich für Zwecke der sozialen oder politischen Satire verwenden, in genau der Art von magischem Realismus, die an der südamerikanischen Literatur so gefällt.

Eine merkwürdige Parallele dazu stellen gewisse Nachtleuchten dar, die derzeit in London verkauft werden. Sie sind zweifach isoliert, sind geerdet, haben Niederspannung, erhitzen sich nur geringfügig – kurz, sie sind geradezu zwanghaft sicher. Aber die Birne läßt ein hellorangenes grinsendes Kürbislaternengesicht mit Totenkopfzügen aufleuchten. Vor einem solchen Gesicht, das einen ebenso offenkundig unechten und unwirklichen Eindruck macht, wie es stereotyp furchterregend wirken soll, lösen sich alle realistischerweise vorstellbaren Schrecken der Finsternis in Nichts auf.

Die Betsileo auf Madagaskar haben sich wegen ihres Geschmacks in Sachen Begräbnisveranstaltungen schon viel missionarischen Unmut zugezogen. In dem Zeitraum vor der Beerdigung des Leichnams veranstalten die Männer Kämpfe mit Stieren, betrinken sich bis zur Besinnungslosigkeit und bedecken ihre Gesichter mit den Tüchern, die für das Einwikkeln der Leiche bestimmt sind, um blinden, orgiastischen und inzestuösen Geschlechtsverkehr zu treiben. »Ich bin betrunken! Ich bin ein Tier!« grölen sie. Nicht einmal Schwestern werden verschont.

Es wird erzählt, daß zu Anfang bei den Betsileo, als es schon Ehepaare mit Kindern gab, eines dieser Kinder starb. »Es erhob sich Weinen und Wehklagen, und die Menschen schrien zu Gott. Gott schickte seinen Sohn, um herauszufinden, was geschehen war. Der Knabe kam auf die Erde und empfand großes Mitleid mit den Menschen. Er kehrte in den Himmel zurück und bat seinen Vater um Erlaubnis, das tote Kind wiederzuerwecken. Dann kehrte er auf die Erde zurück. Aber die Reisen hatten viel Zeit in Anspruch genommen, und bei seiner Ankunft auf der Erde traf er die Menschen tanzend und singend an; ihren Toten hatten sie schon vergessen. Er kehrte empört zum Vater zurück. ›Sie sind gar nicht mehr traurig und vergnügen sich‹, berichtete er ihm. ›Da kann man sich die Mühe sparen, die Menschen ins Leben zurückzuholen.‹ Seitdem sterben die Menschen.«[14]

Schlägereien und Ferkeleien bei Begräbnissen waren auch den Engländern nicht immer fremd. Im Mittelalter wetterten Geistliche ständig gegen die traditionellen Praktiken, von denen die Totenwache begleitet war; diese Praktiken wurden schließlich durch die puritanische Diktatur in den Untergrund abgedrängt. Im 17. Jahrhundert lieferte der Altertumsforscher Aubrey folgende Beschreibung von einem Begräbnis in Yorkshire:

---

[14] Dubois 1938, S. 1334

*»Sie üben nach wie vor den Brauch, die Nacht über zusammen-
zusitzen und zu wachen, bis der Leichnam unter der Erde ist.
Derweil knien einige nieder und beten, andere spielen Karten,
wieder andere trinken und rauchen Tabak. Sie kennen auch
Rollenspiele und andere Kurzweil; zum Beispiel wählen sie einen
einfältigen jungen Mann als Richter, und dann bestürmen die
Bittsteller (nachdem sie ihre Hände am Boden des Kessels mit
Ruß eingeschwärzt haben) seine Lordschaft und beschmieren
ihm das ganze Gesicht. Sie spielen auch hot cockles.«*[15]

Dabei handelte es sich offenbar um ein Spiel, bei dem einer
Person die Augen verbunden wurden, woraufhin andere ihre
Geschlechtsteile mit Schlägen bearbeiteten.

In den endlosen liturgischen Auseinandersetzungen des
16. Jahrhunderts werden immer wieder Leichenspiele ange-
prangert. Wir müssen uns allerdings davor hüten, in Verord-
nungen, durch die bestimmte Praktiken verboten wurden,
den Beweis dafür zu sehen, daß sie tatsächlich geübt wurden.
Schließlich ist es nach wie vor verboten, in der Londoner Untergrundbahn brennende Gaslaternen und Begräbnisutensi-
lien zu transportieren, obwohl so etwas bei unseren normalen
Bestattungsprozeduren nicht eben eine prominente Rolle
spielt.

Zu den meisten britischen Ritualen gehört eine »Spaßecke«,
ein Abschnitt, in dem man seine Individidualität frei entfal-
ten und dem Übermut die Zügel schießen lassen darf. Bei der
britischen Hochzeitszeremonie ist das die Art und Weise, wie
die Braut vor der Kirche eintrifft. Sie kommt zu Pferd an, auf
dem Fahrrad oder mit dem Lieferwagen des Milchmannes.
Sie landet per Drachenflug im Kirchhof oder schwebt mit
dem Heißluftballon ein. Je absonderlicher, um so besser.

Bei britischen Beerdigungen ist die »Spaßecke« normaler-

---

[15] Aubrey 1881, S. 30

weise die Beisetzung der Asche. Die Leiche selbst unterliegt allen möglichen Regulierungen und »Achtungsgeboten«, auch wenn die Bestimmungen viel lockerer sind, als gemeinhin angenommen wird. Im Prinzip läßt sich eine ordnungsgemäß registrierte Leiche fast überall unter die Erde bringen, wenngleich eine Bestattung im Ganges unter Umständen an den Wasserschutzbestimmungen scheitert. Die Asche indes, die in der Branche als »Kremableibsel« firmiert, ist kein Leichnam mehr. Vielen gilt offenbar die Verbrennung heutzutage als eine saubere und rasche Lösung, durch die man den Schrecken des physischen Zerfalls aus dem Weg gehen kann. Der Körper verwandelt sich in ein formloses, unanstößiges graues Pulver, das zu guter Letzt noch durch eine elektrische Mühle geschickt wird, damit garantiert nichts mehr wiederzuerkennen ist. An dieser Asche tobt sich der Wettstreit in Sachen Exzentrizität aus.

Was kann man mit Asche anfangen? Das ganze Unternehmen der Verbrennung und Zerstreuung der Asche zielt offenkundig auf die Auflösung der Person, aber die Festlegung von Art und Ort des Geschehens bringt letztere zurück ins Geschäft. Ein Wissenschaftler aus Macclesfield verfügte kürzlich testamentarisch, seine Asche solle durch eine von ihm selbst entworfene Rakete zerstreut werden, aber ein gewisser Sir Clough Williams Ellis hatte schon früher in unserem Jahrhundert mit Hilfe von Feuerwerkskörpern, die eigens zu diesem Zweck angefertigt wurden, Ähnliches vollbracht. Eine tröstliche, ökofreundliche Kreisläufigkeit läßt sich dadurch erreichen, daß man die Kremableibsel zum Dünger für irgendeine geliebte Pflanze oder Rasenfläche bestimmt; hier versteckt sich ein widernatürlicher Vorgang hinter der Maske des Natürlichen. Die Kremableibsel können auch als Vergeltungsmittel eingesetzt werden. Einer meiner Kollegen am Museum hat verfügt, seine Asche solle den Mitgliedern des Kuratoriums des Britischen Museums ins Gesicht geschleudert werden. Ein verdrossener Kunstkritiker will, daß seine

Asche mit Brotkrumen vermischt und auf die Stufen der National Gallery gestreut wird, damit die Tauben sie zu »Aktionsmalerei« verarbeiten; auf diese Weise möchte er den Kuratoriumsmitgliedern der Gallerie kundtun, was er von solcher Kunst hält. Ein Gastwirt hat sich in eine Eieruhr abfüllen lassen, »so daß er weiterarbeiten kann«. Die meisten allerdings möchten ihre Asche an dem Ort deponiert sehen, dem ihr Herz gehörte; sie streben danach, ihre beschränkte Person in etwas Größerem aufgehen zu lassen. Fußballklubs werden heutzutage so oft gebeten, auf ihren Spielpätzen die Asche von Toten zerstreuen zu lassen, daß sich bei der Grasnarbe im Umkreis der Tore spontan kahle Stellen bildeten und die Vereine Richtlinien erlassen mußten: »Es besteht keine Notwendigkeit, die ganze Asche zu zerstreuen. Eine Probe reicht völlig aus… An windigen Tagen zerstreut man die Asche am besten gegen den Wind…«

Manchester United erhält offenbar 20–25 Anfragen pro Jahr, Bolton Wanderers gerade mal vier. Vornehme Cricketklubs lassen sich auf so etwas nicht ein, was man mit Rücksicht auf den Rasen verstehen kann.

Die Ethnologen deuten verbale und sexuelle Ausgelassenheit bei Begräbnissen gern als Ausdruck einer »Rückkehr ins Leben«, als Versuch, dem Tod die lebenstrotzende Fleischeslust entgegenzusetzen oder den Kummer durch Späße zu lindern. Das ist nicht die einzige mögliche Interpretation. Die Shona in Simbabwe betonen wie die alten Griechen den Erneuerungseffekt einer Rückkehr in den chaotischen Ursprungszustand. »Als Quelle des Lebens erscheint eine ursprüngliche Vereinigung – eine Aufhebung der Unterschiede zwischen Himmel und Erde, oben und unten, Mann und Frau, ich und du.«

Die Dobuans in Melanesien legen den Akzent eher auf den Wechsel als auf das Chaos, darauf, daß der eine in die Haut des anderen schlüpft und seinen Namen annimmt; sie passen sogar die Verwandtschaftsbezeichnungen der neuen Identität an. Manchen Gesellschaften wie den LoDagaa widerstrebt es offenbar, irgendeine von den Sozialbeziehungen, die ein Verstorbener unterhalten hat, preiszugeben. Zum Abschluß des Begräbnisses werden die verschiedenen Gruppenaktivitäten, an denen der Verstorbene teilhatte, pantomimisch dargestellt, und seine sozialen Rollen werden neu verteilt. Sogar seine Stellung als Freund und Liebhaber geht unter Umständen auf andere über und wird in das veränderte soziale Beziehungsgeflecht wiedereingebunden.

Auf der individuellen Ebene kann es vorkommen, daß scheinbar »kathartisch« tätige Spaßmacher bei denen, die sie mit ihren Späßen beehren, wenig Heiterkeit hervorrufen und daß ihr Tun unmittelbar der Absicht entspringt, sich die Beendigung ihres außerordentlich irritierenden Verhaltens von ihren Opfern mit Geld bezahlen zu lassen. Rituelle Späße gehen unter Umständen ebensowenig mit »wirklichem« Amüsement einher wie rituelle Trauer mit »wirklichem« Kummer. Wenn die Tätigkeit der Spaßmacher einen Heileffekt hat, dann vielleicht weniger, weil sie eine Quelle echter Erheiterung bildet, und mehr, weil sie als Ärgernis Ablenkung vom ursprünglichen Kummer bietet.

Ich war Ende zwanzig und hatte gerade meinen ersten Toten gesehen, den Leichnam eines Dowayo. Die Trennung zwischen Lebenden und Toten funktioniert bei uns so perfekt, daß ich von den verschiedenen Verwandten, die während meiner Kindheit starben, keinen einzigen als Leiche *zu Gesicht bekam*. Normalerweise war ich nicht einmal zu den Begräbnissen mitgegangen. Das war nichts für ein Kind, war etwas Unanständiges, worüber man nicht redete, war eines dieser Themen, bei denen die Erwachsenen zu flüstern anfingen. Im Einklang mit den meisten prägenden Erfahrungen wirkte mein erster Leichnam merkwürdig normal und alltäglich. Die Menschen versammelten sich um den Toten, rauchten, mokierten sich über seine abgemagerten Beine. Geschickt und unbeteiligt verschnürten sie die Leiche in der Stellung, die Knaben während der Beschneidung einnehmen, packten ihn dann flink in eine Rinderhaut, die sie mit den geübten Bewegungen berufsmäßiger Geschenkeinwickler einschlugen und vernähten.

Ich machte mir die unvermeidlichen schriftlichen Notizen, um mich herum eine Menschenmenge, die sich dafür mehr interessierte als für den relativ vertrauten Tod. »Was passiert mit den Kräften/der Seele/dem Geist eines Mannes, wenn er stirbt«, erkundigte ich mich lahm, wie ein Pfarrer, der in einem Jugendklub eine Diskussion über irgendein Modethema in Gang zu bringen sucht. Sie ignorierten mich. Dann drehte sich ein Mann um und schnauzte mich an: »Weiß ich's? Bin ich der liebe Gott?«

Überall standen Leute herum und hielten Maulaffen feil. Ein Spaßbruder des Toten starrte zu mir herüber und machte im Staub »Notizen«, tief gebückt und mit dem Hintern in der Luft. Er faßte sich ans Kinn, stolzierte, bedächtig mit dem Kopf nickend, herum und kehrte dann wieder zu seinem Gekritzel im Sand zurück. Den Zuschauern gefiel das, sie lachten und applaudierten. »Sieh doch. Genau wie der weiße Mann.« Frauen waren nicht zugegen, weil die Männer, die zusammen mit dem Toten beschnitten worden waren, sich gerade vor der Leiche entblößt und ihre Penisfutterale ausgezogen hatten, um mit ihren Wonnepropfen den Zuschauern vor dem Gesicht herumzufuchteln. Eine Frau, soviel war klar, überlebte den Anblick von so etwas nicht, und deshalb waren alle in die Hütten geflohen, als sie merkten, was bevorstand. »Nur mir hast du es zu verdanken, daß du beschnitten wurdest«, schrien die Männer dem Leichnam zu; eine größere Beleidigung läßt sich einem männlichen Wesen nicht zufügen.

Zuvor hatten sie versucht, die Leiche zu stehlen und ein Lösegeld für sie zu erpressen, aber es war zu irgendeiner Auseinandersetzung mit dem Spaßmacher gekommen, der eigens für das Fest gemietet worden war und nicht zu den Spaßbrüdern gehörte, für die Dauer des Festes indes das Privileg genoß, mit der Leiche umgehen und sie anfassen zu dürfen. Worum es bei dem Vorfall genau ging, war zugegebenermaßen nicht ganz klar. Dieser Mann hier war gerade erst gestorben, aber hinter den Kulissen wickelten sie die Schädel von Toten ein, die schon vor Jahren gestorben waren, so daß sich zwei verschiedene Stadien eines Begräbnisses verschränkten. Handelte es sich um zwei verschiedene Gruppen von Leuten, die den gleichen rituellen Raum besetzten und einander ins Gehege kamen? Hatten sie einen wirklichen Streit ausgefochten? Wo zwei Spaßmacher im Spiel waren, ließ sich nicht leicht entscheiden, wo die »Wirklichkeit« aufhörte und der Spaß begann. Beim letzten Begräbnis hatten sie eine Maus getötet, ihr das Fell abgezogen und waren damit in possenhafter Anspielung auf die Kuh, in deren Haut man den Leichnam eingewickelt hatte, herumgetanzt.

Der Häuptling stand neben mir und warf verstohlene Blicke um sich. An den Späßen vorher hatte er teilgenommen, aber jetzt wirkte er beunruhigt. Zwei seiner *duuse* – so nennt man Spaß-Verwandte, mit denen man von einem gemeinsamen Urgroßvater abstammt –, die auch *duuse* des Verstorbenen waren, randalierten irgendwo im Dorf und waren ebenso stockbetrunken wie hochbetagt. Wenn sie ihn in dem Feststaat, den er zum Begräbnis angelegt hatte, erwischten, würden sie ihm seinen Hut und seine Sonnenbrille wegnehmen und ihn in aller Öffentlichkeit demütigen, ohne daß er etwas dagegen tun konnte. Sie waren scharf darauf, auch meine *duuse* zu werden, und behaupteten, da der Häuptling mich adoptiert habe, hätten sie das Recht, meine Vorräte zu plündern, meine Ausrüstung zu demolieren und mir Obszönitäten ins Gesicht zu brüllen. Um von den Einheimischen akzeptiert zu werden, müsse man sich das gefallen lassen, bekam ich zu hören. Da sie auch noch das Recht hatten, einen anzulügen, wirkten sie wie zwei Feldassistenten direkt aus der Hölle. »Fut, Fut, Fut. Die Fut vom Bier!« kreischten sie mit Fistelstimme. Ihr Geschrei übertönte das muntere Geplapper der Menge.

Drüben, eine Hüttenreihe entfernt, tauchten sie auf, mit Bierschaum um den Mund und schiefsitzenden Shorts, taumelten gegen die Schilfdächer, schubsten und knufften sich kichernd wie Schuljungen. Der Häuptling und ich warfen uns einen müden, gepeinigten Blick zu; dann trabten wir davon, um uns zu verstecken. Auch das machte den Leuten Spaß. Sie klatschten und jubelten wieder und wiesen den alten Männern die Richtung, in die wir gelaufen waren.

Aus ethnographischen Berichten geht klar hervor, daß spaßhafte Beziehungen in vielen Bereichen des sozialen Lebens eine Rolle spielen – bei der Geburt, bei Krankheiten, bei landwirtschaftlichen Problemen. Aber das Spaßmachen bei Begräbnissen hat man herausgegriffen und besonders betont, hauptsächlich deshalb, weil es unseren Vorstellungen von »natürlichem« Verhalten diametral widerstreitet. Es drängt sich als etwas auf, das nach Erklärung verlangt. Außerdem bilden in einem allgemeineren Interpretationsschema Beziehungen, die durch »Respekt«, und solche, die durch »Spaß« bestimmt sind, einen Gegensatz. Späße im Zusammenhang mit dem Tod haben uns aus dem Westen deshalb so fasziniert, weil Begräbnisse von uns eine Einstellung verlangen, die haargenau so künstlich und »rituell« ist und nur eben das exakte Gegenteil darstellt. Statt Späße zu machen, nehmen wir eine Haltung übertriebenen Respekts ein.

Wenn die Tetum auf Timor zur Feier einer Geburt links und rechts des Neugeborenen stehen und einander mit lächerlichen und erheiternden Beleidigungen überschütten, um zu guter Letzt Wasserkämpfe auszufechten, finden wir das nicht verwunderlich. Schließlich handelt es sich um ein freudiges Ereignis. Daß Menschen Ähnliches auch bei Begräbnissen machen, verblüfft uns, weil es Mangel an Achtung zu beweisen scheint.

Dieses Wort kehrt in unseren Reaktionen auf den Tod unablässig wieder. Wir nehmen an Begräbnissen teil, um unsere »Achtung für den Toten« zu zeigen, nehmen in Gegenwart eines Toten »achtungsvoll« unseren Hut ab, kleiden uns »aus Achtung vor dem Toten« schwarz. Früher versuchten die Ethnologen, diese Vorstellung in ihre allgemeinen Analysen einzubauen, indem sie vom Begriff des »Rituellen« den des »feierlich Zeremoniellen« abhoben.

»Über Tote spricht man nicht schlecht«, lautet unsere Devise, und tatsächlich ist oberstes Gebot in unserer Kultur, daß die Toten, jedenfalls kurzfristig betrachtet, in der Erinnerung idealisiert werden. Erst später darf ihr Bild revidiert und vom Sockel gestoßen werden. So verwandelte sich Expräsident Nixon bei seinem Tode über Nacht aus einem »lebenden Gauner« in eine »verstorbene politische Persönlichkeit«.

Über den Tod wird so geredet wie über das Tennisgeschehen in Wimbledon: nämlich in höflichen Euphemismen und unterkühlten Wendungen. Bei einem Streit, den kürzlich in Lancashire ein Pfarrer mit seiner Gemeinde ausfocht und der bis zur obersten Kirchenbehörde getragen wurde, ging es darum, ob auf einem Grabstein das Wort »Vater« oder »Papa« stehen sollte. Die Familie wünschte letzteres, da sie den Verstorbenen mit Papa angeredet hatte. Der Pfarrer bestand auf ersterem, da ein Grabstein ein öffentliches Bestattungsdokument sei. »Es wird nicht lange dauern, da haben wir Knuddel, Schneckchen und Püppchen; die letzte Ruhestätte ist dann von einem Hundefriedhof nicht mehr zu unterscheiden.« Die Familie unterlag, dürfte aber die Niederlage leicht verschmerzt haben. Schließlich blieb ihnen immer noch, vom »geliebten Dahingegangenen« zu reden.

Verfasser von Nachrufen müssen Meister in der Kunst sein, Kritik durch die Blume zu üben. Übellaunige, starrköpfige Verstorbene konnten »Torheit nur schwer ertragen«. Engstirnige waren »konzentriert« und »voll Hingabe«. Schlampen »verschenkten sich großherzig«, und unflätige Greise entpuppen sich als »lebenslustiges altes Haus«. Die Toten werden durch ausschließlich positive Nuancierungen mit sprachlichem Zuckerguß überzogen und so umgearbeitet, daß sie manchmal praktisch nicht mehr wiederzuerkennen sind.

Den Unterschied zwischen der Sprache der Nachrufe und sonstiger Prosa machte unabsichtlich eine deutsche Ethnologenkollegin deutlich, als ihr normalerweise untadeliges Englisch sie beim Begräbnis eines Freundes im Stich ließ. Die Nachrufe auf ihn bezeichnete sie mit dem englischen Wort für »Besprechungen«.

Daß man überall auf der Welt bemüht ist, das Sprechen vom Tod zu vermeiden, überrascht nicht. Sowohl auf der individuellen als auch auf der sozialen Ebene unterbricht der Tod im Wortsinne den Redefluß; im Fortgang des Lebens ist er eine nur schwer erträgliche Störung. Für beschönigende Umschreibungen bietet er sich förmlich an. In der Technokratensprache versäumt man, sein »Gesundheitspotential auszuschöpfen« oder leidet an »finaler Unpäßlichkeit«. Mit der Abwesenheitsvorstellung operieren die Laymi in Bolivien, die von einem Toten sagen, er sei »gegangen, um Chilipfeffer zu pflanzen«. Bei den Tlingit in Alaska heißt es, der Verstorbene sei »in die Wälder gegangen«. Ein malaiisches Wörterbuch bietet einen Einblick in die Technik kultureller Klassifikation: *Mampus* bedeutet dort »sterben (von Tieren und Ungläubigen), niemals für Moslems gebraucht«. Andere Sprachen kennen unter Umständen Ausdrücke für bestimmte Todesarten, hingegen kein allgemeines Wort für den Tod als Gesamtphänomen.

Zu den saloppen Formulierungen zählt etwa »ins Gras beißen«, »sich ausklinken« und »aus dem Verkehr gezogen werden«. Im kirchlichen Bereich »haucht man die Seele aus« oder »tritt vor seinen Schöpfer«. Alte Euphemismen nehmen neue Bedeutungen an. Wenn heute von jemandem gesagt wird, er habe »den Geist aufgegeben«, dann denkt man nicht mehr an den Verlust des göttlichen Odems. Vielmehr spielt sich der Tod jetzt in einer bürokratisierten Welt aus nicht zurückgegebenen Bibliotheksbüchern und ungültig gewordenen Dauerkarten ab.

Aber die Sprache des Todes kennt auch die umgekehrte Tendenz, eine gezielte Betonung des Konkreten und Körperlichen, mit dem Ergebnis eines Wildwuchses an Slangausdrücken – wie ja auch der Leichnam selbst Objekt von Beleidigungen ebenso wie von Achtungsbezeigungen sein kann. In Mexiko »streckt man die Beine aus« oder »schmeißt« neuerdings »seine Trainer raus«, was etwa dem englischen Ausdruck »aus den Pantinen steigen« entspricht. In Deutschand »besieht man sich die Radieschen von unten«, in Frankreich »ißt man den Löwenzahn von der Wurzel aus«, in England »stemmt man die Gänseblümchen« oder »beißt in den Staub«.

Der menschliche Körper ist nicht aus einem Guß, sondern stellt die Schnittstelle mehrerer Beschreibungssysteme dar, so daß wir den erotischen, den medizinischen und den volkssprachlichen Körper haben, die alle über ihr eigenes Vokabular verfügen. Daß aus all diesen Beschreibungszusammenhängen Bestimmungen herausgezogen und in bunter Mischung benutzt werden, um Ersatzausdrücke für das vorgebliche Faktum des medizinischen Todes zu liefern, zeigt, daß der Körper semantisch, wenn schon nicht immer rituell, im Zentrum steht.

2 Vor und nach dem Faktum

»Jedes Problem läßt sich lösen, vorausgesetzt,
die Plastiktüte ist groß genug.«
Tom Stoppard

An Markttagen war es immer empfehlenswert, sich auf dem Baumstamm draußen vor dem Dorf niederzulassen. Ein ununterbrochener Strom von Leuten zog aus den Bergen in Richtung Stadt; sie trugen Blätter, Jams und Kleinvieh. Später kehrte sich der Strom um, und sie zogen wieder vorbei; jetzt schleppten sie Stoffe, Zucker und Bier zu den granitenen Felsenhöhen hinauf. Aber gleichgültig, ob sie etwas verkauft hatten oder nicht, ihr Gang war ein bißchen schwankender, und die meisten waren tatsächlich betrunken; außerdem brachten sie jede Menge Tratsch mit. Man brauchte nur ein paar Stunden dazusitzen, und schon wußte man alles, was in der Welt passiert war.

In der Ferne tauchte eine Gestalt auf, die ein grünes Fahrrad mit einem großen, auf dem Gepäckträger festgebundenen Blätterbündel schob; sie hatte sich einen grünen Topfhut auf den Kopf gestülpt und trug einen unordentlich geknöpften langen grünen Regenmantel, dessen Ärmel zu kurz waren und der nackte Füße und Handgelenke sehen ließ, so daß man einen Exhibitionisten darunter vermuten konnte: Pascal. Er stellte das Fahrrad vorsichtig ab, setzte sich hin, lächelte und fuhr sich mit gespreizten Fingern über das Gesicht, um mit dieser typisch afrikanischen Geste anzudeuten, daß er erschöpft sei. Dann wischte er sich die Finger am Oberschenkel ab und streckte die Hand aus, um die meine formvollendet zu schütteln.

»Wo ist *Taab gaay*?«

Pascal verfügte über eine gewisse Weltläufigkeit, deshalb sprachen wir Französisch. Mein Scherz war zwar alt, aber er gluckste. *Taab gaay* – wo ist der Tabak? – waren unfehlbar die ersten Worte, die seine Frau sagte, wenn sie mir begegnete. Wir waren stillschweigend übereingekommen, so zu tun, als hielte ich die Worte für ihren Namen.

»Sie ist letzte Nacht gestorben.«

Ich war entsetzt. Er schien es recht locker zu nehmen. Ich schwankte, ob ich ihn fragen sollte, woran sie gestorben war, und nahm im letzten Augenblick Abstand davon. In der Welt der Dowayo war das stets zu kompliziert, um es durch eine einfache Erkundigung zu klären. Sie konnte von Ahnen getötet worden sein oder durch Zauberei oder durch die Wirkung eigener Zauberkunst oder durch eine westliche Krankheit oder durch eine Kombination aus all dem. Die Wahrheit würde nur ganz allmählich ans Licht kommen.

»Was ist passiert?«

»Sie ging einfach herum, fühlte sich benommen und starb.«

Ich stammelte Beileidsbekundungen, und während ich das tat, sah Pascal über meinen Kopf hinweg, winkte und grinste. Als ich aufblickte, sah ich seine Frau langsam die Straße herunterkommen; sie zupfte müßig an Blättern links und rechts des Weges, hatte ein Stoffkleid an und war unterwegs zur Stadt. Im ersten Augenblick war ich wütend, daß er solch einen albernen Scherz mit mir getrieben hatte. Aber dann fiel mir ein, daß bei den Dowayo jeder, der in Ohnmacht oder in ein Koma fällt, als »tot« betrachtet wird; der Tod ist dort eine weit weniger klar umrissene Sache als bei uns. Es gibt jede Menge Geschichten von Leuten, die wieder zum Leben erwachten, nachdem man schon begonnen hatte, ihre Körper

einzuwickeln. Nicht etwa, daß solche Menschen nicht wirklich für tot gelten oder daß man nur eine Metapher gebraucht
und in Wahrheit sagen will, in Ohnmacht fallen sei »wie sterben«. Die Dowayo bestehen darauf, daß diese Menschen
wirklich und wahrhaftig tot *sind*. Aber dann hören sie einfach
wieder auf, tot zu sein. Der Tod ist kein punktuelles Ereignis,
er ist ein fortlaufender Vorgang, und manchmal kehrt sich der
Vorgang um, und die Toten werden wieder lebendig.

Taab gaay bekam schon feuchte Lippen und lächelte, während sie den Blick auf die Zigaretten in meiner Brusttasche
richtete. Ich wußte, wie ihre erste Frage lauten würde.

Es könnte naheliegend scheinen, die Allgemeingültigkeit des
Todes weniger in den Emotionen zu suchen, die er wachruft,
als im Zustand des Totseins selbst. Schließlich ist man entweder tot, oder man ist es nicht – daran läßt sich wenig deuteln.
Wir im Westen haben aus der Not unserer Unfähigkeit, den
Tod zu bewältigen, eine Tugend gemacht. Der Tod ist das
letztgültige, universale Faktum, vor dem es kein Entrinnen
gibt und dessen bittere Wirklichkeit keine Theorie oder
Heilslehre ändern oder abmildern kann. Am Tod führt kein
Weg vorbei, mit ihm ist kein Kompromiß möglich. Wir müssen auch die letztliche Vergeblichkeit all unserer Versuche
erkennen, ihn zu verleugnen. Der negativen Macht, die er
darstellt, korrespondiert also ein positiver Sinn, der seiner un-
erbittlichen Faktizität einen moralischen Wert verleiht. Der
Tod ist der krönende Schlußstein des pragmatischen Materialismus unserer Kultur, der beruhigende Beweis der Naturgegebenheit unserer in Wahrheit gesellschaftlich konstruierten
Welt. Die Allgemeingültigkeit des Todes ist der Beweis für
die Allgemeingültigkeit unserer Welt.

Und doch hat unsere kulturell anerkannte Wahrnehmung
des Todes mit seinen biologischen Gegebenheiten wenig zu
schaffen. Sozial betrachtet, sind normalerweise die Männer
das neutrale Geschlecht und gilt der Tod als widernatürlicher

Einbruch ins Leben. Von der biologischen Zelle aus gesehen sind die Frauen das »neutrale« Geschlecht und bildet der Zelltod, Apoptosis, einen festen Bestandteil unseres genetischen Programms. Ständige Informationen, Störungen des reibungslosen Programmablaufs, sind nötig, um die Bausteine unseres Körpers vom massenhaften Selbstmord abzuhalten. Die einzigen wirklich unsterblichen Zellen sind paradoxerweise die Krebszellen, die immer mehr von uns umbringen.

Das »Unsterblichmachen«, wenn schon nicht das »Unsterblichsein«, ist ein Faktum. Durch Infektion menschlicher Zellen mit viraler DNS wird eine Zell-Linie erzeugt, die sich außerhalb des Körpers fortpflanzen läßt und zu Forschungszwecken verwenden läßt. Mit Hilfe solcher Zellen kann man Arzneimittel an normalem Genmaterial testen oder nützliche Präparate für die Behandlung von Krankheiten herstellen – und das alles in einer Weise, wie das am lebenden Menschen nicht möglich wäre. So erzeugt etwa eine bekannte Arzneimittelfirma Interferon aus der Zell-Linie Namalwa, die aus dem Körper eines afrikanischen Mädchens gleichen Namens stammt, das an lymphatischem Krebs starb.

In Kalifornien ging kürzlich ein gewisser John Moore vor Gericht, um sich das Eigentumsrecht an Produkten zu erstreiten, die aus den immortalisierten Zellen seiner operativ entfernten Milz gewonnen wurden. Der Rechtsstreit drehte sich um die Frage, ob solche Zellen Teil des Körpers blieben, dem sie entstammten, oder ob sie nurmehr Rohstoff waren, vergleichbar den Trauben, die zur Herstellung von Wein dienen. Das Gericht entschied, daß es kein Eigentumsrecht an Körperteilen gebe, die im Zuge operativer Eingriffe entfernt werden.

Auf höherer zellularer Ebene gehört die Ewigkeit allein den Krebszellen. Henrietta Lacks aus Baltimore starb vor über vierzig Jahren, aber ihre Zell-Linie lebt überall auf der Welt in Forschungslaboratorien als HeLa und deren Nachkommenschaft fort. Wie im Fall der heiligen Kreuzessplitter übertreffen die als echt erkannten Überbleibsel an Volumen mittlerweile bei weitem das ursprüngliche Corpus.

*

Für mich sind das Phlogiston und die menschliche Seele unauflöslich miteinander verquickt. Naturwissenschaftler und Theologen stehen im Ruf, ein bißchen bekloppt zu sein, und während meiner Schulzeit waren beide für mich in einer Person verkörpert – in Bert. Bert war tiefgläubig, sowohl in naturwissenschaftlicher als auch in religiöser Hinsicht, was er durch seinen irren Haarschnitt, sein lautes Absingen von Chorälen und dadurch kundtat, daß er zwischen Filmen über den Nitrogenzyklus und salbungsvollen Darbietungen amerikanisch-evangelistischer Frömmigkeit hin und her wechselte. Schauplatz für das eine wie für das andere war ein Raum, vollgestopft mit Bunsenbrennern, Destillierkolben und anderen Wahrzeichen wissenschaftlicher Rationalität. Berts zweifelhafte Überzeugung war, daß beides den gleichen Normen eines nüchternen Empirismus unterliege. Besonders gern präsentierte er uns eine große Pappkartontrommel, in der Chemikalien zu einem grauen, halbwegs kristallinen Pulver vermischt waren. »Sämtliche chemischen Bestandteile eines menschlichen Körpers«, frohlockte er wie ein Showmaster, während er das Pulver durch die Finger rinnen ließ. »Aber es *ist* kein menschliches Wesen. Was fehlt? Der göttliche Geist.«

Etwas von diesem Geist spürte ich bei all meiner damaligen Unbedarftheit, wenn ich Bert zuhörte, wie er in seinen Reden Vorstellungen von kaninchenhafter Fruchtbarkeit mit moralischen Erbauungsmotiven verknüpfte. »Vorehelicher Geschlechtsverkehr«, verkündete er, »ist wie ein Paar Fußballstiefel. Nichts dagegen zu sagen. Aber was fehlt? Der Sportsgeist.«

Die Phlogistontheorie der Verbrennung lag Bert so sehr am

Herzen, daß ich mich frage, wie er es überhaupt geschafft hatte, über sie hinauszugelangen. Sie ist typisch für viele westliche Vorstellungen von der Beschaffenheit der Welt – ist repräsentativ für die Idee, daß Kraft Materie erfordert, daß Wesenheiten »Wirklichkeit« haben müssen. Im 18. Jahrhundert erschien es den Menschen vernünftig, anzunehmen, daß brennbare Dinge einen Stoff enthalten, der beim Brennen aufgezehrt wird, ein Feuerprinzip, das Phlogiston. Wir lernten von Bert, daß die Theorie im gleichen Jahrhundert von Lavoisier in einer klassisch gewordenen Reihe von Experimenten widerlegt wurde; Lavoisier wies nach, daß brennende Dinge an Gewicht *zunahmen*, statt Gewicht zu verlieren.

Heute sehe ich, daß von einer Widerlegung nicht die Rede sein kann. Bert bemogelte uns. Tatsächlich wurde damals ganz plausibel geltend gemacht, das Phlogiston habe vielleicht ein negatives Gewicht – eine Vorstellung, die der Einbildungskraft weniger widerstreitet als viele Ideen der modernen Elementarteilchenphysik. Das Phlogiston lasse sich schwer von anderen Substanzen unterscheiden, die ebenfalls leichter als Luft seien, wie etwa dem empirisch nachweisbaren Wasserstoff. Die Überprüfbarkeit der Phlogistonhypothese ist also weniger eine Sache der Empirie als eine Frage, an welchem Punkt man dem »gesunden Menschenverstand« den Vorrang vor »wissenschaftlichen« Kriterien einräumt.

Den Spekulationen des Ethnologen E. B. Tylor zufolge entspringt die Vorstellung, für die der Tod gleichbedeutend mit dem Verlust der Seele ist, einer Vermengung der objektiven Beobachtung des Leichnams mit der subjektiven Erfahrung des Träumens. Aus dieser Sicht stellt die Seele eine Art von spirituellem Phlogiston dar. Wie wäre es, wenn man der Seele mit Hilfe von Lavoisiers Experimenten nachspürte?

Vor einiger Zeit wurde von einem Düsseldorfer Arzt berichtet, der die Betten seiner Patienten auf einer hochempfindlichen Waage montierte. Im Augenblick des Todes registrierte er bei wiederholten Experimenten einen Gewichtsverlust von einundzwanzig Gramm. Wiegt soviel die menschliche Seele? Daedalus (David Jones) von der naturwissenschaftlichen Zeitschrift *Nature* hat provozierend angeregt, druckelektrische Umformer, Trägheitsnavigationsbeschleunigungsmesser und andere Geräte am Körper des Sterbenden anzubringen, um die Richtung, die Geschwindigkeit und den »Drall« der *Seele* zu messen, während sie aus dem Körper austritt und er mit einem unmerklichen Rückstoß reagiert. Die Spur einer Seele sollte doch wohl leichter zu verfolgen sein als die eines Quarks.

Unterdes hat Peter Fenwick vom Psychiatrischen Institut in einer Intensivstation für Herzinfarktfälle in der Nähe der Zimmerdecke Botschaften deponiert. Er läßt sich dabei von der Annahme leiten, daß diese Stelle ein bevorzugter Ort für extrasensorische Sterbeerlebnisse sei. Todkranke machten häufig die Erfahrung, daß sie oder ihre Seelen sich in die Luft erhöben und von außerhalb auf ihre eigenen Körper herabsähen. Falls sie sich wirklich da oben in der Nähe der Zimmerdecke aufhielten, müßten sie auch imstande sein, zu lesen, was da geschrieben stehe, und müßten es nach ihrer Rückkehr ins Leben wiedergeben können. Bert hätte all diese Bemühungen nur zu gut verstanden.

In anderen Kulturen sieht man im Körper oft ein undefiniertes Gefäß, das Kräfte birgt, die viel komplizierter sind als mit der simplen westlichen Unterscheidung zwischen Körper und Seele vereinbar. Eine Person existiert, wo eine Identität und ein Körper zeitweilig zusammentreten, aber das schließt nicht aus, daß Bestandteile hinzukommen oder verloren gehen beziehungsweise zu- oder abnehmen können. Wenn wir Begriffe wie »soziale Identität« prägen, so suchen wir nur einer westlichen Einteilung der Welt in Materielles und Nichtmaterielles allgemeine Geltung zu verschaffen; so nützlich solche Vergleiche für grobe Vergleichszwecke sein mögen, so gewiß tun wir damit häufig dem Denken anderer Gewalt an.

Ihre Unbeholfenheit verdankt die europäische Seele nicht zuletzt der Tatsache, daß es sich beim Christentum um eine von Konzilien fabrizierte Religion handelt. Bis zum Jahr 869 n. Chr., als per Konzil beschlossen wurde, daß der Mensch ausschließlich aus Körper und Seele bestehe, gab es noch eine dritte Instanz, die Psyche, die sich leichtfüßig zwischen den beiden anderen Instanzen hin und her bewegte. Die Samo in Obervolta kennen mindestens ein Dutzend Bestandteile des Menschen, die sich nur schwer der einen oder anderen Kategorie zuordnen lassen. Die Fang in Gabun verfügen über sieben Seelen, die Dogon in Mali über acht Seelen beiderlei Geschlechts; mit ihren Spaßbrüdern, den benachbarten Bozo, teilen sie sich sogar welche.

Auch die Avatip haben eine Vorstellung von der menschlichen Verfassung, die sich allem Schubladendenken entzieht.[1] Für sie ist der »Geist« eines Menschen anfangs eine mehr oder minder neutrale Lebenskraft. Dank ritueller Transformationen wird er immer unabhängiger, konkreter und gefährlicher, bis die Ältesten ihn in einem besonderen Netzbeutel getrennt aufbewahren müssen und er das Haus nur noch zu rituellen Anlässen verlassen darf; das Verhältnis, das sein Besitzer zu ihm hat, wechselt je nach Situation zwischen Indifferenz und behutsamstem Umgang.

In Haiti sind die Grundkomponenten *corps cadavre, n'ame, étoile, gros bon ange, ti bon ange. Corps cadavre* ist der physische Körper.[2] *N'ame* ist die Kraft, die den einzelnen Körperzellen ermöglicht zu funktionieren. *Gros bon ange* ist die unbestimmte Lebenskraft, die bei der Empfängnis in den Körper eintritt und ihn am Leben hält. *Étoile* ist der Schicksalsstern des einzelnen; er befindet sich am Himmel. *Ti bon ange* ist die Persönlichkeit, die den Charakter und die Willensstärke umfaßt; sie verläßt den einzelnen, während er

---

[1] Harrison 1993, S. 110
[2] Davis 1988, S. 186

schläft. Wenn jemand Opfer schwarzer Magie ist, so wird ihm diese Kraft gestohlen; der Diebstahl verwandelt den Betreffenden in einen Zombie, einen lebenden Toten.

In uns allen lauert das Tier. Fast unsere gesamte DNS ist die gleiche wie bei ziemlich niederen Lebensformen. Der menschliche Faktor ist eine späte Zutat in den Randregionen des Grundplans. Dieser Ansicht huldigen so verschiedene Fachgebiete wie die Verhaltensforschung (der Mensch ist ein Affe mit Schlips und Kragen), die Psychiatrie (wilde Triebe in uns drängen darauf, die Zivilisationsfassade zu sprengen) und die Kriegsforschung (Krieg und Aggression gehören zum Menschsein). In all diesen Überzeugungen kann man eine Spielart des Totemismus sehen, der bei vielen Völkern verbreiteten Vorstellung, daß sich auf der Basis der Beziehungen im Tierreich gut über die menschlichen Verhältnisse nachdenken läßt. Sogar eine Art von medizinischem Totemismus im Blick auf Laboratoriumstiere hat sich entwickelt, gemäß der Ähnlichkeit zwischen den jeweiligen körperlichen Systemen. So eignen sich Schweine am besten für Experimente, bei denen es um den Kreislauf geht, Affen sind für Lungenexperimente geeignet, und Gürteltiere – man höre und staune! – für Untersuchungen über Hauterkrankungen wie Lepra.

Nach Ansicht der Chamula-Indios in Mexiko hat jeder Mensch drei Seelen. Die eine sitzt in seiner Zugenspitze und steht in Beziehung zu der Kerze im Himmel, die seine Lebensdauer bestimmt. Die beiden anderen sind Tierseelen-Gefährten, die in Korralen im Himmel und im Gebirge leben.[3] Reiche und mächtige Leute haben Jaguare und Kojoten als Gefährten. Bei kleineren Leuten sind die Gefährten Opossums und Eichhörnchen. Die Tiere kämpfen miteinander, und die schwachen werden unter Umständen von den starken angefallen, bei denen es sich um die Begleiter von Hexen

---

[3] Gossen 1974, S. 15

handeln kann. Es kann auch passieren, daß die Tiere aus dem Korral ausbrechen oder an den Erdgott verkauft oder von ahnungslosen Jägern erlegt werden. In all diesen Fällen erkrankt der menschliche Gefährte und kann sogar sterben. Demnach führt nicht der Tod zum Verlust der Seele, sondern umgekehrt der Verlust der Seele zum Tod.

Dem Begriff des Todes geht es wie jeder anderen Kategorie. Grob gesehen, funktioniert er ganz gut, aber jeder Versuch, ihn genauer zu definieren, treibt ihn in eine Art von Konkurs. Das passiert regelmäßig, wenn Kategorien im Rahmen einer Wettkampfsituation immer stärker strapaziert werden. Zu Geschwindigkeitsrekorden von Motorbooten gehört mittlerweile eine Definition der Alltagsvorstellung »auf dem Wasser«. Die gesetzliche Definition von »Ursache« im Zusammenhang mit dem Begriff »Todesursache« beinhaltet, daß die Wirkung binnen Jahr und Tag eingetreten sein muß, damit die Ursache als eine solche gelten kann. Heute, wo man Patienten im Koma jahrelang am Leben erhalten kann, ehe sie ihrem Zustand erliegen, ist es unmöglich geworden, ihre Mörder als Verursacher ihres Todes zur Rechenschaft zu ziehen. All solche Bestimmungen sind letztlich willkürlich. Die Anzeichen des Todes – fehlende Atmung oder Herzstillstand, Erkalten und Todesstarre, Öffnung der Schließmuskeln, Unempfindlichkeit gegenüber Elektroreizen – können allesamt unabhängig vom Tod auftreten. Das einzige sichere und zuverlässige Zeichen des Todes ist der Beginn der Leichenfäule.

Unter dem Zwang, transplantierbare Organe zu beschaffen, haben die Ärzte sich um die Festlegung des Todeszeitpunkts bemüht und dabei den Tod in Untertypen aufgespalten – den Hirntod, den Herztod. Nieren eignen sich am besten zur Transplantation, wenn der Spender bei der Entnahme des Organs dank künstlicher Beatmung noch eine »Leiche mit schlagendem Herzen« ist. Um die Abtreibungspraxis in gesetzlich geordnete Bahnen zu lenken, mußte der

Gesetzgeber vermeiden, das Leben entweder mit der Empfängnis oder aber mit der Geburt anfangen zu lassen; Babies wurden von Müttern geboren, die schon Tage zuvor »gestorben« waren, deren Lebensfunktionen aber aufrechterhalten wurden, um den Reifungsprozeß des Fötus aufrechtzuerhalten. Wir wissen also gar nicht mehr, wo Leben und Tod beginnen; wie bei streitenden Nachbarstaaten verschieben sich in Abständen die Grenzen. Manche Krankenhäuser in den USA halten sich heutzutage Fachleute für Ethik, von denen sie sich in Zweifelsfragen, bei denen es um die Grenzlinie zwischen Leben und Tod geht, beraten lassen.

Kein Tod im Westen gilt als Faktum, bevor nicht der Totenschein ausgestellt ist, der über die »Todesursache« Auskunft gibt. Vor Abschaffung der Todesstrafe wurden in Großbritannien Verurteilte noch in Anwesenheit eines Arztes gehängt; unmittelbar anschließend an die Hinrichtung hielt man eine gerichtliche Untersuchung ab, um über die »Todesursache zu befinden« und einen ordnungsgemäßen Totenschein auszustellen, den der Arzt unterzeichnete.

Wenn man am Herzstillstand »stirbt« und wiederbelebt wird, hat man sich zwar heutzutage qualifiziert, in die Sterbeerlebnis-Industrie einzusteigen, aber ein Totenschein wird nicht ausgestellt; offiziell ist nichts gewesen. Wird ein Kind tot zur Welt gebracht, wird das Ereignis in ein besonderes Register eingetragen, da es sich offiziell weder um einen Geburts- noch um einen Sterbefall handelt. Normalerweise ist es unmöglich, für solch einen Leichnam ein christliches Begräbnis zu bekommen, da das Kind, kirchlich gesehen, nicht geboren, geschweige denn getauft ist.

Michael Kearl berichtet, daß im Jahr 1985 in den USA ein Streit um die Frage entbrannte, wie man 16 433 abgetriebene Föten entsorgen sollte, die man in einem stählernen Abfallbehälter gefunden hatte.[4] Das Oberste Gericht der USA mußte

---

[4] Kearl 1989, S. 323

entscheiden, ob die Föten einer religiösen Organisation zur Beisetzung übergeben werden sollten. Das Ergebnis war ein herrlicher Kompromiß zwischen sakralen und säkularen Rücksichten. Die Föten erhielten als bloße tote Materie ein nichtreligiöses Begräbnis, gleichzeitig aber schrieb Präsident Reagan einen Nachruf auf sie und behandelte sie damit als menschliche Wesen.

*

»Wissen Sie, was das ist?«, fragte mein Gastgeber, streckte die Hand aus und tätschelte ein großes Bündel in einer Ecke seines Wohnzimmers. Es sah aus wie das Kleiderbündel, das man für das Rote Kreuz zurechtgelegt und dann Monate lang nicht weggebracht hat. Ein Kind kurvte darum herum und machte mit dem Mund Motorgeräusche. »Es ist meine Großmutter.«

Bevor das Fernsehen Einzug hielt, gehörte zu jedem ordentlichen Haus in der westlichen Welt eine Oma, die bei den Kindern saß und sie mit schwachsinnigen Weisheiten bombardierte. Bei den Toraja gibt es in vielen Häusern nach wie vor eine Oma, aber sie ist unter Umständen tot. Der Leichnam ist in ungeheure Mengen saugfähigen Stoffes eingehüllt, der die Verwesungssäfte aufnimmt. Der abstoßende Gestank verliert sich vergleichsweise rasch. Manche modernen Toraja tricksen und benutzen Formalin, um den Verwesungsprozeß zu verlangsamen, während die Familie die nötigen Gelder beschafft und die abwesenden Angehörigen versammelt, damit zur nächsten Phase der Bestattung übergegangen werden kann. Täglich wird ein Tablett mit Essen und Trinken auf dem kippligen Bündel deponiert.

»Wollen Sie ihr nicht Guten Tag sagen?«

»Nett, Sie kennenzulernen, Großmama!« Eine passende Geste zu finden war schwierig: ein Händedruck war nicht möglich, und das Bündel zu tätscheln hätte plump vertraulich gewirkt.

»Wah, so ist es gut.«

»Wie lange ist sie schon tot?«

Er sah mich entsetzt an. »So etwas sagen wir nicht. Sie ›schläft‹ oder ›hat Kopfschmerzen‹. Sie stirbt erst, wenn sie das Haus verläßt. Sie schläft seit drei Jahren.«

Er streckte den Arm aus und nahm einen riesigen Kassettenrecorder herunter, um ein bißchen Musik zu machen. Die Kassetten standen, wie ich feststellte, in alphabetischer Ordnung auf dem Leichnam, der ein gutes Regal abgab.

»Sie wird Ihnen fehlen, wenn sie stirbt«, sagte ich.

Es ist verblüffend, wie wenig die Ansichten anderer Menschen über den Geltungsbereich des Todes mit unseren eigenen übereinstimmen. Man hat die These vertreten, daß bei den australischen Aborigines viele Todesfälle, die der Zauberei oder Verwünschungen zugeschrieben werden, darauf zurückzuführen sind, daß die Betreffenden von ihren Verwandten nicht mehr mit dem Lebensnotwendigen versorgt werden, weil sie »so gut wie tot« sind. Aus Sicht des materialistischen Westens sterben die Opfer schlicht an Wasserverlust.

In Joseph Hellers Roman *Catch-22* findet sich die phantasievolle Schilderung der Leiden eines Menschen, der gesund und lebendig ist, während er behördlich als tot gilt. Sobald bei den Dogon in Mali die Begräbnisrituale für eine abwesende Person, die als tot gilt, abgeschlossen sind, kann die betreffende Person nicht mehr als lebend akzeptiert werden, falls sie zurückkehrt. Die Familie weigert sich, sie wiederaufzunehmen, und überläßt sie ihrem Schicksal.

Kürzlich machten französische Zeitungen großes Aufhebens um die Geschichte von Georges Verron, einem Vierundsiebzigjährigen, der behördlich als tot gilt, obwohl er am Leben ist. Zu Kriegsende wurde ihm seine Identität von einem Kollaborateur entführt, der dringend neue Papiere brauchte. Als der falsche Verron starb, stellte der Staat die

Pensionszahlungen ein. Da er die Behörden von seiner Identität nicht überzeugen kann, ist der echte Verron außerstande, sich einen Paß zu verschaffen, ein Bankkonto zu eröffnen oder ein Testament zu machen. Er wollte gegen die Behörden vor Gericht ziehen, erfuhr aber, daß dies nicht möglich ist, weil ein Toter keinen Prozeß führen kann.

Das Gegenteil passiert Chinesen, die im Ausland sterben. Während der Tote zur Beerdigung nach China überführt wird, behandelt man ihn wie einen Lebenden und heißt ihn auch eindeutig als solchen willkommen. Erst viel später gilt er offiziell als »verstorben«. Ähnliches wird auch vom hinduistischen Totenritual berichtet: Der Tote »stirbt« dort erst in dem Augenblick, in dem die Hitze des Bestattungsfeuers den Schädel zum Bersten bringt.[5] Streng genommen, wird also bei der hinduistischen Totenverbrennung ein *Lebender* geopfert. Dagegen braucht ein Asket, der schon lange der Welt entsagt hat und einen symbolischen Tod gestorben ist, bei seinem wirklichen Tod keine weiteren Begräbnisriten und wird ohne große Umstände in den Ganges geschoben.

Die Vorwegnahme des Todes findet ihren unmißverständlichsten Ausdruck in dem Brauch, Menschen lebendig zu begraben. In vielen Kulturen war es gang und gäbe, Ehefrauen, Diener oder andere, die dem Verstorbenen nahegestanden hatten, zusammen mit diesem zu begraben. Zwischen dem 12. und dem 15. Jahrhundert schuf man in den theokratischen Staaten Europas lebende Heilige, indem man Eremiten, besonders Frauen, einmauerte. Normalerweise geschah das an Orten mit Grenzcharakter – an Brücken, Stadttoren, Eingängen zu Friedhöfen; man ließ nur eine kleine Öffnung, um die eingemauerte Person mit Nahrung versorgen zu können oder ihr den Anblick der Kirche zu erhalten. Sie waren lebende Symbole des Verzichts auf das irdische Dasein; ihre

---

[5] Parry 1982

körperlichen Leiden wurden mit morbider Ausführlichkeit aufgezeichnet und galten als verdienstvoll und als Quelle himmlischen Heils. Mit den Läuterungskulten, denen Leiden als Weg zur Erlösung galt, verschwanden auch die Eremiten.

Sie tauchten wieder in der abgemilderten, archaisierend-pastoralen Gestalt der »Ziereremiten« auf, die sich Aristokraten des 18. Jahrhunderts als belebendes Element für ihre Landsitze hielten.

*

»Ich erinnere mich gut an ein frühes Erlebnis auf der Insel Eddystone, die zu den Salomoninseln gehört. Ein Mann, den ich kannte, war schwerkrank. Ich hörte, daß ihn ein eingeborener Arzt besucht hatte, der als Koryphäe galt; er wurde in Kürze zurückerwartet. Nicht lange, so näherte sich auf dem schmalen Buschpfad die übliche Reihe von Leuten im Gänsemarsch, an der Spitze der Doktor, der auf meine Fragen, wie es dem Patienten gehe, bekümmert den Kopf schüttelte und die Worte ›mate, mate‹ hervorstieß. Ich nahm natürlich an, es gehe zu Ende mit dem Mann; wie ich feststellte, wollte der Arzt damit aber nur sagen, daß er immer noch schwerkrank sei. Tatsächlich wurde er wieder gesund. So galt auch der älteste Mann auf der Insel, der fast mit Sicherheit über neunzig war, nicht nur als mate, obwohl er zu den lebendigsten Leuten auf der Insel gehörte, sondern man gebrauchte auch, wenn man vom ihm sprach, den Ausdruck manatu, der sonst nur in den religiösen Formeln des Totenkults Verwendung fand.

Daß es völlig falsch ist, mate mit tot zu übersetzen und als Gegenbegriff zu toa, dem Wort für lebendig, zu betrachten, liegt auf der Hand. Diese Menschen haben keine Kategorien, die genau unseren Begriffen für «tot» und «lebendig» entsprechen; vielmehr haben sie zwei andere Kategorien, mate und toa, von denen die eine die Schwerkranken und Hochbetagten mit den Toten zusammenfaßt, während die andere alle umfaßt, die nicht als mate bezeichnet werden... Auch heute noch warten die Melanesier

nicht ab, bis ein Kranker tot in unserem Sinne ist; wenn der Be-
treffende als hinlänglich mate gilt, sind Bewegungen, die er
macht, oder auch Stöhnen, das er hören läßt, kein Grund, die
Begräbnisriten oder den Bestattungsprozeß zu unterbrechen.
Wird indes ein Mensch durch irgendeinen Eingriff von draußen
vor dem Tod bewahrt, dann hat er unter Umständen nichts zu
lachen, weil er für den Rest seines Lebens den mate-Status auf
keinerlei Weise mehr los wird.«[6]

Die Situation auf den Salomoninseln ist nicht so schrecklich
verschieden von der in unseren heutigen westlichen Gesellschaften. Theoretisch ist der Tod ein Augenblick, ein Zeitpunkt, der sich auf einem Totenschein festhalten läßt; den
Glauben an den Tod als Rückstandsphänomen hat es indes
auch bei uns immer gegeben. Im 19. Jahrhundert existierte
noch immer die Überzeugung, die Wunden eines Mordopfers
würden in Gegenwart des Mörders zu bluten anfangen. Im
20. Jahrhundert gingen französische Ärzte allen Ernstes der
Behauptung nach, die abgetrennten Köpfe von Guillotineop-
fern folgten wie Mona Lisa dem sich bewegenden Betrachter
mit den Augen. Allen strikten, säuberlichen Trennungen der
Sprache und der wissenschaftlichen Erfassung zum Trotz entwickelt sich die soziale Identität wie eine bruchlose paraboli-
sche Kurve, und an welcher Stelle der Kurve man sich befindet, bemißt sich daran, wieviel Verfügungsgewalt man über
seinen eigenen Körper hat. Kinder übernehmen nur nach und
nach die Verantwortung für und die Kontrolle über ihre Aus-
scheidungs-, Verdauungs- und Sexualfunktionen. Das Erwachsenwerden setzt sich aus zahlreichen Schlachten zusammen, die um die Herrschaft über Haare, Kleidung, Essen,
Trinken, sexuelle Körperöffnungen ausgetragen werden; im
Zuge dieses Kampfes wird das Eigentumsrecht am eigenen
Körper allmählich ausgedehnt, bis man als Zeichen des er-

---

[6] W. H. Rivers 1926, S. 41

reichten gesellschaftlichen Erwachsenenstatus die volle Verfügung über sein leibliches Selbst erlangt. Vorher erfüllen Tätowierungen oder auch sexuelle Handlungen, selbst wenn sie mit Zustimmung des Betroffenen stattfinden, den Tatbestand der Körperverletzung.

Bestimmte Zustände bringen Einschränkungen der Verfügungsgewalt über den eigenen Körper mit sich. Ernsthafte Erkrankungen führen dazu, daß man sich in die Gewalt anderer begibt und vorübergehend auf Haltungen infantiler Willfährigkeit regrediert, zum Beispiel im Krankenhaus bei der Nahrungsaufnahme, beim Stuhlgang und so weiter. Kriminelles Verhalten wird durch ähnliche Einschränkungen des Erwachsenenstatus bestraft. Vom hohen Alter wird erwartet, daß es eine allmähliche Aufweichung des Eigentumsrechts am eigenen Körper und der Verfügung über ihn mit sich bringt, bis der Tod zur kompletten Preisgabe der sozialen Identität und zum vollständigen Verlust des eigenen Körpers zurückführt. Die Toten haben keinen Eigentumsanspruch auf ihren Leichnam.

Wer man ist, wirkt sich darauf aus, an welcher Stelle der Parabel man geortet wird. Soziologen haben die Ansicht geäußert, daß der Punkt, an dem man in einem westlichen Krankenhaus als »sterbend« eingestuft wird – mit all den möglicherweise tödlichen Konsequenzen des Entzugs von Betreuungsleistungen, die das hat –, ebensosehr von der Klassenzugehörigkeit und dem sozialen Status abhängt wie vom medizingeschichtlichen Entwicklungsstand.

Andere Kulturen bemühen die Sprache als Erkennungsmerkmal für die Ortung im Lebenszyklus. Ein Kind hat keine Sprache. Kennzeichen sozialer Reife ist die Sprachfähigkeit. Die Chamba an der Grenze zwischen Kamerun und Nigeria halten das unverständliche Gebrabbel von Säuglingen und Greisen für die Sprache der Geisterwelt. Die Säuglinge haben diese Sprache noch nicht vergessen, die Greise eignen sie sich wieder an; das schafft eine Affinität zwischen beiden.

Den Baule von der Elfenbeinküste zufolge ist es gefährlich, zwei Säuglinge zusammenzubringen, die noch die Sprache der Ahnen lallen. Sie könnten sich gegen die Lebenden verschwören. Die Tlingit in Alaska waren überzeugt davon, daß Gähnen gefährlich ist. Für die Lebenden ist es geräuschlos. Aber in der Sprache der Toten ist es laut zu hören.

*

Zombies sind allem Anschein nach eine Realität. Es gibt sie tatsächlich. Der Tod ist keine Einbahnstraße. Wade Davis, ein Ethnobiologe, hat welche kennengelernt.[7] Wir kennen ein Foto von einem Zombie, der ersichtlich schicksalsergeben mit verschränkten Armen dasitzt – passenderweise auf seinem eigenen Grab. James Bond und eine Unzahl anderer »Schreckensgestalten« haben unserem Geist eine wildere Ikonographie eingeprägt – grinsende Schädel, obszöne Mitternachtsrituale, den Stampfschritt des menschenmordenden Leichnams, der mit glasigen Augen die Arme ausbreitet, um sein Opfer zu zerquetschen und zu erdrosseln. Papa Doc Duvalier, der sich wie ein traditionsbewußter Bestattungsunternehmer kostümierte, eiferte darin Baron Samedi, dem Oberhaupt des Wodu-Pantheons, nach, während er seinen Verwaltungsapparat in das System von Geheimgesellschaften einreihte, die seit den Sklavenaufständen des 18. Jahrhunderts das Stadtleben in Haiti beherrschen. Der Konflikt zwischen den Tonton Macoute und Bertrand Aristide ist eine Wiederauflage uralter Rivalitäten zwischen städtischem Wodu-Kult und kreolischem Katholizismus. In Davis' Darstellung allerdings nimmt sich die Bizango-Geheimgesellschaft, die wichtigste Kultgemeinschaft des Wodu, so ziemlich wie eine Tochtergesellschaft des Rotary Clubs aus: auch sie pflegt vorzugsweise den Gruppenzusammenhalt und

---

[7] Davis 1988

Werte des traditionellen Familienlebens. Ein echter Zombie-Zustand wird nur selten erreicht; er erfordert die Einnahme von Orthodotoxin – einem Gift im japanischen Kugelfisch –, um das Opfer in eine todesähnliche Verfassung zu versetzen. Nach seiner Beerdigung zerren die Zombie-Meister den Zombie, der zwar bei Bewußtsein, aber gelähmt ist, aus seinem Grab und entführen ihn in ein Land mit Bedarf an billigen Arbeitskräften, wo er als drogensüchtiger Sklave schuftet. Es braucht nur ein paar solcher Fälle, um die Leute von der Macht der Geheimgesellschaft zu überzeugen und dafür zu sorgen, daß sie nicht vom Tugendpfad abweichen.

Die westafrikanischen Ursprünge sind unverkennbar. Aber überraschend an haitianischen Zombiefizierungen ist, wie wenig sie afrikanischen Zombie-Vorstellungen entsprechen. In einer beispielhaften Studie der Bakweri im westlichen Kamerun hat Edwin Ardener nachgewiesen, daß Anschuldigungen wegen Zombie-Machenschaften gelegentlich und schubweise auftreten.[8] Als Zombiehalter gelten Menschen, die sich auf Kosten ihrer Verwandten in auffälligem Maße bereichern. Sie stellen ihren eigenen Sippengenossen nach, töten sie mit schwarzer Magie, verfrachten sie ins Gebirge und lassen sie dort in Zombiebergwerken und Zombiefabriken arbeiten. Den Arbeitslohn ihrer Opfer streichen sie selbst ein.

Beide Gruppen von Vorstellungen über den Tod begründen einen, wie man es nennen könnte, »Anti-Yuppie-Kult«. Die Haitianer verurteilen in einer Gesellschaft, die ihre freiheitliche Verfassung auf einen Sklavenaufstand zurückführt, den Selbstsüchtigen zur Sklaverei. In Kamerun, wo Führer, die ihre Gefolgschaft verraten, nichts Ungewöhnliches sind, erhebt man Magievorwürfe gegen den Karrieristen, die ihn das Leben kosten können. Hier wie dort verrät ein Wellblechdach, daß sein Besitzer über maßlosen persönlichen Reich-

---

[8] Ardener 1970

tum verfügt, und hier wie dort scheut man sich deshalb davor, sein Geld in einem solchen Dach anzulegen. Der Tod ist nicht nur der Sünde Sold, wie die Bibel meint – er kann auch der Sünde des Soldnehmens entspringen.

Wie es den Menschen nach dem Tode ergehen wird, läßt sich quantitativ erfassen; das Resultat ist eine Verbreitungskarte menschlicher Verderbtheit. Im Jahr 1993 veröffentlichte die *Birmingham News* der Stadt Birmingham in Alabama eine Landkarte der Verdammnis, derzufolge 46,1 Prozent der Menschen in die Hölle kommen. Angefertigt wurde die Karte vom Rat der Südstaaten-Baptisten, der seinen Seelenhirten dabei helfen wollte, herauszufinden, wo sich die meisten Sünder zusammenballen. Um den Prozentsatz der noch nicht Geretteten zu errechnen, zog man die Anzahl der registrierten Baptisten von der Gesamtzahl der Bevölkerung des jeweiligen Bezirks ab und wandte anschließend eine geheime Formel an, die Auskunft darüber gibt, wieviele Mitglieder der übrigen Glaubensgemeinschaften jeweils in den Himmel kommen. Durch die Formel werden den einzelnen Gemeinschaften je nach ihrer relativen Nähe zum baptistischen Glauben unterschiedlich große Kontingente von Geretteten zugebilligt. Mehr Methodisten als Katholiken kommen in den Himmel. Juden, Buddhisten und Hindus landen alle in der Hölle.

3 Der mythische Ort des Todes

Kleiner Junge: »Wo kommen die Tiere hin,
wenn sie sterben?«
Kleines Mädchen: »Alle guten Tiere kommen
in den Himmel, aber die bösen kommen ins
Naturkundemuseum.«
E. H. Shepard, 1929

Es war einer jener endlosen Regennachmittage in einem afrikanischen Dorf, bei denen man sich vorkam, als sei man in das Zeitbewußtsein der Kindheit zurückgefallen. Man hatte das Gefühl, daß bis zum Abend Tage vergingen. Der nächste Morgen mit seiner Aussicht auf einen Markttag schien Wochen entfernt.

Der Tag war nicht sonderlich erfolgreich verlaufen. Der Regenhäuptling hatte versprochen zu kommen, war aber nicht erschienen; zweifellos hatte ihn der unvorhergesehene Sturm vom Kommen abgehalten. Morgen würde er auftauchen und mir erzählen, daß er im Gebirge habe bleiben müssen, um großmütig verderbenbringende Winde vom Tal abzuwenden. Meine einzige Gesellschaft waren der Schullehrer und ein paar Jäger, die der Regen zum Nichtstun verurteilte und die es zufrieden waren, dazusitzen, meine Zigaretten zu rauchen, meinen Kaffee zu trinken und leeren Blickes aus der Tür auf die Sintflut zu starren. Da gerade ein großes Begräbnis am Ort stattgefunden hatte, erhoffte ich mir einen aufregenden Mythos über den Ursprung des Todes, etwas von der Art, worauf sich Afrika so gut versteht. Als ich danach fragte, sahen sie mich an, als sei ich verrückt. »Der Tod? Woher sollen wir das wissen?« Und dann das unvermeidliche, nervenzermürbende »Wir sind doch nicht der liebe Gott«.

Der Schullehrer, ein rundlicher Christ, blitzte mich durch seine achtungheischende Brille an. »Der Tod? Ich kann Ihnen was über den Tod erzählen. Es steht alles in der Bibel, im Wort Gottes. Wir haben den Auftrag, das Wort Gottes zu verbreiten.« Ich stöhnte auf. Trister konnte es nicht mehr werden. Ich war wieder in der Sonntagsschule. »Nein«, sagte ich in der Hoffnung, die Flut noch stoppen zu können. »Ich meine eine Geschichte der alten Leute.«

»Aber ja. Der alten Leute. Adam und Eva.« Und los ging's. »Damals lebten nur Adam und Eva auf einem großen Feld. Sie hatten alles, was sie brauchten. Kein Unkraut wuchs. Sie mußten nicht pflanzen und hacken. Keine Ratten fraßen ihre Ernte auf. Die Hirse schoß wie Pfeilgras aus dem Boden, und die Ähren fielen von selbst herunter, ohne daß man etwas tun mußte. Dreschlieder brauchten sie keine. Das Feld mußten sie niemals wechseln. In der Mitte stand ein großer Baum, in dem ein mächtiger Geist lebte. Gott befahl ihnen, den Geist nicht durch den Diebstahl der Früchte seines Baumes zu verärgern – wie bei den Mangobäumen an der Missionsstation, nur war es ein *tarko*-Baum. Aber das Chamäleon kam und –«

»Die Schlange«, sagte ich. »Sie meinen doch wohl Schlange?«

»Auf dem Feld gab es keine Schlangen«, fertigte er mich ab. »Alles in der Welt war lieb und gut. Es war das Chamäleon, das bis heute die Farbe wechselt, um die Menschen zu täuschen.«

Er sprach mit dünner, piepsiger Stimme, um das Chamäleon nachzumachen. Die Männer lachten. ›Ach Eva‹, sagte er und wackelte mit dem Hintern. ›Ich bin so hungrig, und komme so langsam voran. Würdest du mich auf den Baum setzen, damit ich etwas essen kann?‹ Eva hatte Angst. ›Gott hat mir befohlen, mich vom *tarko*-Baum fernzuhalten‹, sagte sie. Aber das Chamäleon überredete sie mit seiner honigsüßen Zunge, und sie setzte es auf den Baum, und es gab ihr von der Frucht zu essen.« Der Schullehrer zog ein Gesicht: *tarko* schmeckt äußerst bitter. »Dann sah sie, daß sie nackt war, und machte sich aus Blättern Kleider, wie die Frauen sie noch immer tragen. Und sie kochte Adam eine Soße aus *tarko*, und er aß sie; und kaum hatte er Eva danach angesehen, da hatten sie auch schon Sex miteinander, rumms! auf dem Fleck, und er mußte Blätter tragen, wie das die Männer heute noch tun, wenn sie sterben.« Er hielt inne, um Atem zu schöpfen, wuselte o-beinig durch die Hütte, tat so, als trüge er Blätter und bückte sich so, daß man dann sein Hinterteil gesehen hätte. Die anderen kreischten vor Lachen und applaudierten.

»Dann kam Gott.« Tiefe Stimme: »›Was ist hier los? Ihr habt nicht gehorcht.‹ Er schlug sie, und deshalb haben Männer bis heute Falten auf der Stirn, wo er sie schlug. ›Zur Strafe werdet ihr immer nur ein Kind bekommen statt alle zusammen wie bei den Tieren.‹ Dann machte Gott Steine in der Welt und Dornen und Unkraut und den Tod.«

Das war tatsächlich sehr interessant. Eigentlich verblüffend. Unter dem *tarko*-Baum wurde die Beschneidung erfunden. Ich machte den Mund auf: »Was den *tarko*...« Weiter kam ich nicht.

»Dann kriegten sie zwei Söhne, Kain und Abel; Kain war ein guter Mann, der Hirse pflanzte, und Abel hielt Ziegen. Aus Abels Kindern wurden die Fulani.«

»Ah«, nickten die Männer verstehend. So war das also. Die Fulani, die in der Dürrezeit ihr Vieh über die Felder der Dowayo trieben.

»Und Kain hatte Söhne, von denen wir abstammen und andere, Schmiede und Jäger. Aber Abels Vieh verwüstete alle Feldfrüchte, die Kain mitten in den Steinen und den Dornen und dem Unkraut angebaut hatte; wenn er sich beschwerte, lachte Abel nur. Er lachte nur«, wiederholte der Schullehrer und schüttelte den Kopf, als könne er es nicht fassen. »Also brachte Kain ihn um. Zack! Deshalb vertragen wir uns mit Schmieden und anderen, liegen aber immer mit den Fulani wegen dieser alten offenen Rechnung im Streit.«

Begeisterter Beifall, lautes Schenkelklatschen. Das war einfach zu gut, um nicht nachzuhaken.

»Und die Europäer?« fragte ich. »Weiße Männer wie ich. Wo kommen die her?«

Er musterte mich kühl. »Ich bin tief in das Studium der Heiligen Schrift eingedrungen, Monsieur. Soweit ich mich erinnere, gibt es dort keine weißen Männer.«

Der Tod ist solch ein wichtiges Ereignis, daß ihn die meisten Kulturen mythologisch und rituell einfassen und ihm zumindest einen Platz in der Welt, wenn schon nicht seine Berechtigung nachweisen. Ist der Tod unvermeidlich, ist er Bestandteil der Natur, gehört er zu einem ausgewogenen Universum? Oder ist das Ganze eine nachträgliche Fehlentwicklung, eine unbeabsichtigte Störung der Ordnung? Der biblische Mythos aus dem 1. Buch Mose möchte uns zu der zweiten Ansicht bereden: der Tod entsteht erst, nachdem die anfängliche Reinheit verloren ist. Sterblichkeit ist nach dieser Annahme Teil eines tödlichen Junktims aus Willensfreiheit und Unternehmertum, die bestimmend für den menschlichen Charakter sind und als Sündhaftigkeit, Wissensdrang und Geschlechtstrieb in Erscheinung treten. Mit dem Auftauchen der menschlichen Fruchtbarkeit nimmt die spontane Fruchtbarkeit der Erde ab; fortan ist die agrarische Lebensmittelerzeugung an harte Arbeit geknüpft. Der Mythos gehört zu einer weltweit verbreiteten Gruppe von Geschichten, die im

Tod das Ergebnis eines übertretenen Gebots oder den Preis sehen, den das soziale und sexuelle Leben fordert. Aber in diesem Punkt ist die Bibel irritierend unbestimmt. Sie munkelt von einem Baum des Lebens, der Adam Unsterblichkeit verliehen hätte und der ihm deshalb unzugänglich bleiben sollte. Die Altsächsische Bibel kennt zwei Bäume, einen für die Erkenntnis des Guten und einen für die Erkenntnis des Bösen. Hingegen ist der Apfel der Volksüberlieferung die Frucht einer irrigen Etymologie, nämlich der Verwechslung des lateinischen Wortes *malum*, »böse«, mit dem lateinischen Wort *malus*, »Apfel(baum)«, das in seiner Akkusativform ebenfall *malum* lautet. Die Fang im Kongo haben den Mythos der Bearbeitung durch ihre eigene Sprache unterzogen, und hier heißt die verbotene Frucht *ebon*, ein Wort, das eine bestimmte Frucht bezeichnet, aber auch »Vagina« bedeutet.

Auf der indonesischen Insel Roti, wo sich das Leben um den Sirupsaft der Lontar-Palme dreht, sehen die Veränderungen anders aus. Das Lied der Roti-Bewohner vom Ursprung des Todes schreibt diesen nicht dem Genuß eines Apfels, sondern einer Lontar-Frucht zu:

»Wenn du die Frucht vom Sirupbaum pflückst,
Wenn du das Blatt vom Honigbaum brichst,
Ist da ein herber Geschmack,
Liegt darin ein Hauch von Tod,
Ist Bitterkeit da...«[1]

Das Lied endet damit, daß der Lontar-Baum gefällt wird, um den Menschen als Sarg zu dienen, was bis heute Brauch geblieben ist. Wissen, Sünde und Tod entstammen ein und demselben Behältnis.

---

[1] Fox 1983

*

Viele Mythen zeigen, daß der Mensch dem Tod nicht einfach zum Opfer fällt, sondern daß er ihn sich tatsächlich aussucht und wie ein kostbares Ding erwirbt, als eine Lösung für Probleme des Lebens. Der Mythos wirft eine Frage auf, für die der Tod die Antwort bildet. Nach Ansicht der Samo, die auf Burkina Faso leben, sind alle Störungen der Naturordnung, der Tod eingeschlossen, auf ein und dieselbe Ursache zurückzuführen:

»Als die Menschen im Himmel lebten, starben sie nicht. Da sie überhandnahmen, schickte Gott mit Hilfe des Schmieds eine Anzahl von ihnen auf die Erde, wo sie sich in zwei Gruppen organisierten – den Herren der Erde, die über Kälte und Trockenheit herrschten, standen die Herren des Regens gegenüber, die über Hitze und Feuchtigkeit regierten. Die Welt war also im perfekten Gleichgewicht: Wenn die Herren des Regens die Hitze steigerten, hatte das eine Dürre auf der Erde zur Folge; daraufhin erhöhten die Herren des Regens die Luftfeuchtigkeit, damit es zu Regenfällen kam. Aus dem gleichen Grund der Ausgewogenheit vermieden die Herren des Regens, die sterben mußten, jede Berührung mit ihren eigenen Toten, während die Herren der Erde, die unsterblich waren, die Totengräberarbeit übernahmen. Die ersteren waren mit ihrem Los zufrieden und beklagten sich nicht; wenn einer von ihnen starb, veranstalteten sie die Begräbniszeremonien und aßen das lalso [ein Gericht, das von den Angehörigen der mütterlichen Linie des Verstorbenen zubereitet wird]. Die Herren der Erde waren neidisch; sie wollten ebenfalls lalso essen. Sie schickten also zwei Boten in den Busch, die für den Preis einer Katze den Tod kaufen sollten. Sie bekamen ihn schließlich für eine Kuh und zogen mit den Herren des Regens gleich. Höchst bedauerlich, daß damit das Gleichgewicht der Welt gestört war; tatsächlich ist es seit dieser Zeit, daß die Menschen mit der Unberechenbarkeit der Jahreszeiten, mit Dürren und Mißernten le-

81

ben müssen: dies war der eigentliche Preis, den sie ein Leben lang zahlen mußten.«[2]

Dem Tod haftet ein merkwürdiges Moment von Unverhältnismäßigkeit an. Oft ist er das Resultat eines ganz unscheinbaren Ereignisses, das die Welt aus der Bahn wirft, wie etwa in einer Science fiction-Geschichte, in der ein Zeitreisender auf einen Schmetterling tritt und damit die ungeheuersten Katastrophen auslöst. Der Tod kann Folge eines Wettstreits im Weitspringen sein, den ein Frosch und eine Kröte austragen, oder Konsequenz eines Happens, den ein Tier im Vorübergehen frißt, oder der Ungezogenheit eines Kindes oder der Gereiztheit einer alten Frau, die Gott anfaucht, er solle ihr aus dem Weg gehen. Manchmal beschwört eine einzige Fehlentscheidung den Tod herauf.

Die Duala im Senegal erzählen, Gott habe den ersten Mann erschaffen und ihm eine Frau gegeben. Die Geschichte geht dann folgendermaßen weiter: »Eines Tages rief er sie zu sich und zeigte ihnen zwei Beutel. Der eine war mit Geschenken, mit Eßsachen und mit nützlichen Dingen vollgestopft. Er enthielt auch den Tod. Der kleinere enthielt die Unsterblichkeit. »Welchen wollt ihr haben?« fragte Gott. Der Mann zögerte, aber die Frau wollte unbedingt die Sachen. Sie nahmen also den größeren Beutel und schleppten ihn fort. Und seitdem müssen alle Menschen sterben.«[3]

Den gleichen Mythos trifft man bei den Ngala am oberen Kongo an, allerdings mit einer Verfeinerung. Hier enthält das Bündel Perlen, Messer, Stoffe und Spiegel – alles importierte Dinge. Die Frau wählt also nicht einfach nur Reichtum, sondern Handelsbeziehungen und Kontakte zur Außenwelt, das heißt, gesellschaftliches Leben.

In manchen Fällen kann der Tod die Strafe für eine Torheit,

---

[2] Heritier-Izard 1973, S. 243
[3] Thomas 1982, S. 27

Sünde oder Überhebung sein. Die Asante in Ghana wissen folgendes zu erzählen:

»Vor Zeiten war der himmlische Gott den Menschen sehr nahe. Während die Mutter dieser Menschen fufu stampfte, traf sie ihn immer wieder mit ihrem Stößel. Um den Stößen auszuweichen, verlegte Gott seinen Platz weiter hinauf. Die Frau befahl nun ihren Söhnen, alle Mörser übereinander zu stapeln, damit sie Gott näher war. Sie gehorchten, aber ein Mörser fehlte für die erforderliche Höhe. Ihre Mutter hieß sie, den untersten Mörser im Stapel zu nehmen. Das taten sie, und der Stapel stürzte zusammen und erschlug viele von ihnen. So kam der Tod unter die Menschen.«[4]

Die Luba in Zaire haben eine Erzählung, die der biblischen Geschichte näherkommt:

»Gott hatte viele Bananen. Er pflückte sie und vergrub sie, damit sie reiften. Später schickte er die Sonne und dann den Mond und die Sterne, um die Bananen auszugraben und zu ihm zu bringen. Von allen wollte er wissen, ob sie welche gegessen hatten. Sie sagten nein, und das stimmte auch. Dann schickte er den Menschen. Der Mensch grub sie aus, betrachtete sie lange und dachte bei sich: ›Selbst wenn ich ein paar esse, wird Vater es nicht bemerken, weil es viele sind.‹ Er nahm eine, fand sie köstlich und verschlang mehrere. Die übrigen brachte er zum Haus seines Vaters. Gott fragte ihn: ›Hast du sie probiert?‹ ›Keineswegs‹, sagte der Mensch. ›Wenn du keine gegessen hast, schicke ich dich morgen wieder hin.‹ Am nächsten Tag wollte der Mensch aufstehen und seinem Vater Guten Morgen sagen. Er fühlte sich wacklig auf den Beinen. Gott wartete vergeblich auf ihn und suchte ihn schließlich auf. ›Warum hast du dich hingelegt?‹ fragte er ihn. Der Mensch rührte sich nicht und wußte nichts zu sagen. Gott fuhr fort: ›Du hast gewiß einige der Bananen gegessen, sonst

---

[4] Thomas 1982, S. 32

wärst du nicht krank!‹ Mit diesen Worten ging Gott davon. Der Mensch blieb ausgestreckt liegen, wurde immer kränker und starb. Seit der erste Mensch gestohlen hat, ist der Tod unser ständiger Begleiter. Sonne, Mond und Sterne sind so schön geblieben, wie Gott sie geschaffen hat. Und wir müssen sterben, müssen sterben.«[5]

Mit echter ethnographischer Scharfsicht macht die Bibel den Mord zur Erfindung von Kain und Abel; seitdem erscheint aus soziologischer Sicht die Sterblichkeit als ein Niederschlag innerfamiliärer Spannungen. Unsere lieben Angehörigen bringen uns um. Hören wir die Kiga in Uganda:

»Am Anfang verjüngten sich die Menschen plötzlich wieder, wenn sie zu alt wurden, oder aber sie starben und erwachten einige Zeit danach wieder zum Leben. Eines Tages starb eine alte Frau und wurde begraben. Ihre Schwiegertochter, die sie verabscheute, schlich heimlich zum Friedhof, beobachtete das Grab und wartete darauf, daß die Seele sich daraus erhob. Als das geschah, stieß sie mit ihrem Stößel heftig auf den Boden und rief: ›Die Toten sollten nicht zurückkommen.« Die Schwiegermutter kam niemals wieder. Seit damals aber erwachen die Gestorbenen nicht mehr zum Leben.«[6]

*

Neuerdings sieht man Tod und Verfall gern eng verknüpft mit Fehlfunktionen bei der Replikation des DNS in der Zellvermehrung. Damit wird einfach ein altes Motiv wiederaufgegriffen – das Motiv der fehlgelaufenen Information. In Afrika ist der Tod häufig das Resultat von Nachrichten, die durcheinandergebracht oder verfälscht werden.

---

[5] Thomas 1982, S. 35
[6] Thomas 1982, S. 38

In Ostafrika ist der Hase der Bote, der die Nachricht verdreht, so daß es die Menschen am Ende das Leben kostet. In Westafrika spielt diese Rolle häufiger das Chamäleon. Die Bamun in Kamerun erzählen:

»*Früher einmal haben der Frosch und das Chamäleon miteinander gestritten. Der Frosch sagte: ›Wenn die Menschen gestorben sind, sollen sie wieder aus dem Grab kommen!‹ Das Chamäleon sagte: ›Wenn der Mensch gestorben ist, soll er verwesen!‹ Da machten sie eine Wette. Sie stellten eine Trommel auf: ›Wer zuerst zu der Trommel kommt und sie schlägt, der soll recht haben!‹*

Das Chamäleon ging und suchte Steine und legte sie auf den Weg, wo der Frosch kommen mußte. Er blieb lange aus, denn er mußte über die Steine klettern. Das Chamäleon lief schnell und kam zuerst und schlug die Trommel. Der Frosch verlor die Wette. Darum verwesen die Menschen.«[7]

Das wird auch als Grund dafür angegeben, daß sich die Leute bis zum heutigen Tag vor dem phlegmatischen Chamäleon graulen und häufig als Rezept empfehlen, ihm das Maul mit Schnupftabak vollzustopfen und es auf diese Weise umzubringen.

Ein geläufiges Symbol der Unsterblichkeit ist die Schlange, die ihre Haut abstreifen und sich verjüngen kann. Das bietet dem mythischen Denken eine weitere Möglichkeit, die menschliche Existenz dem Dasein der Tiere gegenüberzustellen und so ein umfassenderes Naturmodell zu entwerfen. Die Chaga in Uganda berichten:

»*Im Anfang alterte der Mensch freilich auch, aber er machte einen unaufhörlichen Verjüngungsprozeß durch, indem er sich häutete, wie es die Schlange heute noch tut. Eines Tages schickte die Mutter das Kind zum Wasser. In seiner Abwesenheit wollte*

---

[7] Rein-Wuhrmann 1925, S. 139

sie sich häuten und verjüngen. Das Kind kam aber wider Erwarten schnell zurück und überraschte die Mutter, wie sie im Begriffe war, aus der Haut zu schlüpfen. Deshalb blieb die Wandlung unvollendet, und die Mutter starb in ihrer alten Haut.«[8]

Oder Mensch und Tier werden gleichbehandelt. Die Lui in Sambia erzählen, daß der Kulturheros Nyambe einst mit seiner Frau Nasilele auf der Erde lebte. »Sein Hund starb, und er wollte ihn wiederhaben; seine Frau aber hielt den Hund für einen Dieb und meinte, er verdiene es, aus dem Haus geworfen zu werden. Das geschah. Aber auch Naslileles Mutter starb, und jetzt wollte sie, daß ihrer Mutter das Leben wiedergegeben werde. Nyambe lehnte das ab, weil er seinen Hund nicht zurückbekommen hatte.«[9]

Die Dan an der Elfenbeinküste heben die Ähnlichkeit hervor, die zwischen den Menschen als Jägern von Tieren und dem Tod als einem Jäger von Menschen besteht:

»Ein junger Mann ging in den Wald jagen. Damals hielt sich der Tod, der nur Tiere jagte, ebenfalls im Wald auf. Bis dahin hatte ihn noch niemand zu Gesicht bekommen. Über einem Feuer sah der junge Mann ein Wild, das der Tod dort zubereitete; danach traf er ihn selbst im Wald. Der Tod sagte: ›Komm her! Du bist ein Jäger wie ich. Wir sind uns gleich.‹ Der Jäger blieb mehrere Tage mit dem Tod zusammen. Der Tod gab ihm Fleisch. Der Jäger sagte Danke schön und brachte ein paar Stücke ins Dorf zurück. Aber er wußte nicht, daß er jetzt in der Schuld des Todes stand. Eines Tages kam der Tod in das Dorf und sagte: ›Zahle mir, was du mir schuldest.‹ Da sagte der Jäger: ›Es war also nicht geschenkt, sondern geliehen?‹ Der Tod erklärte: ›Ich war im Wald. Du kamst und nahmst mein ganzes Fleisch. Du mußt dich revanchieren!‹ Der Jäger sagte: ›Stimmt,

---

8 Gutmann 1909, S. 123
9 Abrahamsson 1951, S. 65

nimm eines meiner Kinder!‹ Unverzüglich packte der Tod eines
der Kinder.«[10]

*

Oft spielen die Mythen mit Zeitvorstellungen und mit den
verschiedenen Regenerationsformen, die sich in der Natur
finden. Die Zeit wirkt sich auf den Menschen anders aus als
die übrigen Elemente des Universums, wie einem liberiani-
schen Mythos zu entnehmen:

*»Ein alter Mann, der gerade aus einem fernen Land zurückge-
kehrt ist, erzählt von einem Medizinmann dort, der ›beim
Krankenpalaver schwer was drauf‹ hatte. Die Leute bitten den
alten Mann, den Medizinmann suchen zu gehen und eine Medizin mitzubringen..., um die Kranken zu heilen und die Toten
wieder ins Leben zu rufen. Der alte Mann weigert sich. Er sagt:
›Ich bin zu alt, und das Land ist für mich zu weit weg, um noch
einmal hinzugehen. Schicken wir doch Kater. Er ist schnell und
sein Leben mächtig stark.‹ Sie stimmen zu, und Kater zieht los.
Er findet den Medizinmann und überredet ihn, seine wirksam-
ste Medizin zuzubereiten. ›Paß gut darauf auf, Freund Kater!
Es wird die Kranken heilen und die Toten wiedererwecken‹,
schärft Medizinmann Kater ein. Auf dem Heimweg kommt Kater zu einem Fluß. Es ist heiß, und Kater ist müde. Er wird ein
Bad nehmen. Er legt die Medizin auf einen Baumstumpf am
Ufer. Als er aus dem Wasser kommt, vergißt er die Medizin und
eilt nach Hause. Er berichtet den Leuten von seinem Erfolg,
aber als er nach der Medizin sucht, kann er sie nicht finden,
und ihm fällt ein, wo er sie gelassen hat. Die Leute verprügeln
ihn und jagen ihn los, die Medizin zu holen. Als er den Baumstumpf am Fluß erreicht, ist die Medizin verschwunden. Er
rennt zum Medizinmann, der wütend über seine Unachtsam-*

---

[10] Paulme 1978

keit ist. Medizinmann sagt, daß die Medizin durch den Baum-
stumpf ins Boot gesickert und unwiederbringlich verloren ist.
Seitdem kann man einen Baum fällen, aber solange der Stumpf
stehenbleibt, wächst der Baum wieder; wenn aber Menschen
sterben, ist es aus.«[11]

Hans Abrahamsson hat viele afrikanische Mythen dieser Art
gesammelt. Bei den Bongo im Sudan wird eine Nachricht geschickt, daß die Menschen sterben und wiederkehren sollen
wie der Mond, der ewig lebt.[12] Überbracht wird indes die falsche Nachricht. Bei den Kongo im Kongogebiet kommt der
erste Mensch, der stirbt, während der Regenzeit in den Himmel und erhält zwei Blätter, ein nasses und ein trockenes, das
heißt, ein Zeichen, daß die Menschen auf Erden wie die Jahreszeiten abwechselnd leben und sterben werden.[13] Den
Acoli im Sudan zufolge war es ursprünglich so, daß die Menschen alterten und begraben wurden, aber bei Neumond wie
Pflanzen wieder emporwuchsen, oder daß sie schliefen und
jung wieder aufwachten.[14] Andere Optionen sehen vor, daß
die Menschen wie der Mond leben (das heißt, wiedergeboren
werden) oder wie die Bananenpflanze (das heißt, durch
Sprossen weiterleben, da die oberirdische Pflanze jedesmal
abstirbt, um aus dem Wurzelstock neu emporzuwachsen).
   Genau die gleichen Überlegungen findet man auch in Südamerika, wie der Shipaia-Mythos M76 bei Lévi-Strauss zeigt:

»Der Demiurg wollte die Menschen unsterblich machen. Er sagte
ihnen, sie sollten sich am Ufer des Wassers aufstellen und zwei
Boote vorbeifahren lassen; das dritte aber sollten sie anhalten, um
den Geist, der darin sein werde, zu begrüßen und zu umarmen.

---

[11] Bundy 1919, S. 408
[12] Abrahamsson 1951, S. 13
[13] Abrahamsson 1951, S. 14
[14] Abrahamsson 1951, S. 16

Das erste Boot enthielt einen Korb voll faulen Fleisches, das ungeheuerlich stank. Die Menschen liefen ihm entgegen: der üble Geruch stieß sie zurück. Sie dachten, daß dieses Boot den Tod mit sich führe. Aber der Tod war erst in dem zweiten Boot, und er hatte menschliche Gestalt. So hießen ihn die Menschen willkommen und umarmten ihn. Als in dem dritten Boot der Demiurg auftauchte, mußte er feststellen, daß die Menschen den Tod gewählt hatten, anders als die Schlangen, die Bäume und Steine, die auf den Geist der Unsterblichkeit gewartet hatten. Hätten die Menschen ein gleiches getan, würden sie im Alter ihre Haut wechseln und wieder jung werden wie die Schlangen.«[15]

Ähnliche Grundmotive trifft man in den Ritualen der Tlingit-Indianer Alaskas. Dort war der Gegensatz zwischen dem Feuchten und Vergänglichen und dem Trockenen und Ewigen allgegenwärtig. Zum Beispiel gab es ein Ritual, bei dem Felsbrocken und Steine benutzt wurden, um die Kleider pubertierender Mädchen zu beschweren, damit diese Stabilität erhielten und nicht jung starben. Rabe, der Schöpfergott, hatte angeblich versucht, Menschen aus Felsgestein zu erschaffen, um sie unvergänglich zu machen, aber das schlug fehl, weil es sie auch unbeweglich machte. Er verwendete also Blattwerk, was ihnen Schnelligkeit verlieh, sie aber auch dazu verurteilte, wie die Pflanzen zu altern und zu sterben.

Das gleiche Bemühen, Veränderung und Tod einzuordnen, kann sich auch in Bildern Ausdruck verschaffen. Eine Freundin von mir nahm kürzlich an einem Familienbegräbnis teil. Ihre Familie war, wie sie es nannte, eine »Korrespondenzfamilie«, das heißt, die Angehörigen hielten durch Telefonate, Ansichtskarten aus fernen Gegenden, computergefertigte Rundschreiben Kontakt. Da die verstorbene Person die letzte ihrer Generation war, fühlten sich viele verpflichtet, zu er-

---

[15] Lévi-Strauss 1971, S. 205

scheinen; trotz enger verwandtschaftlicher Beziehungen hatten sich etliche selten – oder noch nie – zu Gesicht bekommen. Vettern und Basen mußten einander vorgestellt, und ihre Verwandtschaftsverhältnisse mußten auseinandergedröselt werden. Die älteren Verwandten musterten einander, um zu sehen, was die Zeit angerichtet hatte. Vor der Kirche machten sie ein Gruppenfoto, obwohl der entsetzte Pfarrer heftig protestierte. »Das hier ist kein freudiges Ereignis«, rief er entsetzt, schlug die Hände vors Gesicht und warf sich vor die Kamera.

Fotos »verewigen den Augenblick«, wie uns Kodak und Konsorten versichern. Bei einer Hochzeit ist die Verewigung des Augenblicks etwas Gutes, bei einem Begräbnis etwas Schlechtes. Der Tod ist das Schicksal, das sein Gesicht verbergen muß. In den USA, der fotosüchtigsten aller westlichen Kulturen, stellt die mit Rouge und Lippenstift hergerichtete Leiche selbst, die im Schlummerraum aufgebahrt liegt, das »Erinnerungsbild fürs Leben« dar; Fotos von ihr werden mißbilligt.

Andere Kulturen sehen das anders. In Westindien dienen Gruppenfotos bei Begräbnissen dazu, die Solidarität der weiterlebenden Familie zu feiern. In Java ist es ganz normal, Schnappschüsse von Familienangehörigen und Freunden zu machen, während sie mit »entspanntem Gesicht«, das der Totenmaske ähneln soll, auf die Leiche herunterblicken.[16] In den meisten Familienalben findet man Fotos von Leichnamen. Die Gelassenheit, die Javaner gegenüber Leichen an den Tag legen, hat man in der Tat auf ihre Überzeugung zurückgeführt, daß die Toten den Lebenden ein Idealbild davon vermitteln, wie man sich verhält – wie man musterhaft eine stille, kühle Präsenz verkörpert. Die seltsame Traurigkeit italienischer Friedhöfe scheint genau von den verblaßten, schwarzbräunlichen Fotos herzurühren, die man auf den Grabsteinen findet. In der Art, wie sie sich selber als gealtert

---

[16] Siegel 1983

und vergänglich präsentieren, untergraben sie ihren eigenen Versuch, die Zeit für stillgestellt zu erklären.

Fotos füllen Alben, die den Lauf eines Lebens »nachzeichnen«, nicht aber objektiv nachvollziehen. Statt dessen konstruieren sie wie gewisse ethnologische Darstellungen von Ritualen eine fiktive Abfolge von Triumphen und Erfolgen, von permanenter, ungetrübter Zufriedenheit. Wie Nachrufe fälschen sie die Erinnerung. In Fotoalben bei uns fehlt stets die letzte Szene, die Beerdigung.

In den westlichen Vorstellungen vom Leben hat der Tod keinen Platz. »Altersbedingter Tod« ist als Todesursache auf dem Totenschein nicht mehr akzeptabel; eine Krankheit muß her, damit kein Tod als im strengen Sinne unvermeidlich erscheinen kann. Das Leben betrachten wir als Roman. Es fällt auf, wie häufig in der Geschichte anderer Kulturen die erste Autobiographie in der Einheimischensprache von Personen geschrieben wird, die einem Ethnologen assistiert haben. Philippe Ariès hat erforscht, wie sich im 12. und 13. Jahrhundert die Buchführung in die christlichen Vorstellungen vom Gericht einschleicht, bis schließlich der Schutzengel eines Menschen einen vollständigen Bericht von dessen Leben anfertigt, der nach dem Tod beim Gericht vorgelegt wird und als Basis für das göttliche Urteil dient.[17]

In unseren Geschichten gibt oft erst das Ende dem Ganzen einen Sinn und verleiht all den scheinbar zufälligen Begebenheiten, die zu ihm geführt haben, rückwirkend Bedeutung. Im Detektivroman ist der Umstand, daß der Gärtnergehilfe genau um 2 Uhr die Begonien umgetopft hat, nicht so belanglos, wie er zuerst erschien. Vom Ende her betrachtet, gewinnt dieser Umstand ein anderes Gewicht und ermöglicht uns, das Geheimnis zu entwirren und das verborgene, bis dahin undurchschaute Muster aufzudecken. Daß westliche Ethnologen Begräbnisbräuche so interpretiert haben, als wä-

---

[17] Ariès 1980

ren sie vom Bewußtsein eines Endes bestimmt, in dem alle Wechselfälle des Lebens ihre Erklärung und Lösung finden, kann deshalb nicht überraschen.

Einige Kulturen scheinen in dieses Modell hineinzupassen. Ein traditionelles chinesisches Begräbnis begann damit, daß der Todesfall in gedruckter Form kundgetan wurde. Dazu gehörten Informationen über die Herkunft des Verstorbenen, über die Leistungen, die er vollbracht, und die Ämter, die er bekleidet hatte, sowie eine Aufzählung seiner Ehrungen, seiner herausragenden Eigenschaften und so weiter. Selbst in den heutigen Todesanzeigen der Zeitungen wird noch ein ähnliches Muster eingehalten, wozu auch gehört, daß die Verwandten verschiedenen Grades allesamt aufgeführt sind.

Traditionell wurde das Ganze dann noch mit Geschichten ausstaffiert, die kurzerhand der klassischen Literatur entnommen waren, etwa, wenn berichtet wurde, wie ein Sohn voller Hingabe ein Stück seines eigenen Körpers abgesäbelt und der Medizin beigemengt habe, um einen siechen Altvorderen zu heilen. Das Alter des Verstorbenen übertrieb man, um ihn zusätzlich zu ehren. Zum Grab, in dem er zur letzten Ruhe gebettet wurde, gehörte eine Tafel, die seine Vorfahren und Nachkommen aufzählte. Oft waren diese zum großen Teil erfunden, manchmal sogar zur Gänze.

Wie sehr wir selber dem Zwang unterliegen, uns das Leben als Roman vorzustellen, wird dort deutlich, wo wir große Persönlichkeiten mit Biographien ausstatten, die einer akzeptierten Erzählform genügen und unter Umständen auch noch über alternative Schlußversionen verfügen, um die Erwartungen verschiedener Fraktionen zu bedienen. So schrieben katholische Propagandisten den Tod Voltaires um und ließen den großen Agnostiker zum Schluß entweder bei Gott um Vergebung betteln oder aber seine eigenen Exkremente fressen.

Unter thanatologischen Gesichtspunkten gibt Admiral Nelson, der im Augenblick seines größte Triumphes umkam, mehr her als Napoleon, all seiner Großtaten ungeachtet. Napoleon lebte einfach zu lange und mußte dann noch unter eingeschränktesten Bedingungen einen tristen Lebensabend an der See verbringen. Kein Wunder, daß französische Historiker immer wieder mit der These herausgerückt sind, er sei vergiftet worden; so versuchten sie, sein langweiliges, hausbackenes Ende zum dramatischen englischen Mordfall aufzumöbeln.

*

Die Kraho in Venezuela bezeichnen Fotos als *mekaro*. Dasselbe Wort benutzen sie für so etwas wie »Seele«, »Geist« oder Gespenst – ein dauerhaftes Prinzip, das nach dem Tode fortbesteht.[18] Die Verwendung läßt an die hartnäckige Überzeugung aus dem letzten Jahrhundert denken, daß sich Geister photographisch festhalten ließen; aber daß der Film die Geister einfange und in Bann schlage, diese Vorstellung scheint mit dem Ausdruck in keiner Weise verknüpft. Vielmehr verhält es sich so, daß ein Foto das Leben »erstarren« läßt. Denn der Tod bei den Kraho bedeutet den Wechsel in eine Welt, in der die Menschen dadurch gestraft werden, daß sie bekommen, was sie sich am aufrichtigsten wünschen.

In mancher Hinsicht ist die Welt nach dem Tod einfach die Umkehrung der jetzigen Welt: eine nächtliche Welt, die es mit dem Schatten statt mit dem Sonnenlicht hält. Schwerer noch wiegt, daß es eine Welt ohne eingeheiratete Frauen ist, daß ihr also das sprengkräftigste Element des sozialen Lebens fehlt; die Männer dürfen bei ihrer Sippe wohnen bleiben und müssen nicht zu Frauen ziehen, mit denen sie nicht verwandt sind, wie sie das hier auf Erden tun müssen. Aber gleichzeitig ist der Friede, der in dieser geschlossenen Welt herrscht, absolut steril, was seinen Ausdruck darin findet, daß sich im Zentrum des Dorfes kein pulsierender Versammlungsplatz,

---

[18] Carneiro da Cunha 1981

sondern ein Tümpel mit stehendem Wasser befindet. Die »Seelen« durchlaufen verschiedene Transformationen – deren Zahl von einem Informanten zum anderen schwankt –, verwandeln sich aber zuletzt in regungslose Steine oder Baumwurzeln, wie in den obigen Mythen, und bezahlen die Dauer, die sie erlangen, mit dem Verlust aller sozialen Lebendigkeit.

Die amerikanischen Mondflüge der siebziger Jahre waren eine triumphale Manifestation der Macht der angewandten Naturwissenschaften und eines pragmatischen Materialismus. Der Vorschlag, Verstorbene in den Weltraum zu schießen, steigert die symbolische Macht der Technik ins Poetische, läßt die Schranken, die dem Körper gesetzt sind, durch die Berührung mit der sakralisierenden Macht der Wissenschaft überwindbar werden. Es gibt keinen Grund, warum die Technik nicht zum Mythos werden soll; und zwischen Mythen springen die Menschen oft frohgemut hin und her, mögen diese auch noch so gegensätzliche Tendenzen verfolgen. So gibt es denn gleichzeitig auch die Geschichte von Frankenstein, eine Warnung vor den Gefahren eines übertriebenen Glaubens an die Wissenschaft.

In Südamerika findet man die gängige Überzeugung, daß Voraussetzung für die Weltraumflüge die buchstäbliche Zermalmung der Körper armer Leute war. Durch den Ritualmord an peruanischen Armen und die Verarbeitung ihrer Leichen gewannen die Amerikaner das »Schmalz«, das sie für die Metallurgie, die Arzneimittelherstellung und als Schmieröl für ihre Mondraketen brauchten.[19] Man erzählt sich, daß einfache Leute an abgelegenen Orten von *nakaq*, einem dämonischen Wesen in Gestalt eines bärtigen Weißen, der einen weißen Poncho trägt, ein weißes Maultier reitet und eine Machete mitführt, angegriffen werden. Manchmal ist es auch ein Mestize, der sich in die abgezogene Haut seiner Opfer hüllt

---

[19] Gose 1986

und ein schwarzes Maultier reitet. Manchmal ist er beides zugleich.

Nakaq lauert dem Wanderer auf einsamen Straßen auf, schneidet ihm die Kehle durch, hängt die Leichen in Bergwerksstollen auf und läßt ihr Fett in darunterstehende Gefäße tropfen. Gelegentlich benutzt er ein Pulver, das er aus den Föten getöteter Schwangerer gewonnen hat, um den Opfern den Verstand zu trüben. Er ist imstande, in einer geheimnisvollen Operation dem lebendigen Körper das Fett zu entziehen, so daß der Reisende seinen Weg bis zum Bestimmungsort fortsetzen kann, wo er dann, ohne etwas von dem Martyrium, dem er unterworfen wurde, zu ahnen, rasch verfällt und stirbt.

Einer zweiten Lesart zufolge erteilt die katholische Kirche den *nakaqs* die Erlaubnis, sich aus den Reihen ihrer Schäfchen Opfer auszulesen.[20] Dadurch werden so unterschiedliche Phänomene erklärlich wie Eingriffe der Priesterschaft in traditionelle Begräbnisbräuche und die beobachtete Häufigkeit, mit der in kirchlichen Krankenhäusern Autopsien durchgeführt werden. Für die Lampe des Allerheiligsten liefert selbstverständlich menschlicher Talg den Brennstoff, und menschliches Schmalz wird auch beim Glockengießen verwendet.

Nach der Überzeugung anderer sind diese Machenschaften derart verbreitet, daß letztlich der ganze Staat sich durch sie finanziert; das läßt sich dann unschwer als Allegorie darauf interpretieren, wie die Landbevölkerung die internationalen Rohstoffmärkte und ihre eigene Rolle als Ausbeutungsopfer dieser Märkte beurteilt. Oder man kann darin eine Darstellung der Schmarotzerbeziehung zwischen Stadt und Land sehen. Oder zwischen Staat und Bürger. Oder zwischen Industrie und Landwirtschaft.

Politische Deutungen von Todesmythen sind für westliche

---

[20] Casaverde 1970

Intellektuelle schon lange ein gefundenes Fressen. Der Dracula-Mythos mit seinem bleichen, aristokratischen Vampir, der sich auf willfährige Jungfrauen stürzt und sie als Frischblutbank mißbraucht, drängt sich als metaphorische Darstellung der sexuellen Ausbeutung der weiblichen Landbevölkerung durch die Oberschicht geradezu auf.

Dabei ist der Schmalz-Mythos keineswegs neu, nicht einmal ein Produkt des 19. Jahrhunderts. Bereits in den sechziger Jahren des 16. Jahrhunderts waren die wesentlichen Komponenten vorhanden und wurden von verblüfften spanischen Autoren registriert. Im 20. Jahrhundert wurde der Mythos von den maoistischen Guerillas des Leuchtenden Pfades übernommen und für moderne Propagandazwecke nutzbar gemacht. Schließlich wird die Guerillaorganisation von einem Akademiker, dem Vorsitzenden Gonzalo, angeführt, der offenbar stark durch ethnologische Forschungen beeinflußt ist.[21] Die Feinde des Leuchtenden Pfades werden mit den *nakaqs* identifiziert; jedermann weiß, daß *nakaqs* getötet und schrecklich verstümmelt werden müssen, um zu verhindern, daß sie wiederkehren.

---

[21] Strong 1993

4 Die Fixen und die Toten: Beziehungen, die über das Grab hinausreichen

> *»Warum müssen sich die Generationen eigent-*
> *lich überschneiden? Warum können wir nicht*
> *als Eier in hübschen kleinen Kammern unter*
> *der Erde verwahrt werden, jeweils umwickelt*
> *mit Noten der Bank von England im Werte*
> *von zehn- oder zwanzigtausend Pfund, und*
> *dann wie die Grabwespen aufwachen, um*
> *festzustellen, daß Papa und Mama nicht nur*
> *reichlich Vorräte zurückgelassen haben,*
> *sondern auch etliche Wochen, ehe man selber*
> *bewußt und eigenständig zu leben beginnt, von*
> *Spatzen gefressen wurden.«*
> Samuel Butler, *The Way of All Flesh*, 1903

Samuel Butler ging von der Annahme aus, daß zu früheren Generationen keine sozialen Beziehungen existieren. In einem Großteil der Welt verhält sich das anders. In der Literatur über das Verhältnis von Lebenden und Toten liest man häufig von »Opfern«, »Grabspenden« und »kultischen Handlungen«. Als ich gerade erst in Afrika angekommen war, beobachtete ich einen Jungen, der unmittelbar am Fuße des Hügels, auf dem die Missionsstation lag, Beschimpfungen in die Luft brüllte. »Ihr gierigen Schufte«, kreischte er, während ihm Tränen über das Gesicht rannen. »Wir haben euch Bier gegeben. Ihr habt eine Kuh bekommen. Hört auf, den-und-den krank zu machen. Laßt uns in Ruhe. Haut ab! Mir ist es egal, ob ihr mich umbringt. Nur zu. Dann kriege ich euch, ihr Schufte.«

»Was tut er da?« fragte ich den Priester. »Beschimpft er die Mission?«

»Aber nein«, antwortete er milde, »das ist Ahnenkult. Und das mit der Kuh ist gelogen. Er hat sie nie geopfert.«

Normalerweise ist es unmöglich, zwischen Lügen und Metaphern zu unterscheiden. Ein chinesischer Freund erklärte mir einmal, er habe den Toten ein Schwein geopfert. »Ein ganzes Schwein?« fragte ich einigermaßen verblüfft, da ich wußte, daß er alles andere als reich war. Er lachte. »Nein, Wir führen sie hinters Licht. Was wir ihnen darbringen, sind Kopf und Schwanz, vielleicht noch die Füße. Sie füllen dann die Leerstellen aus und denken, sie hätten auch das übrige bekommen.«

Christliches Zu-Kreuze-Kriechen ist also nur eine Form des kultischen Umgangs mit Geistern. Sie können umschmeichelt, bedroht und übers Ohr gehauen werden. Ein Avatip (Neuguinea) drückte es unverblümter aus: »Wir würden unsere Ahnengeister grün und blau schlagen, wenn wir sie nur sehen könnten.«[1]

(Durch diese Art von »kultischer Verehrung« fühlt sich der westliche Ethnograph an nichts so sehr erinnert wie an seine akademischen Kollegen zu Hause. Man braucht nur an die Scharen verstorbener Vorfahren zu denken, die sie in ihren Bibliographien aufführen, um zu begreifen, daß sie – zu welcher Religion sie sich auch immer bekennen mögen – Ahnen-

---

[1] Harrison 1993

kult treiben. Und ihr Verhalten gegenüber diesen Vorfahren ist der Haltung, mit der viele Afrikaner ihren Toten begegnen, durchaus vergleichbar.)

Seit Durkheim haben die Ethnologen immer wieder die einigermaßen grobkörnigen Entsprechungen hervorgehoben, auf die seine These zielt, Religion sei Gesellschaft in artikulierter Form. Was sie dabei im Auge haben, sind zum Beispiel die Korrespondenzen, die bei den australischen Aborigines durch paarweise Anordnung von Menschengruppen und Tierarten, die als Ahnen der Menschengruppen betrachtet werden, entstehen. Oder die Art, wie sich in mediterranen Kulturen die Menschen Gott durch lokale Heilige nähern, die als Kontakt- oder Mittelsleute fungieren, ganz ähnlich, wie in der Politik lokale Patrone die Verbindung zum Machtzentrum herstellen. Oder wie das Reich Gottes die Theorie und Rechtfertigung des monarchischen Systems und umgekehrt die Monarchie die Vorstellung vom Reich Gottes beeinflußt hat. Denn die kommende Welt kann der bestehenden zum Vorbild dienen, und wenn die Kluft zwischen beiden gar zu groß ist, dann kann es vorkommen, daß *die bestehende* Welt sich entsprechend verändern muß. Die Menschen wählen nicht immer den bequemsten Weg.

Aufgrund einer ähnlichen Korrespondenz haben Kulturen mit starker Betonung des Individuums dazu geführt, daß Gott entweder sein Leben oder seine Macht verlor. Ein Wendepunkt im Westen war der Niedergang der Vorstellung vom Fegefeuer im Anschluß an die Reformation. Die Menschen im Diesseits – Familienangehörige, Freunde, wer auch immer – konnten das Schicksal derer, die vorausgegangen waren, nicht mehr beeinflussen; ebensowenig konnten nunmehr die Toten noch auf das Ergehen der Lebenden Einfluß nehmen. Jeder Mensch mußte fortan selber Buch führen, und die kommende Welt begann, sich zu verflüchtigen.

Für das Studium von Begräbnisbräuchen ist Madagaskar mit seiner Fülle unterschiedlicher Bestattungspraktiken zu einer Art von natürlichem Laboratorium geworden; dort lassen sich solche Korrespondenzvorstellungen untersuchen. Ein typisches Beispiel liefert Maurice Bloch, der Unterschiede in Bestattungsformen mit Verschiedenheiten der Sozialorganisation in Zusammenhang bringt.[2]

Für die tonangebende Merina-Gruppe bilden die Menschen und das Land eine tiefgreifende Einheit. Für die Toten werden Gräber aus Stein und Zement errichtet, die in klarem Gegensatz zu den leichtgebauten Behausungen der Lebenden stehen. Schließlich ist der Tod für die Ewigkeit. Von den Leuten wird erwartet, daß sie sich in der eigenen Gruppe verheiraten, und wer stirbt, muß zum Begräbnis an seinen Heimatort zurückgebracht werden. In fröhlichen zeremoniellen Umzügen, die *famadihana* genannt werden, nimmt man den Leichnam aus dem Grab, tanzt mit ihm, unterhält sich mit ihm, macht vielleicht einen Rundgang durch die Gegend mit ihm und zeigt ihm, was sich inzwischen verändert hat, wickelt ihn wieder ein und legt ihn ins Grab zurück. Es wird Musik gemacht, gesungen und getanzt. Zu den Liedern, die bei solchen Anlässen zu hören waren, zählte »Roll Out the Barrel«.[3] Besonderes Gewicht wird auf die Pulverisierung und Mischung der Körper gelegt, damit sie wieder eine Einheit bilden und die Vereinzelung überwunden wird. Bei der Wahl des Grabes, in dem man zur letzten Ruhe gebettet werden will, hat man relative Entscheidungsfreiheit, aber dem großen sozialen und finanziellen Aufwand, der mit der Mitgliedschaft in einer Grabgruppe verknüpft ist, darf sich keiner entziehen. Wo man begraben wird, entscheidet also darüber, mit wem man im Leben am engsten verbündet ist und umgekehrt.

Die Sakalava an der Westküste hingegen bildeten seit jeher einen Zusammenschluß aus ziemlich verschiedenen Volksgruppen. Männer königlicher Abstammung nahmen Frauen

---

[2] Bloch 1981
[3] Mack 1986, S. 76

aus unterworfenen Gruppen und zeugten Kinder königlicher Abstammung. Frauen aus Königsgeschlechtern ließen sich von männlichen Konkubinen statt von ihren Ehemännern schwängern, damit die Kinder aus dieser Verbindung ebenfalls königlichen Geblüts waren. Mit der Zeit nahm die Zahl der Leute königlicher Abstammung immer mehr zu.

Wenn ein König stirbt, wechselt sein Geist nach gängiger Überzeugung in einen Lebenden über. Diese Person muß aufgefunden und in die Hauptstadt gebracht werden, um die Insignien des verstorbenen Monarchen zu übernehmen. Beim Tod des Nachfolgers wird dann wiederum ein neuer Ersatz gefunden und so weiter; das läuft auf die Vorstellung hinaus, daß sämtliche Könige, die es jemals gegeben hat, nach wie vor in der Hauptstadt weilen. Während die Gräber der Gemeinen unter Umständen ziemlich aufwendige Bauten sind, werden die königlichen Leichname in recht tristen Behausungen untergebracht – die Könige selbst leben ja schließlich noch. Im Laufe der Zeit enden mehr und mehr Menschen im Gräberdorf, das zum rituellen Zentrum des entstehenden Staates wird. Die Gruppe königlicher Abstammung schluckt also die Gemeinen, wie das Grab Menschen verschlingt.

»Es ist leichter, daß ein Kamel durch ein Nadelöhr gehe, denn daß ein Reicher ins Reich Gottes komme.« Kulturell betrachtet, gehört diese Vorstellung nicht zu den Exportschlagern des Christentums. Und das hat seinen Grund nicht nur in besonderen, marginalen Problemen – etwa darin, daß es sich bei dem Nadelöhr vermutlich um ein für seine Enge berüchtigtes Stadttor in Jerusalem handelte, oder darin, daß Eskimos keine Kamele kennen. Vorstellungen vom Alltag im Jenseits sind unter Umständen zu sehr von den diesseitigen Verhältnissen geprägt, als daß ein Ort, an dem Reichtum einem zum Nachteil ausschlägt, für die Einbildungskraft faßlich wäre. Im Blick auf Afrika bemerkt Jean-Vincent Thomas: »Wenn sterben bedeutet, daß man ein Geist wird, dann ist es erstaunlich, in welch irdischen Begriffen das nächste Leben geschildert wird, wie sehr es ein Abklatsch dieser Welt hier drunten ist, mit den gleichen Bedürfnissen, den gleichen gesellschaftlichen Rangordnungen und den gleichen Leidenschaften.«[4]

Die moslemische Rechtgläubigkeit interessiert sich eher für das Schicksal des Mannes als für das der Frau, sieht aber jedenfalls im Jenseits einen Ort, der weder Arbeit noch Not kennt: »[Die auserlesenen Diener Gottes] haben dereinst einen bestimmten Unterhalt zu erwarten, köstliche Früchte, und sie werden ehrenvoll aufgenommen in den Gärten der Wonne und sind auf Ruhebetten gelagert, einander gegenüber, während man mit einem Becher voll von Quellwasser unter ihnen die Runde macht, einem silbernen, aus dem zu trinken ein Genuß ist, bei dem es keinen Schwindel gibt und von dem sie nicht betrunken werden. Und sie haben großäugige Huris bei sich, die Augen sittsam niedergeschlagen, unberührt, als ob sie wohlverwahrte Eier wären.«[5]

Den Beweis dafür, daß wir im Westen weitgehend aufgehört haben, an ein Paradies zu glauben, liefert die Tatsache, daß wir es uns normalerweise nicht nach Art eines nimmer endenden Ferienaufenthalts in Torremolinos vorstellen; denn nur in unseren Ferienphantasien findet sich noch ein schwacher Abglanz jener himmlischen Existenz, an die wir einst glaubten. Die mangelnde Bereitschaft der modernen christlichen Theologie, das Leben nach dem Tod, mit dem sie uns locken will, genauer zu beschreiben, ist aus religionsgeschichtlicher Sicht eher atypisch. Bezeichnenderweise spielen verschwommene Negativbestimmungen bei den Angaben, die sie macht, eine überdurchschnittlich große Rolle. Das Himmelreich ist *nicht* dies, *nicht* jenes.

Die Bobo in Burkina Faso kultivieren eine fast kafkaeske Vorstellung vom ewigen Leben und zehren dabei stark von

---

[4] Thomas 1982, S. 129
[5] Koran 37,40–49

ihren Erfahrungen mit der Welt als mit einem äußerst schlecht verwalteten Ort, wo zudringliche Beamte ständig Papiere kontrollieren wollen und auf Verlangen Steuerbescheinigungen vorgelegt werden müssen.[6] Die Ahnen stellen eine Art Zoll- und Grenzschutzbehörde dar. Die frisch Verstorbenen müssen anstehen, um den Fluß Volta zu überqueren und ihrerseits Ahnen zu werden. Vorher werden ihre Ausweispapiere argwöhnisch und mit großer Ausführlichkeit unter die Lupe genommen; es wird überprüft, ob die Lebenden die teuren und verwickelten Begräbnisrituale korrekt durchgeführt haben.

»Für die Chinesen ist es von allergrößter Bedeutung, daß die Seele sich auf ihr neues und kompliziertes Milieu in der Hölle einstellt. In verwaltungstechnischer Hinsicht stellt diese Hölle so ziemlich ein zweites, »unter die Erde gepacktes« China dar mit einem ähnlich verzwickten System von Belohnungen, Bestrafungen und finanziellen Verpflichtungen, denen die Seele nachkommen muß. An den Herrscher des Hades müssen Lösegelder gezahlt werden, damit er dafür sorgt, daß die Seele unter den für ein erfolgreiches, glückliches Leben günstigsten Bedingungen wiedergeboren wird; die Richter erhalten Schmiergelder, für hungrige Geister gibt es Trinkgelder, und die Seele muß Ausweise mitführen (die Verwandte für sie verbrennen und dadurch in ihren Besitz gelangen lassen), um durch die Sperren zu kommen, auf die sie bei ihrer Wanderung nach drüben stößt. Eine Seele in der Hölle befände sich ohne die Unterstützung der Lebenden in einer wenig beneidenswerten Position. Häuser, Sänften und Autos, Schrankkoffer mit Kleidern und sonstige Attribute des Wohllebens in papierener Form müssen zusammen mit Scheingeld jeder Art verbrannt werden, damit es der Seele wohl ergeht, soweit man bei den fast durchgängigen Qualen, die sie im chinesischen Hades leiden muß, von Wohlergehen überhaupt reden kann. Alles, was

---

[6] Le Moal 1989

verbrannt wird, muß von möglichst guter Qualität sein: Ein min-
derwertiges Papierhaus, so erfuhren wir von einem Hersteller sol-
cher Papierbilder, würde schwerlich bis zum Ende der hundert
Tage dauernden Traueraktivitäten halten. Die Seele in ihrer
neuen Heimat Fuß fassen zu lassen erfordert also häufig einen
beträchtlichen finanziellen Aufwand.«[7]

Seit der Abfassung dieser Zeilen hat sich das chinesische Jenseits gemäß den Veränderungen im Diesseits weiterentwik-
kelt. Einst schickte man papierene Dienstboten hinüber.
Heute opfert man papierene Dampfbügeleisen, Staubsauger,
Kreditkarten, CD-Spieler, Computer, Ventilatoren und Mo-
torräder – all das banale Zubehör einer irdischen Existenz.
Das ist ein Jenseits, das einem deprimierend vertraut vor-
kommt, ein stinkmaterialistisches Jenseits, in dem es immer
noch eine größere Katastrophe ist, wenn die Waschmaschine
kaputt geht, und das keinerlei Aussicht auf ein Entrinnen auf
eine Stufe größerer Spiritualität bietet. Während es genügt,
Gebrauchsgüter zu verbrennen, um sie in die andere Welt zu
expedieren, müssen Krapfen und Stöcke direkt in den Sarg
gelegt werden. Die dienen nicht etwa der hungrigen, müden
wandernden Seele als Proviant. Vielmehr haben sie eine ganz
eigene Funktion: Mit ihrer Hilfe sollen die bösartigen Hunde,
die bekanntermaßen die Grenzregionen der Hölle unsicher
machen, abgelenkt oder verjagt werden.
 Die Beziehungen, die nach Ansicht der Chinesen zwischen
dieser Welt und der nächsten bestehen, sind demnach eine
genaue Umkehrung des Verhältnisses, wie es die Shakers sich
vorstellten. Diese Sekte, die Mitte des 18. Jahrhunderts von
Ann Lee gegründet wurde und sich nach Amerika ausbrei-
tete, empfing spirituelle – und deshalb unsichtbare – Objekte
aus dem Jenseits. Bei ihren religiösen Versammlungen aßen
die Shakers himmlische Früchte, die sie nicht schmecken

---

[7] Topely 1952, S. 148–59

konnten, und marschierten zu einer Musik, die von unsichtbaren und unhörbaren Musikinstrumenten gespielt wurde.

Man läuft allerdings leicht Gefahr, den Vorstellungen anderer Menschen von der geheimnisumwitterten Beziehung zwischen den beiden Welten allzu viel logischen Zusammenhang
zu unterstellen. Unter der Oberfläche der simplen chinesischen Praxis herrscht schieres Chaos. Die chinesische Vorstellung von den einander ergänzenden Polaritäten *yin* und *yang*
zwingt dazu, eine *yin*-Seele, die ins Grab wandert, von einer
yang-Seele zu unterscheiden, deren Bestimmungsort die Ahnentafel ist. Die rituellen Praktiken deuten auf drei Seelen,
von denen die dritte in die Unterwelt wandert. Mit diesem System verschränkt sich der traditionelle Zahlensymbolismus
der Chinesen und setzt nicht weniger als drei *yin*-Seelen und
sieben *yang*-Seelen in die Welt. Regionale Abweichungen, die
einheimische Theokratie und eine darübergestülpte Schicht
westlicher Interpretationen haben alle zusammen dazu bei-
getragen, aus den »chinesischen Jenseitsvorstellungen« ein einziges großes Durcheinander zu machen.

Selbst die relative Einheitlichkeit afrikanischer Vorstellungen vom Leben nach dem Tod kennt gewisse Variationen, besonders, was die schlechten Toten – jene, die eines »unnatür-
lichen« Todes gestorben sind – betrifft. Oft heißt es, sie
gingen rückwärts oder stünden kopf, trügen ihre Kleider
falsch herum, seien Nachtwesen, bleichhäutig oder Links-
händer, kurz, sie verhielten sich vexierbildlich zur normalen
Welt.

Verhältnisse umzukehren ist eine gängige Methode, sich
eine unbekannte Welt vorzustellen. Im 18. Jahrhundert ließ
sich Richard Hull unter einem Turm auf Leith Hill begraben.
Er verlangte, daß man ihn zu Pferde begrub und zwar mit
dem Kopf nach unten, weil er überzeugt war, daß er Vorteil
davon hatte, wenn am Tage des Jüngsten Gerichts das Unter-
ste zu oberst gekehrt wurde und er dann allein den Kopf oben
hatte.

Jacques Meunier mahnt ganz allgemein zur Vorsicht beim Versuch, Lebenswelten aus der Interpretation von Todesritualen zu erschließen. »Ist vorstellbar«, fragt er, »daß man den Schrottplatz zum Ausgangspunkt für eine Rekonstruktion der Straßenverkehrsordnung nimmt.«[8]

Bestimmte regionale Eigenheiten kommen noch zusätzlich ins Spiel und komplizieren das Verhältnis, demzufolge die Welt nach dem Tode entweder genau wie unsere ist oder aber unsere einfach auf den Kopf stellt. Manche Völker wie die Bewohner der Insel Tikopia in Ozeanien verfügen über eine ganze Palette von ziemlich frivolen maßgeschneiderten jenseitigen Welten, darunter welche für Einbeinige, andere für Kannibalen, wieder andere in Schräglage gebaut, so daß sie umkippen und den Unvorsichtigen unter sich begraben können. Sehr ernst werden die allerdings nicht genommen. Südamerika scheint im Leben nach dem Tod vor allem einen Abenteuerspielplatz zu sehen, wo alle möglichen absonderlichen und wundersamen gesellschaftliche Organisationsformen ausprobiert werden. Joanna Overing zeigt, wie die Piaroa in Venezuela für ihre Toten ein kompliziertes Gruppierungssystem entwerfen, das völlig exotisch und sinnlos wirkt, wenn man es von ihrem eigenen, diesseitigen Leben aus betrachtet, das indes an die Organisation anderer außenstehender Gruppen erinnert, mit denen sie bekannt sind.[9] Es scheint, als sollten wir dazu gebracht werden, uns das Leben nach dem Tode ähnlich vorzustellen wie die russische Armee – vertrauenswürdig, aber mit Vorsicht zu genießen.

*

Krematorien sind heutzutage so ausgebucht, daß eine Zeremonie durchschnittlich weniger als eine Viertelstunde dau-

---

[8] Meunier 1994
[9] Overing 1993

ert. Während der eine Sarg die Rampe hinunterrollt, wird der nächste schon durch die Tür geschoben – immer mit den Füßen zuerst, Priester ausgenommen, bei denen das Kopfende vorn ist. Schließlich standen sie ja auch in der Kirche der Gemeinde gegenüber und sahen stets in die entgegengesetzte Richtung. Vor der Kirche kreisen die Leichenwagen wie Flugzeuge in Parkposition über einem Großflughafen. Die Kapelle darunter ist eine kleine Industrieanlage, in der Identität zu Staub verarbeitet wird; der fabrikmäßige Zug erscheint sorgfältig kaschiert. Nur hinduistische Trauergäste dringen bis hierher vor, während die Christen oben bleiben, in der Atmosphäre des Kirchenraums und des Rosengartens. Bei den Hindus wird im Idealfall der Scheiterhaufen vom ältesten Sohn des Verstorbenen in Brand gesetzt; er hat deshalb Zutritt zu dem Ort, der anderen verschlossen bleibt, damit er den Startknopf für den Ofen drücken kann.

Überall drohen Schilder mit gravierenden behördlichen Konsequenzen, falls aus dem hydraulischen Aufzug Stöhnen zu hören sein sollte. Die Tür des Verbrennungsofens steht offen, und gegen die Flammen zeichnet sich wie eine Figur aus irgendeinem Höllenfeuerscherz ein Priester ab. Ich frage ihn, was es mit dem Stöhnen auf sich hat.

»Nun«, erklärt er munter, »man möchte doch nicht, daß die Leute zum Schluß noch von Zweifeln geplagt werden. Tatsächlich«, vertraut er mir an, »werfen wir manchmal noch einen Blick in den Sarg, ehe wir die Leiche in den Ofen stecken. Nicht, daß irgendeiner noch am Leben wäre – unvorstellbar, nachdem ihnen mit einem Stahlröhrchen das Blut aus dem Herzen abgesaugt wurde. Wir machen das aus Gründen des Selbstschutzes. Normalerweise sind die Särge zu, aber gelegentlich ist immer wieder mal einer offen. Die Leute stecken gar zu gern letzte Kleinigkeiten hinein. Sie betrachten es offenbar wie eine Reise in in fernes Land, wo man vielleicht manches nicht kriegt, was es hier gibt. Ich habe gesehen, wie eine Witwe eine Packung seiner geliebten Verdauungskekse im Sarg verschwinden ließ. Oder es geht um die Ersatzbrille und das künstliche Gebiß. Sie können sich nicht vorstellen, wieviele Tuben mit Fixiermittel fürs Gebiß hier wöchentlich zusammenkommen. Alte Menschen denken immer an solche Sachen. Vor ein paar Jahren hatten wir eine Explosion, durch die sich die Ofentür verbog. Schuld war die Witwe. Sie hatte einige Spraydosen mit einem Kleber in den Sarg gesteckt, den der Verstorbene benutzt hatte, damit sein Toupee besser haftete. Die gingen mit einem solchen Donnerschlag in die Luft, daß wir beinahe alle mit draufgegangen wären. Das macht die Liebe, wissen Sie. Was kann man Leuten, wenn sie tot sind, mitgeben, womit sie wirklich etwas anfangen können?«

Die Dinge, die ausgesucht werden, um zusammen mit den Toten ins Grab zu wandern, sind für sich schon eine eigene Untersuchung wert. Und eigentlich sind sie einer solchen Untersuchung ja auch schon gewürdigt worden – was wäre die klassische Archäologie ohne sie? Prächtige Gewänder, unermeßliche Schätze an Gold und Edelsteinen, Nahrung, Geld, Waffen, Pferde und sogar Diener – das alles können Grabbeigaben umfassen.

Wo es um Besitztümer des Verstorbenen geht, die eng mit ihm verbunden waren, sind zwei Denkrichtungen möglich. Durch ihre Beziehung zum Toten können sie zu unveräußerlichen Erbstücken oder Reliquien werden, die von den Lebenden als ein Zeugnis ihrer Verbundenheit mit den Verstorbenen aufbewahrt werden. Diese Verbundenheit kann als die von Auktionshäusern so geschätzte »Patina langen Gebrauchs« den Gegenstand geradezu physisch prägen. Objekte können aber auch *zu eng* mit dem Toten verknüpft sein und müssen dann mit ihm ins Grab; manchmal werden sie zerbrochen oder »getötet«, um zu symbolisieren, daß sie auf die andere Seite gehören. Robert Hertz, der Theoretiker des Todes, schließt in diesen Vorgang den Körper selbst ein.[10] Während er in dieser Welt verwest, tritt er in der nächsten in Erscheinung.

Was die verschiedenen Kulturen fürs Jenseits bestimmten und was fürs Diesseits, bildet einen nicht geringen Teil des empirischen Materials, das uns Aufschluß über die menschliche Vergangenheit gibt. Viele unserer grundlegendsten Annahmen über antike Kulturen sind zweifelhaft. Bei Ausgrabungen ist es üblich, die verschiedenen Grabbeigaben nach Maßgabe des Geschlechts und des Alters der Toten, bei denen sie gefunden werden, zu klassifizieren. Mächtige Frauen indes oder Frauen nach den Wechseljahren werden unter Umständen als »männlich« eingestuft und begraben, während unbeschnittene oder unverheiratete Männer als »Kinder« oder »weiblich« gelten können. Auch Tongeschirr – der archäologische Massenartikel schlechthin – spielt in diesem Zusammenhang eine Rolle. Das Zerbrechen von Tongeschirr in und auf dem Grab kann alles mögliche bedeuten. Für den außenstehenden Interpreten handelt es sich vielleicht um Hausrat, der dem Toten ins Jenseits mitgegeben wird. Wahrscheinlicher aber geht es darum, Menschenklassen durch die Arten von Geschirr, die mit ihnen verknüpft sind, zu unterscheiden. Bei den Sirak in Nordkamerun wird das Grab einer Frau, die viele Kinder hat, durch ein Tongeschirr markiert, das normalerweise zur Aufbewahrung von Mehl benutzt wird, während auf dem Grab eines Aussätzigen eine Eßschale von der Art zerschlagen wird, wie sie gewöhnlich ein Mann benutzt.[11] Bedürfnisse der Toten spielen bei diesen Zuordnungen schwerlich eine Rolle.

In manchen Gegenden Madagaskars wird ein Transistorradio neben die Leiche gestellt. Unmittelbar vor der Schließung des Grabes wird das Radio wie in einem Werbespot für Duracell-Batterien eingeschaltet.

Bräuche dieser Art erwecken den täuschenden Eindruck, leicht verständlich zu sein; lassen sich aber nicht unbedingt

[10] Hertz 1907
[11] Sterner 1989

ohne weiteres in Vorstellungen von den materiellen Bedürfnissen der Toten oder irgendwelcher überlebender Geister übersetzen. Wallfahrer zum Grab Andy Warhols haben die Gewohnheit angenommen, dort ungeöffnete Dosen mit Campbell-Suppe zu stapeln – vielleicht geben sie damit künftigen Archäologen eine ganz schön harte Nuß zu knacken.

*

»An demselben Tage traten zu ihm die Sadduzäer, die dafür halten, es gebe kein Auferstehen, und fragten ihn und sprachen: ›Meister, Mose hat gesagt: Wenn einer stirbt und hat nicht Kinder, so soll sein Bruder die Frau zum Weibe nehmen und seinem Bruder Nachkommen erwecken. Nun sind bei uns gewesen sieben Brüder. Der erste freite und starb; und weil er nicht Nachkommen hatte, ließ er seine Frau zu seinem Bruder; und desgleichen der zweite und der dritte bis an den siebenten. Zuletzt nach allen starb die Frau. Nun in der Auferstehung, wessen Frau wird sie sein unter den sieben? Sie haben sie ja alle gehabt.‹ Jesus aber antwortete und sprach zu ihnen: ›Ihr irret und kennet die Schrift nicht noch die Kraft Gottes. In der Auferstehung werden sie weder freien noch sich freien lassen, sondern sie sind gleichwie die Engel im Himmel.‹« (Matth. 22,23–30)

Andere Kulturen würden sich dem nicht anschließen. Aus unserer Sicht bewirkt der Tod eine Art Scheidung. Hollywoodfilme wie der sehr erfolgreiche Film *Entscheidung aus Liebe – Die Geschichte von Hilary und Victor* zeigen gern, wie das Leben und die Liebe den Tod überdauern. Aber da geht es dann nicht um das soziale Band der Ehe, sondern um eine fixe Idee des Westens: die romantische Liebe, die über alles triumphiert, auch über den Tod. In *Sturmhöhe* besticht Heathcliffe den Totengräber, seinen Sarg neben den seiner geliebten Catherine zu stellen, ungeachtet des störenden Ehemannes. Und nicht umsonst sind die Helden der Popkultur jene, die früh und unverheiratet gestorben sind.

Wir kennen den *sutee* genannten hinduistischen Brauch, bei dem die Bande zwischen Ehemann und Ehefrau als so stark gelten, daß die Witwe sich unter Umständen auf dem Scheiterhaufen ihres verstorbenen Mannes entleibt, sowie die mittelmeerische Sitte, die von Witwen verlangt, daß sie ihrem verstorbenen Mann verbunden bleiben und nach seinem Tod bis an ihr Lebensende Schwarz tragen; eine Wiederverheiratung ist hier ebenso undenkbar, wie es die Scheidung ist. Im kaiserlichen China erntete die Witwe größtes Lob, wenn sie sich auf dem Grab ihres verstorbenen Mannes öffentlich erhängte; lokale Honoratioren ehrten durch ihre Anwesenheit die preiswürdige Tat. Ein Tod dieser Art galt nicht als Selbstmord, sondern als ein heldenhafter Triumph über den Tod.

In großen Teilen Afrikas zerreißt der Tod nicht die Bande, die zwischen den Familien der Betroffenen bestehen. Beim Tod eines Mannes wird die Ehefrau dessen Sohn oder Bruder gegeben, und selbst wenn das nicht geschieht, gehören unter Umständen alle Kinder, die sie noch zur Welt bringt, zur Familie des Verstorbenen. Manchmal haben unterschiedliche Folgen der Verheiratung zur Folge, daß der einheiratende Partner unterschiedlich stark in die Familie integriert wird. Ob die Gebeine einer Ehefrau an deren Herkunftsort zurückgebracht werden oder nicht, hängt von dem Brautpreis ab, der gezahlt wurde. Ist ein hoher Brautpreis bezahlt worden und deshalb eine Rückerstattung der Gebeine nicht möglich, so erhält bei den Ijaw in Nigeria die Verstorbene in der Nähe des Dorfes ihres Mannes am Flußufer ein Begräbnis, wie es für Sklaven üblich ist.

Von allergrößter Bedeutung für die Beziehungen zwischen den Lebenden und den Toten ist die Geschlechtszugehörigkeit. Aber welches Geschlecht haben die Toten? Gesellschaftskritische Historiker werden nicht müde, hervorzuheben, daß die historischen Toten – die berühmten Gestalten, deren man gedenkt und die in Geschichtsbüchern auftauchen –, fast allesamt Weiße männlichen Geschlechts sind. In vielen Teilen der Welt begegnet man der Tendenz, Frauen, die gesellschaftliche Bedeutung erlangt haben, symbolisch als Männer anzusehen. In Benin wird eine Königinmutter, die sich als ein Muster an weiblicher Leistungskraft und Fruchtbarkeit erwiesen hat, wie ein Mann behandelt und beerdigt.

Auch wenn kein Fleisch und folglich kein Geschlechtsleben mehr existiert, kann es doch immer noch Geschlechterrollen geben. So herrscht in weiten Teilen Chinas seit alters die Überzeugung, daß Frauen zur Strafe für das unreine Blut, das sie in dieser Welt bei Kindsgeburten vergossen haben, nach dem Tod in einen Bluttümpel getaucht werden.

Bei den Shona in Simbabwe und Mosambik steht und fällt der Ahnenstatus mit der männlichen Zeugungskraft. Knaben vor der Pubertät können ebensowenig zu Ahnen werden wie alte Männer, die impotent geworden sind, mögen sie auch noch so viele Kinder gezeugt haben. Und auch den meisten Frauen (all denen, die keine Neueinstufung als Männer erreicht haben) bleibt dies versagt. Das Ritual dreht sich um den Regen: Zur Beendigung einer Dürre müssen etwa Mädchen im Verein mit »Brüdern« obszöne Gesten machen und unzüchtige Lieder singen, damit die Ahnen zum orgiastischen Erguß angeregt werden. In diesen Zusammenhang gehört auch die Vorstellung, daß der männliche Beitrag zu Kindern die Knochen oder ätherischen Teile sind, während Frauen das Fleisch, den irdischen Teil, beisteuern. Nach dem Tod haben die Geschlechter einen unterschiedlichen Bestimmungsort. Die Männer wandern in den Himmel, die Frauen in die Erde.[12]

---

[12] Jacobson-Widding 1990

1. Der Leichnam einer Dowayo-Frau, Kamerun, wird verschnürt und eingewickelt. Die Leichen werden in der Haltung verschnürt, die ein Jugendlicher bei der Beschneidung einnimmt; die Verbindung zwischen Tod und Initiation wird dadurch betont.

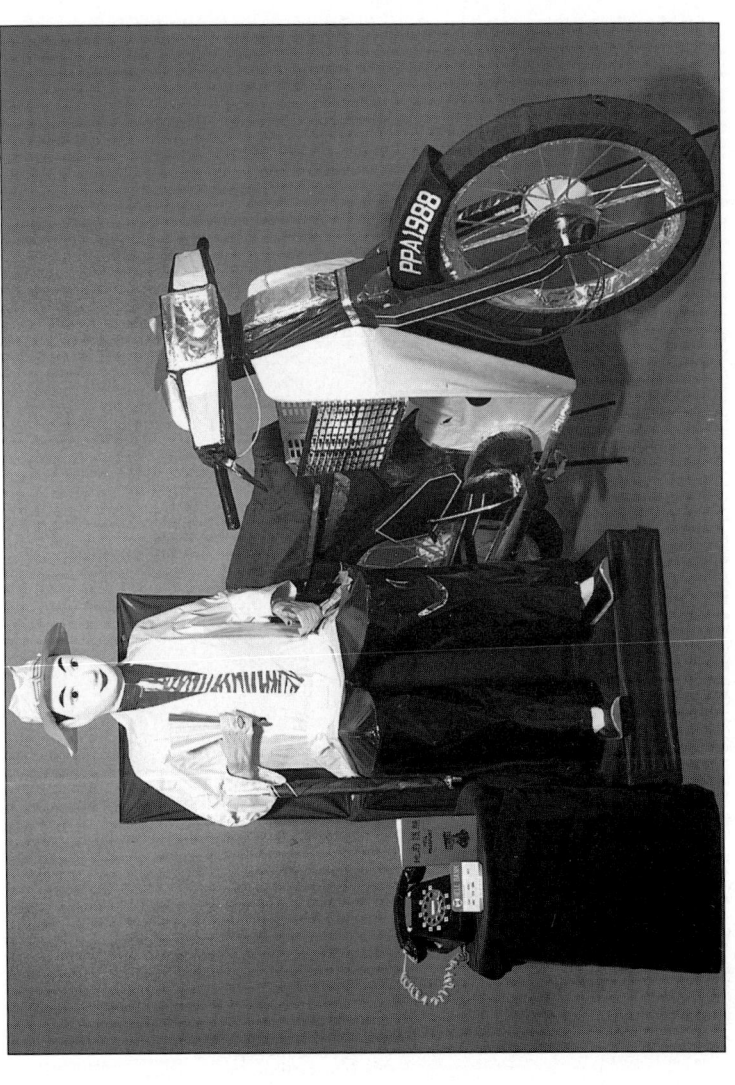

2. Diener und Konsumgüter aus Papier, Opfergaben für chinesische Tote; Penang, Malaysia.

3. Schrumpfkopf der Jivaro in Ecuador (oben).

4. Geschnitzte Figur eines »Liebhaber-Geistes«, *blolo bla*, reich verziert, mit männlichem Gesicht und Körpernarben; Baule, Elfenbeinküste (rechts).

5. Ahnentafeln in einem chinesischen Tempel; Malakka, Malaysia.

6. Schoßförmiges chinesisches Grab; Malakka, Malaysia.

7. Tanzpuppe, *gale-gale*; Batak, Indonesien.

8. Nachbildung von Jeremy Bentham, 1850 dem University College in London vermacht.

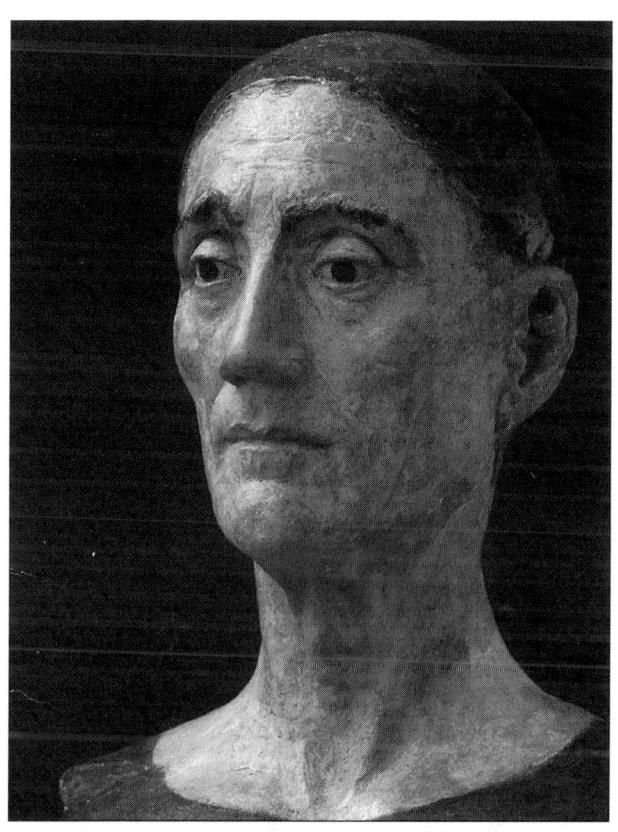

9. Kopf der Grabfigur von
König Heinrich VII.
(gest. 1509).

10. Jizo-Gedenkstätte für abgetriebene Föten; Japan.

11. Ahnenfiguren, *tau-tau*; Toraja, Indonesien.

12. Das Grab von Thomas Sayers, einem Faustkämpfer aus dem
19. Jahrhundert, bewacht von seinem Hund; Highgate Cemetery,
London.

13. Plastik in der Gedenkstätte für die Vietnam-Veteranen; Washington, USA.

14. Trauergäste, die während eines Begräbnisses bei den Toraja, Indonesien, den Leichnam tragen.

15. Ein Leichnam wird aus dem Sarg genommen, um ihn
neu zu wickeln; Toraja, Indonesien.

16. Dowayo-Mann, Kamerun, der mit einem Bündel männlicher Schädel bei einer Zeremonie tanzt, durch die individuelle Tote in Ahnen verwandelt werden.

17. Hütte außerhalb des Dorfes, in der die Schädel der Ahnen aufbewahrt werden; Dowayo, Kamerun.

18. *Erschießung Maximilians* (1868/69) von Edouard Manet (Ausschnitt).

19. Kostüm aus Federn, Muscheln und Rindenstoff, das zu den Trauerzeremonien für einen tahitianischen Adligen getragen wurde und das 1772 Kapitän Cook erhielt.

20. Der Ort, wo die Köpfe der Toten abgelegt werden; Akam-Stamm, Ghana.

21. Der Besitzer einer Galerie in Los Angeles, Ernie Wolf, mit einem Sarg, dem der ghanaische Bildschnitzer Kane Kwei die Form einer Languste gegeben hat.

22. Ein älteres Paar, das in Totenkleidern in seinem Sarg sitzt, aus Anlaß einer Zeremonie, durch die es den lebenspendenden Kräften der Verwandten mütterlicherseits Anerkennung zollt; Roti, Indonesien.

23. Aus dem 19. Jahrhundert stammende Gedenkstätten für die Ahnen; Buguma, Kalabri, Nigeria. Die Gedenkstätten orientieren sich an westlichen zweidimensionalen Bildern und sind aus Schilf und Holz gefertigt.

24. Kenotaph in Manambondro, Madagaskar.

Die Tetum auf Timor vertreten eine gegenteilige Ansicht. Die irdische Welt wird von Männern beherrscht, die Welt der Geister von Frauen. Es gibt also zwar männliche und weibliche Geister, aber wenn einer in Erscheinung tritt, ist es eine Frau.

In Afrika kann man Frauen Sätze wie den folgenden sagen hören: »Ich habe in diesem Dorf gelebt, bis ich zum Mann wurde.« Die Rede ist dann von den Wechseljahren. In traditionellen Kulturen ist es nichts Ungewöhnliches, daß man im Laufe des Lebens – und des Todes – eine Reihe von Geschlechtsumwandlungen durchmacht.

Grundvorstellungen wie die vom Gegensatz zwischen trocken und naß können dazu dienen, das Verhältnis der Geschlechter zu organisieren. In einem Dorf in Kamerun, in dem ich eine Zeitlang lebte, gelten Kinder als weitgehend androgyn, bis die Jungen bei der Beschneidung »getrocknet« werden und die Menstruation die Mädchen »naß« werden läßt. Danach bringt der Alterungsprozeß zunehmende Trockenheit mit sich, bis die Frauen mit der Menstruation aufhören und »trocken wie die Männer« werden. Da Frauen von den Toten geschwängert werden (die sich in Kindern reinkarnieren), kann man die Menschen, wenn man sie dazu bringt, über die Sache nachzudenken, zu dem Schluß nötigen, daß die Toten männlich sind; aber von selbst kommen sie nicht auf diesen Gedanken.

Statt dessen werden die weiblichen Toten einem höchst zweideutigen Ritual unterworfen. Im Zentrum steht der Wasserkrug der verstorbenen Frau. Er wird wie ein Knabe vor der Beschneidung kostümiert, und es wird mit ihm getanzt; aber unter anderem sind an ihm Wurfmesser befestigt, die Symbol der Verfügungsgewalt des Regenhäuptlings über die Dürre- und Regenzeiten sind. Jedermann erklärt, daß es sich hier um eine Art Gegenstück zu dem Ritual handelt, dem die Schädel verstorbener Männer unterworfen werden und das die Männer aus bloßen Toten zu Ahnen macht. Der fremde Beobachter kann das Ritual ohne weiteres in ein Muster einpassen, demzufolge auf die Frauen in verschiedenen Stadien ihres Lebens, in denen sie mehr oder minder als weiblich bestimmt sind, Einfluß genommen wird, um ihre »Nässe« zu steuern. Aber diese Interpretation ist dann das Werk des Ethnologen, nicht des Informanten. Annahmen dieser Art gewinnen nur durch Konfrontation mit der Sicht des Fremden die Bestimmtheit ausdrücklicher Vorstellungen, und manche Kulturen leisten sich nicht die Fachleute für die Arbeit ihrer Formulierung.

Der entscheidende Punkt ist vielleicht, daß man in weiten Teilen der Welt durch bloßes Sterben ebensowenig zum Ahn wird, wie man durch bloßes Älterwerden den Erwachsenenstatus erlangt. Eine wirksame rituelle Transformation ist nötig, und dafür braucht es die Lebenden. Nicht zu heiraten und keine Kinder zu haben verurteilt einen in den meisten Kulturen zu ewiger Unreife. Ohne Nachkommen, die einen ehren und mit Nahrung versorgen, hört man rasch auf zu existieren. Die LoDagaa in Ghana tun einem Mann, der als Junggeselle stirbt, die Schmach an, seinen Penis so unter den Hüftgürtel zu stecken, wie ihn ein Knabe trägt; sein Bogen wird nicht am Ahnenschrein für die Nachkommen aufgehängt, weil es die nicht gibt. Der Bogen wird zerbrochen und als überflüssig weggeworfen. Daß man »in seinen Kindern weiterlebt«, ist also nicht nur poetische Metapher oder eine Anspielung auf die Unsterblichkeit der DNS wie bei uns im Westen. Es ist eine existentielle Feststellung, denn die Toten brauchen für ihren Unterhalt die Lebenden, über die sie ihrerseits ihre schützende Hand halten.

Für die Baule an der Elfenbeinküste sind die Beziehungen zwischen dieser Welt und dem Geisterreich *(blolo)* geordneter und ausgeglichener. *Blolo* ist der Ort, von dem wir kommen und an den wir im Tode zurückkehren. Er ist eine vollkommenere, glücklichere Version unserer Welt, eine Stätte großer Schwelgerei. Wer aus einem Komazustand aufwacht, ist deshalb verwirrt, weil er noch trunken vom Palmwein ist, der drüben reichlich fließt. Das Gleichgewicht zwischen den beiden Welten schließt ein, daß viel Zuwachs für diese Welt viele Todesfälle zur Folge hat, damit in der anderen Welt die Zahl der Bewohner wieder stimmt.

Schwierigkeiten beim Reifeprozeß oder eheliche Probleme, einschließlich Unfruchtbarkeit und Impotenz, sind Anzeichen dafür, daß die betreffende Person in der anderen Welt einen unzufriedenen Partner zurückgelassen hat. Ein sicherer Hinweis darauf sind erotische Träume, in denen eine unbekannte, andersgeschlechtliche Person eine Rolle spielt.

Dieses Problem kann man dadurch lösen, daß man eine hölzerne Skulptur anfertigen läßt, dank deren die unbekannte geliebte Person sichtbar und beherrschbar wird; sodann wird mit ihr eine Art Ehe geschlossen. Die ehelichen Pflichten, auf deren Erfüllung der angetraute Geist unter Umständen Anspruch hat, können zahlreich und vielfältig sein: sie können von Festmählern bis zu Einreibungen mit Öl und Kaolin reichen. Donnerstagnacht jedenfalls gehört dem Verkehr mit dem angetrauten Geist; der irdische Partner wird aus dem Bett verbannt.

Mit den ebenmäßigen Gesichtszügen, der durchgebildeten Muskulatur und den langen, eleganten Hälsen illustrieren die Holzfiguren, was den Baule bei Männern und Frauen als schön gilt. Während sie früher bärtige reife Männer und Frauen mit kunstvollen Ritzmustern auf der Haut zeigten, haben sich die heutigen Statuen dem gewandelten Geschmack angepaßt. Heute findet man ohne weiteres Darstellungen von Frauen im schicken Hosenanzug und von affektierten Stutzern in modischer westlicher Kluft, Sonnenbrille eingeschlossen.

*

»Sie haben den Toten nicht gekannt, aber Sie wollen sicher mitkommen und der Familie Guten Tag sagen.« Ich streifte

115

durch die abgelegenen Gassen von Djakarta und stieß auf eine Gruppe von Männern, die einen Leichnam zum Friedhof trugen. Am einen Ende hatte ein Mann alle Hände voll zu tun, einen Schirm mit Metallspitze über den Kopf des Toten zu halten, ohne gegen die stromführenden Oberleitungen zu stoßen. Ich schüttelte so respektvoll, wie ich konnte, ein paar Hände und erkundigte mich im Flüsterton, ob er eine Frau oder Kinder gehabt habe.

»Noch nicht«, murmelten sie mit niedergeschlagenen Augen.

Das Indonesische kennt wie viele südostasiatische Sprachen eine Reihe von Ausdrücken für »nein« und »nicht«. Ihre Verwendung vermittelt eine subtil terroristische Sicht davon, worauf es im Leben ankommt. Auf die Frage, ob man verheiratet ist, gibt es nur zwei mögliche Antworten: »ja« und »noch nicht«. Ein einfaches »nein« ist undenkbar, da ohne Ehe das Leben – und der Tod – undenkbar ist.

Warum es den Toten nicht möglich sein soll, sich auch mit Lebenden zu verheiraten, ist nicht einzusehen. Bei den Nuer im Sudan kann ein Mann für einen kinderlos verstorbenen Sippengenossen Nachkommen zeugen. Da er sich unter Umständen keine zweite Frau für die Zeugung eigener Nachkommen leisten kann, läuft das vielleicht darauf hinaus, daß er kinderlos stirbt. Auch für ihn muß dann eine Geisterehe geführt werden. Mehrere Generationen können so aus dem Takt geraten, weil sie damit beschäftigt sind, den Staffelstab der Elternschaft weiterzureichen.

Die Chinesen in Singapur bilden manchmal aus zwei unverheiratet Gestorbenen ein Paar, das dann bei eigenen jüngeren Kindern Elternstelle vertritt und diesen ermöglicht zu heiraten, ohne daß sie gegen das Gebot verstoßen, demzufolge zuerst die älteren Geschwister verheiratet sein müssen. Und Ähnliches findet man auch in Taiwan, wo für ein Mädchen der Tod nicht zwangsläufig das Ende ihrer Hoffnungen auf eheliche Verbindung bedeutet, da auch danach die Heirat mit einem Lebenden noch möglich ist. Wenn eine Familie von häuslichem Unglück heimgesucht wird, hat das unter Umständen seinen Grund darin, daß ein junges Mädchen in der Familie jung und unverheiratet gestorben ist. Es wird beschlossen, ihr einen Mann zu suchen, im allgemeinen einen armen Mann, der bereits verheiratet ist, den aber die Mitgift reizt. Die Mitgift fällt an seine lebende Frau, und die Ehe mit dem Geist wird in einer Hochzeitsnacht vollzogen. Da der Geist schieres unvermischtes *yin*, das weibliche Prinzip in Reinkultur, ist, findet sich der Mann in sexuelle Raserei versetzt, erlebt mit dem Geist zahlreiche Orgasmen und ist am Ende völlig groggy und ausgelaugt. Aber das Ganze bleibt auf die eine Nacht beschränkt. Am nächsten Tag gesellt sich der Geist dem Korps der Ahnen bei und entsagt ein für allemal der Fleischeslust.

Bei den afrikanisch beeinflußten Religionen im brasilianischen Bahia ist es möglich, daß Gottheiten von den Anhängern Besitz ergreifen. Von den Besessenen machen die Gottheiten nicht nur Gebrauch, um zu tanzen, sondern auch, um zu trinken und ausschweifenden Geschlechtsverkehr zu treiben. Wie es scheint, wird zwischen göttlichen Geistern und Toten kein klarer Trennstrich gezogen, so daß auch die letzteren dank aufopferungsvoller Kultanhänger von der Welt der Sinne nicht ein für allemal Abschied nehmen müssen.

Außer in den großen Weltreligionen kümmert man sich wenig um das Gericht und die Bestrafung, die den Toten im Jenseits wegen seines Wandels im Diesseits erwarten. In Afrika sind es tatsächlich oft die Toten, die über die Lebenden richten und sie noch in dieser Welt bestrafen. Das Machtverhältnis zwischen den Lebenden und den Toten ist überall verschieden. Aber wenn die Toten in die andere Welt überwechseln, müssen sie daran gehindert werden wiederzukommen, es sei denn, auf den dafür vorgesehenen Wegen. Die traditionellen politischen Verhältnisse in Afrika bauen zum großen Teil darauf.

Die Stammesältesten sind normalerweise das Medium, durch das die Toten den Lebenden ihre Segnungen zuteil werden lassen. Allerdings geht die Behauptung zu weit, hier handele es sich um eine quasi universale Form der Transformation von Tod in Leben, mittels deren (männliche) Fruchtbarkeit von (weiblicher) Sexualität unterschieden und den Männern zugesprochen werde.[13] Auch wenn es stimmt, daß in Afrika die Toten letztlich über die Fruchtbarkeit der Lebenden entscheiden, geschieht das doch oft nur im negativen Sinne ihrer Fähigkeit, störend Einfluß zu nehmen. Im Zweifelsfall sind sie verantwortlich für Unfruchtbarkeit und Krankheit, Hungersnot und Dürre, ja, auch für den Tod selbst. Dies sind einfach Mittel für sie, um die Grundverhältnisse des gesellschaftlichen Lebens, die ihr eigentliches Anliegen sind, im Griff zu behalten.

Dieses Machtverhältnis stellt sich rückwirkend her. Man vergißt, den Toten ein Opfer darzubringen, das man ihnen schuldet, begeht Inzest mit einer Frau, mit der man eng verwandt ist, und nichts passiert. Jahre später zahlen es dann die Toten dem Missetäter mit Aussatz, mit einem mißgestalteten Kind oder mit einer toten Kuh heim! Vor allem sind die Toten launisch, was ihnen einen großen Wert als Erklärungsprinzip verleiht. Sie stopfen die Löcher in dem Erklärungsvorgang, durch den die Welt in einen logischen Zusammenhang gebracht wird.

In einem erfrischenden Beitrag vertritt Igor Kopytoff die These, daß wir im Westen die ganze Vorstellung der Afrikaner von »Ahnen« und die Verknüpfung zwischen »Kosmologie« und »Sozialstruktur« gründlich mißverstanden haben.[14] Seiner Feststellung nach verläuft bei den Suku in Zaire die Haupttrennlinie zwischen den Gruppen der Jüngeren und der Älteren, unabhängig davon, ob es sich um Lebende oder Tote handelt. Für »Ahnen« gibt es nicht einmal ein Wort. Die

----

[13] Bloch 1982
[14] Kopytoff 1971

Toten bleiben aktive Mitglieder des Clans und agieren in dem gleichen rechtlichen Rahmen wie die Lebenden. Sie haben die gleiche Macht, Segen und also Fruchtbarkeit zu geben oder zu verweigern. Sie können in Clanangelegenheiten von den Ältesten kontaktiert werden, die als Mittelsleute fungieren; daraus folgt, daß die Verbindung zu den Toten nach dem Modell verwandtschaftlicher Beziehungen konstruiert wird. Der Akzent liegt also nicht auf Vorstellungen von der anderen Welt, sondern auf der Macht, die hierbei den Toten eignet. Diese Macht wiederum ist einfach nur die Autorität, die unter den Lebenden dem Ältestenstatus zukommt. Von einer »Projektion der Gesellschaftsstruktur auf die Kosmologie« zu reden ist ganz unnötig. Die Lebenden und die Toten sind *beide* Mitglieder der Gruppe. Und so verhält es sich nicht nur in Afrika. Mark Hobart hat darauf hingewiesen, daß Darstellungen des heutigen wirtschaftlichen Verhaltens der Balinesen hoffnungslos unzulänglich bleiben, solange man nicht die Toten und die noch Ungeborenen als aktive Mitglieder der Gemeinschaft ins Kalkül einbezieht.[15]

All das ist unter Umständen für uns selbst von größerer Bedeutung, als wir meinen. Der Identitäts- und Motivationsverlust, den bei uns Leute erleiden, wenn sie in den Ruhestand gehen, verdankt sich wahrscheinlich der Tatsache, daß sie sich ihr Leben lang in Machthierarchien nach oben gekämpft haben, aus denen sie sich jetzt plötzlich herausgerissen sehen. In Afrika bleiben solche hierarchischen Ordnungen durch die Achtung, die man den Ältesten entgegenbringt, sogar über das Grab hinaus in Kraft.

*

Ein sehr erfolgreicher Begriff des 19. Jahrhunderts war »Lebenskraft«, mit dem sich die Vorstellung verband, ein Mensch

---

[15] Hobart 1994

verfüge über ein bestimmtes Quantum Energie, das er langsam verausgabe, bis es aufgebraucht und der Tod die Folge sei. Diese Vorstellung schien eine Reihe von Phänomenen plausibel zu machen, wie etwa den Überschwang der Jugend, die Verlangsamung im Alter, die Ähnlichkeit des Todes mit dem Schlaf. Sie rechtfertigte, daß man sich um einen gewissen kostengünstigen Lebensstil, eine Art protestantische Sparsamkeit, in der Verausgabung von Energie bemühte, leistete der Idee Vorschub, jeder Orgasmus schwäche den Mann, und führte dazu, daß man halbwegs das Leben eines Behinderten führte. Heute, zu Ende des 20. Jahrhunderts, haben wir diese Vorstellung durch ihr genaues Gegenteil, durch die Philosophie des »Wer rastet, rostet«, durch das Prinzip des Aktivismus als eines unerschöpflichen Lebensbornes, ersetzt. Jetzt ist es die Zeit selbst, die individuelle Lebensspanne, mit der man haushalten muß.

Für die alten Angelsachsen war die Welt nicht im Fortschreiten, sondern im Niedergang begriffen. »Tag für Tag verfällt diese sterbliche Welt und schwindet dahin«, schrieb ein Dichter. Das Ende der Welt war absehbar. Zum Beispiel lebten die Menschen nicht mehr so lange wie einst Methusalem, und die Bauwerke des Römischen Reiches – die man für das Werk von Giganten hielt – überstiegen bei weitem die Fähigkeit der jetzt lebenden Menschen.

In einem Großteil der Welt betrachtet man Leben und Tod noch immer nach Art unserer Vorväter: Man sieht im Leben ein begrenztes Gut oder glaubt, daß die Welt schwindsüchtig ist; häufig geht damit die Nötigung einher, Energie auszutauschen – mit Außenstehenden oder mit den Toten. Uns erscheint heute »Lebenskraft« als ein hoffnungslos vager und geheimniskrämerischer Begriff, vergleichbar der »kosmischen Energie« der New Age-Anhänger. Man fühlt sich an das Phlogiston erinnert, eine Idee, die nichts beiträgt, sondern nur dazu dient, durch Einführung einer unbehaftbaren Substanz die Sprünge im Gedankengebäude zuzukleistern.

In der Ethnologie allerdings begegnet man ähnlichen Ideen in Hülle und Fülle. *Mana, wakan, orenda, ase* – solche Vorstellungen durchgeistern die ethnographische Literatur und werden im Zusammenhang mit dem Tod oft als Erklärungsprinzip bemüht, ohne eigentlich verständlich zu sein. Die Gruppe der Hua in Neuguinea kennt eine »Lebenskraft«, die sie *nu* nennt.[16] Diese tritt in der Form von Geschlechtssekreten, Kot, Urin, Atem, Körperausdünstungen, Speichel, Haaren, Fingernägeln, Blut, Mark und Fett auf. Alles Eßbare ist eine Quelle von *nu*. Kinder entziehen ihren Eltern *nu* und treiben sie damit dem Tod entgegen. *Nu* muß kontrolliert werden, weil es in der Welt nur eine bestimmte Menge davon gibt. Das eheliche Leben unterliegt genauen Bestimmungen. Ein verkrüppelter Knabe muß Blut von seinem »Vater« trinken, und im Todesfall müssen Söhne die Leiche ihres Vaters und Töchter die ihrer Mutter verzehren. Tun sie das nicht, können ihre Feldfrüchte, ihre Kinder und ihre Haustiere nicht gedeihen. Durch den Kannibalismus wird *nu* von einer Generation auf die nächste übertragen.

Aber *nu* spiegelt auch das Verhältnis zwischen Geber und Empfänger wider. Wenn *nu* aus bestimmten Quellen stammt, wirkt es verunreinigend, nicht kräftigend. Am zweideutigsten ist *nu*, wo es im Zusammenhang mit Tod und Verwesung, mit Menstruationsblut und den verfaulenden Leichen von Frauen, der letzten Quelle alles *nu*, auftritt. Die Menschen geben ihr *nu* in Gestalt von Blut, Tierfleisch und angebauten Pflanzen an die Jüngeren weiter, aber von den Jüngeren auf die Älteren umkehren läßt sich der Kraftstrom nicht. Außerdem gibt es offenbar überall Lecks im System, durch die *nu* verloren geht; deshalb leben die Menschen weniger lange als früher und werden sogar schneller kahl. Wie in der Welt der alten Angelsachsen sind auch hier die Ressourcen nicht nur begrenzt, sondern mehr noch im Schwinden begriffen. Der

---

[16] Sanday 1986

Kannibalismus ist wichtig, um zu verhindern, daß noch mehr *nu* verloren und die Welt insgesamt zugrunde geht. *Nu* ist eine unendlich bildsame Substanz, die der Rechtfertigung der kulturellen Welt dient und vom Idiom der Kommunikation und des Austausches geprägt ist.

Diese Sprache, die einen mystischen Materie- und Energiestrom zwischen Lebenden und Toten beschwört, hat eine gewisse Ähnlichkeit mit dem »wissenschaftlichen« Elektrizitäts-Idiom, in dem Sir James Murray im Jahre 1848 einen Gegensatz zwischen Leben und Tod konstruierte, um seine Einwände gegen innerstädtische Friedhöfe zu begründen. Die Verwesung sterblicher Überreste, versicherte er der Welt kurz und bündig, verursache gräßliche galvanische Störungen, so daß in Friedhöfen gewaltige Ansammlungen negativer Elektrizität entstünden, die von der Erde und der Luft absorbiert würden und den Lebenden mit möglicherweise fatalen Folgen positive Energie entzögen.

Andere Gruppen in Neuguinea nehmen in ihrer Darstellung direkten Bezug auf Körperflüssigkeiten, deren Austausch zwischen den Lebenden eine Art Ökonomie der Lebenskraft stiftet, wobei für die Männer die Hauptbelastung darin besteht, daß sie von ihrem Vorrat an Sperma abgeben müssen. Bei den Marind war man traditionell überzeugt davon, daß Sperma für heranwachsende Knaben lebenswichtig sei, daß es der Gesundheit diene, Wunden heile, Waffen und das Augenlicht schärfe und daß es das Pflanzenwachstum befördere. Die Milch, die männliche Säuglinge von Frauen bekamen, mußte durch männlichen Samen ersetzt werden, damit sich die Knaben zu Männern entwickelten; deshalb wurden die Jugendlichen vom Bruder der Mutter besamt. Irgendwann kehrte sich der Strom um, so daß bei den Etoro ein Knabe vom Mann oder Verlobten seiner Schwester besamt wurde.[17] Wenn er dann aber heiratete, wechselte er von der Rolle des Empfängers zu

---

[17] Kelly 1976

der des Gebers über und besamte den Bruder seiner Frau, der wiederum bei *seiner* Heirat die Empfänger- mit der Geberrolle vertauschte. In Gesellschaften, in denen man sich mit den gleichen Gruppen durch Heirat verbindet, mit denen man sich im Kampf auseinandersetzt, hängt der Strom des Lebens davon ab, daß man Sperma durch das System pumpt und durch sexuellen Verkehr mit dem Feind auffüllt, was man verliert.

Als Alternative erscheint eine Art von Beutemachen mit Hilfe des Todes. Die südamerikanischen Jivaro wissen, daß es in der Welt eine feststehende Zahl möglicher Individualitäten gibt, von denen welche verloren gehen können, da die Toten nichtsahnende Individuen weglocken, um sie als Schoßtiere zu halten. Neue Individualitäten lassen sich durch ein hochkompliziertes Ritual beschaffen, in dessen Verlauf die Köpfe erwachsener fremder Jivaro erbeutet, einem Schrumpfprozeß unterworfen, maskiert und umgearbeitet werden, um so die Gruppe durch eine weitere persönliche Identität – vergleichbar einem gefälschten Blanko-Personalausweis – zu bereichern.[18]

Man sieht diese Schrumpfköpfe in Museen: Augen und Mund zugenäht, die Nasen zu höhnischen Schnuten entstellt, langes schwarzes Haar wie bei einem Rocksänger, häufig traurige Opfer einer nach dem Tode eingetretenen Schuppenbildung. Manchmal werden aus Affenköpfen Fälschungen hergestellt, um ahnungslose Käufer, die es nach exotischen Schreckensgebilden gelüstet, übers Ohr zu hauen. Die Jivaro selbst allerdings unterscheiden streng zwischen der Jagd auf Menschen und auf Tiere. Heutzutage haben sie ihre Speere mit Flinten vertauscht, aber jedes Gewehr, mit dem ein Mann getötet worden ist, verliert augenblicklich seine Verwendbarkeit für die Jagd auf Tiere. Es muß an dumme Fremde verhökert werden, die sich nicht auskennen und für deren verwirrten Verstand Tod gleich Tod ist.

---

[18] Descola 1994

Gewisse Gruppen wie die Avatip in Neuguinea oder die amerikanisch-indianischen Desana scheinen über eine der westlichen Masse-Energie-Gleichung ähnliche Vorstellung zu verfügen. Die arithmetische Art, wie bei ihnen der »Geist« eines Kopfjägers durch den seiner Opfer zunimmt, kann jeder Buchhalter nachvollziehen.[19]

Aber auch hier spielen bei der Interaktion zwischen Lebenden und Toten Namen und Individualitäten eine Rolle, wobei Namen mehr als ein bloßes Etikett für die Person und nämlich integrierender Bestandteil der Person sind. Bei den Marin-Anim in Neuguinea bestand das Hauptmotiv für die Kopfjagd in Namensknappheit. Jedes Neugeborene sollte den Namen eines Opfers der Kopfjagd erhalten.[20] Bei den Asmat übernahmen die Knaben sowohl die Kraft als auch den Namen der Opfer und nutzten beides für ihr Wachstum.[21] Wenn solch ein Knabe die Verwandten des Getöteten traf, akzeptierten sie ihn als Ersatz für den toten Sippengenossen; statt Rache an ihm zu üben, tanzten und sangen sie für ihn und beschenkten ihn sogar.

Wer sich mit dem Tod in anderen Weltgegenden beschäftigt, faßt zumeist die »Probleme«, mit denen andere Kulturen ihn konfrontieren, in Begriffen des Umgangs mit dem Tod, den die eigene Kultur praktiziert. Auf einer Tagung lernte ich einmal einen japanischen Ethnologenkollegen kennen, der in Afrika in unmittelbarer Nachbarschaft von mir Feldforschung getrieben hatte, ohne daß wir beide davon wußten. Wie seine Prosa war er sehr klar und geradeheraus, aber dennoch brauchte ich einige Zeit, bis ich in ihm den »Franzosen« erkannte, von dem die Einheimischen geredet hatten. Wir hatten einen langen und interessanten Plausch über das Be-

---

[19] Harrison 1993, S. 122
[20] van Baal 1966
[21] Zegwaard 1968

schneidungsritual und seine Spielarten und kamen dann auf das Thema »Religion« zu sprechen.

»Ich hatte vor, ihre Religion zu studieren«, sagte er, »aber sie war einfach uninteressant, und so sah ich mir statt dessen ihre Ökonomie an. Ihr System für die Festsetzung der Jamspreise – und wie es mit den städtischen Märkten in Wechselwirkung stand – das war höchst faszinierend.«

Die Religion uninteressant? Hatten sie nicht eine ziemlich komplizierte Form des Ahnenkults, bei der Knochen und die Zertrümmerung des Schädels und alle möglichen Austauschakte zwischen den Toten und den Lebenden eine Rolle spielten?

»Ja, ja. Wie gesagt, uninteressant.«

Er war natürlich Buddhist; in seinem Wohnzimmer stand ein Ahnenschrein für seine verstorbenen Eltern, vor dem er regelmäßig Opfer darbrachte. Später bemerkte er nebenbei, daß er ein Stück Knochen vom Bein seines verstorbenen Vaters nach Afrika mitgenommen hatte, sorgfältig eingewickelt in weißes Tuch; der Knochen sollte ihm während der Feldforschung Schutz gewähren. Für mich verdiente der Ahnenkult beschrieben und analysiert zu werden. Für ihn hätte nur ein Erklärungsbedarf bestanden, wenn solche Verbindungen zwischen den Lebenden und den Toten gefehlt hätten.

5 Nur Fleisch und Blut

*»Es gibt drei Formen der Vereinigung in dieser
Welt, die zwischen Christus und der Kirche,
die zwischen Mann und Frau und die
zwischen Geist und Fleisch.«*
Augustinus (354–430 n.Chr.)

Lindow Man bewohnt den ersten Stock im Britischen Museum. Sein volkstümlicher Name ist Peter Marsh; der leitet sich von dem Fundort her, wo er 1984 entdeckt wurde. Seit die Dänischen Moorleichen von einem Professor namens Glob ausgegraben – oder vielmehr aus dem Torfmoor »ausgestochen« – wurden, war Großbritannien unermüdlich bestrebt, auch ein paar alte Britannier zutage zu fördern. Dabei ist Pete gar nicht so wahnsinnig alt: Er stammt aus dem Zeitraum zwischen 300 v. Chr. und 100 n. Chr. In den Informationen über ihn wirkt das Museum krampfhaft bemüht, seine Geschichte ein bißchen aufzumotzen. War Pete, der nackt ausgezogen, mit einer Keule erschlagen, erwürgt, ausgeblutet und ins Moor geworfen wurde, am Ende das Opfer eines frühen dilettantischen Raubüberfalls, das Opfer eines blutigen Anfängers, der mit wenig Geschick alle möglichen Mordformen ausprobierte? Keineswegs. Petes Tötung, so belehrt uns die Informationstafel und verkauft uns Phantasie als Faktum, ist »empirisches Zeugnis eines grausamen Rituals«. Durch die

Blume gibt man uns sogar zu verstehen, wo der Täter zu suchen ist. Daß Mistelblütenpollen gefunden wurden, deute auf die Druiden; hundertprozentig sicher sei das allerdings nicht. Vorsicht kann nicht schaden; am Ende wird man noch wegen Verunglimpfung vor Gericht gezerrt.

Gesäubert, gefriergetrocknet, bestrahlt, mit fortgeschrittenster Technik durchleuchtet, Eingeweide und Schädelhöhle gerichtsmedizinisch untersucht, liegt Lindow Man im gedämpften Licht auf einem Torfbett, die Arme gekrümmt, als wolle er einen Säugling wiegen. Ein Hologramm, das man durch das Glas betrachten kann, zeigt sein Gesicht, das wie in einem grünen Goldfischglas bald scharf konturiert erscheint, bald verschwimmt; es lädt zu physiognomischen Betrachtungen ein.

Der Körper selbst wirkt wie eine Pappfigur, von einer Dampfwalze glattgewalzt, aber seltsam intakt; die von einem Künstler angefertigte »Rekonstruktion«, die daneben aufgehängt ist, zeigt das ernsthafte Gesicht eines Hippie-Barden aus den sechziger Jahren. Nur die Japaner sind postmodern genug, um das Hologramm zu photographieren und nicht die Mumie. Die Haut auf dem Schädel ist so zusammengeschrumpft, daß sie wie jene vielseitigste aller englischen Kopfbedeckungen wirkt, die Schlägermütze, die ebensosehr Kennzeichen der sporttreibenden Angehörigen der Oberschicht ist wie der Schichtarbeiter, die ständig damit rechnen müssen, auf der Straße zu sitzen. Eine Verwechslung zwischen beiden ist natürlich ausgeschlossen. In diesem Fall entdeckt man auf dem schrumpligen Gesicht Bartstoppeln; die Mütze zeigt also den proletarischen Pete, den Pennbruder, an, nicht den feinen Sir Lindow.

Aber davon will die Informationstafel nichts wissen. Einiges deutet auf manikürte Hände, auf eine von der bäuerlichen Alltagstracht unterschiedene Bekleidung, ja, sogar auf Besatzstücke aus Fuchspelz. Pete ist ein Stutzer. In der Begleitbroschüre gut versteckt, findet man den Hinweis darauf, daß Tacitus die Bestattung im Moor als Strafe für das *englische Laster* – oder *germanische Laster*, wie es damals hätte heißen müssen – erwähnt. Das wird mit Schweigen übergangen.

Pete ist ständig von Leuten umringt, die flüstern, sich anstupsen, sich in Positur setzen. Warum kommen sie? Offenbar gibt er allen etwas, hat für die Gegenwart Bedeutung, ist Teil des Museums in seiner Eigenschaft als Zeitmaschine. Eine französische Reiseführerin spuckt mit Allwissenheitsmiene Banalitäten aus. Sie hebt bedeutungsvoll den Finger. »Der älteste *Anglais*.« Pete ist also jetzt Engländer? Aber England war damals noch nicht erfunden. Es ist, als gäbe man Asterix einen EU-Paß. »Ein Kelte«, vertraut ein Mann seinem Sohn in Glasgower Dialekt an. »Das Haar ist so rot wie deins.« Stimmt, aber bei allen Beerdigten färbt sich das Haar rot. Am anderen Ende des Saals befindet sich ein Ägypter aus vordynastischer Zeit namens Ginger. »Sehr *braun*«, sagt eine Dame aus den englischen Kernlanden zweifelnd, als müsse sie seinen Aufnahmeantrag für den Golfclub abschlägig bescheiden. »Da siehst du«, sagt ein kleiner Japaner befriedigt zu seinem Freund, »damals waren *alle* Menschen klein.«

Das Faszinierende scheint das Fleisch. Wäre Pete ein bloßes Skelett, so stellte er nur noch tote Materie dar und verwandelte sich aus einer Person in eine Sache. Aber das mit Fleisch umkleidete Skelett bleibt ein Individuum, ein Ding mit Identität und Nationalität. Er hat ein *Gesicht*. Tatsächlich hat er jetzt sogar deren drei.

Die Kirche Englands will von einer Beisetzung ohne Leichnam nichts wissen. Vielleicht erklärt sich daraus teilweise, warum die Briten nach Unglücken so versessen darauf sind, die Leichen zu bergen. Während aber für viele andere Völker das Ritual nötig ist, um den Toten in einen anderen Zustand hinüberzugeleiten, heben westliche Forscher die Bedeutung des Rituals im Rahmen eines Trauerprozesses hervor, der den *Lebenden* die Etappen vorzeichnet, durch die sie ins Leben zurückfinden sollen. Dadurch wird westlichen Therapeuten

128

eine Rechtfertigung auch der abstoßendsten Seiten von Begräbnisritualen möglich, da nach der gängigen Vorstellung, die sich der Westen von Suchtverhalten und Verwirrungszuständen macht, der Leidende erst »den Tiefpunkt erreicht« haben muß, ehe er sich wieder aufrappeln und wirklich geheilt werden kann.

Der physische Körper setzt sich aus zahlreichen Komponenten zusammen. Üblicherweise wird eine Trennlinie zwischen dem Fleisch und dem Blut einerseits und den Knochen andererseits, dem Verweslichen und dem relativ Reinen und Haltbaren, gezogen.

Lévi-Strauss hat als erster darauf hingewiesen, daß dies häufig mit verwandtschaftlichen Verhältnissen verknüpft wird, und zwar so, daß jede Ehehälfte einen der Grundbestandteile zu den Kindern beisteuert; ohne Kenntnis der Zeugungstheorie lassen sich die Vorstellungen vom Tod also nicht verstehen.[1] Die Fleisch/Knochen-Unterscheidung erscheint oft als die komplette physische Grundlage des Verwandtschaftssystems und spielt die gleiche Rolle wie bei uns früher die Vermischung des »Blutes«. In vielen Kulturen läßt sich die Ehe am besten verstehen, wenn man sie einfach als Teil einer unaufhörlichen Reihe von Austauschhandlungen betrachtet; Beiträge zur Schaffung neuer Personen sind in dem Austauschsystem einbegriffen. Aufgrund dieser Sichtweise eröffnen sich dem Ethnologen vielfältige Möglichkeiten zu spekulieren.

Einem in Asien verbreiteten Modell zufolge steuert der väterliche Same die Knochen, das mütterliche Blut das Fleisch zu einem Kind bei. Der gleichen Aufteilung zwischen Fleisch und Knochen begegnet man bei den Shona an der Grenze zwischen Simbabwe und Mosambik. Wenn sie das Fleisch eines Tieres verteilen, sagen sie: »Die Rippe ist für die Tocher des Vaters. Das Fleisch ist für die Mutter. Weil der Vater zum

---

[1] Lévi-Strauss 1981, S. 533ff

Kind den Knochen gibt, während das Fleisch von der Mutter kommt.«[2]

Uns Angehörigen westlicher Gesellschaften gilt die Verfügung über den eigenen Körper als Merkmal eines freien Individuums; ein nicht frei über sich verfügendes Individuum ist ein Sklave. Wenn wir heiraten, haben wir sogar schon Probleme damit, Verfügungsrechte abzutreten, die sich auf unsere Geschlechtsteile beziehen. In anderen Kulturen bereitet es keine Schwierigkeiten, sogar das Eigentum an ganzen körperlichen Komponenten auf andere zu übertragen. Nach Ansicht der Rotinese im östlichen Indonesien (wie auch der Mae-Enga in Neuguinea) gehört das Blut eines Menschen von Rechts wegen dem Bruder der Mutter. Sogar, wenn jemand versehentlich sich selbst verletzt und sein eigenes Blut vergießt, muß er dem Bruder der Mutter eine Entschädigung zahlen. Der Bruder der Mutter erhält auch Entschädigungszahlungen, wenn die Söhne der Schwester sterben, da vornehmlich er der Gekränkte ist.

Die Japaner haben vor, die Überbleibsel von 20 000 Nasen zurück nach Korea zu schicken. Die Nasen wurden im Jahr 1597 während der Invasion in Korea von japanischen Samurai als Kriegstrophäen abgeschnitten und sollen nun, fast 400 Jahre später, als Geste der Versöhnung auf einem Schlachtfeld in der Nähe der Hafenstadt Puan im Süden Koreas bestattet werden.

Wir vergessen leicht, daß es eine Sache der Konvention ist, wo die Grenzen unseres Körpers verlaufen. In Java liegt beim Tode der Akzent eher auf der Wiederversammlung des Körpers als auf seinem Zerfall. Herkömmlicherweise werfen dort Personen von Stand niemals abgeschnittene Haare und Fingernägel oder verlorene Zähne weg. Alles wird sorgfältig gesammelt, an einer vor Hexen sicheren Stelle aufbewahrt und mit der Leiche begraben. Schließlich sind auch diese Dinge

---

[2] Jacobson-Widding 1991, S. 61

Teil des Körpers und gehören zu ihm. Bei den Madagassen gibt es eine Geschichte, die erklärt, wie es zu den verschiedenen Bestandteilen des Körpers kam:

»Am Anfang schufen zwei Götter den Menschen. Der Erdgott formte ihn aus Holz oder Ton, der Gott des Himmels gab ihm Leben. Aber die Schöpfer zerstritten sich, und deshalb wollte jeder seinen Teil wiederhaben. Deshalb sterben die Menschen, was bedeutet, daß der Himmel das Leben zurücknimmt, während der Körper der Erde wiedergegeben wird.«[3]

*

Der Tod geht oft mit Teilung einher. Nehmen wir den Besitz des Verstorbenen. An wen das Erbe fällt, hängt unter Umständen vom Geschlecht des Verstorbenen ab. Bei den Minang in Sumatra vererben sich Land und Häuser von der Mutter auf die Tochter, wohingegen bewegliche Habe durch die Männer vererbt wird. »Männer«, sagen die Frauen der Minang und pusten über die Handfläche, »sind wie Staub.«

Bei den Iriama in Tansania wird das Haus gegebenenfalls buchstäblich zerlegt und mit diversen Haustieren und Getreidesorten an die verschiedenen Gruppen der Familie verteilt. Anderswo wird der Leichnam selbst zerteilt. In manchen Fällen bekommt die Sippe der Mutter das Blut, die des Vaters die Knochen.

Die Bewohner der melanesischen Trobriand-Inseln haben ein etwas anderes System. Sie sind in der Ethnologie berühmt[4] wegen ihrer Überzeugung, daß der Mann bei der Schwängerung der Frau keine Rolle spielt und daß der Vater mit den Kindern nur durch seine Heirat mit der Mutter verwandt ist. Als diese Vorstellung bekannt wurde, brach im Wasserglas der

---

[3] Abrahamsson 1951, S. 115
[4] Malinowski 1916 und 1979

Ethnologie ein ganz schöner Sturm los, der bis heute nicht verebbt ist. Weitere Forschungen haben die Ansicht, daß Kinder ihre ganze Stofflichkeit von der Mutter erhalten und der Vater auf den Fötus im Mutterleib bloß formend einwirkt und seine Gestalt beeinflußt, nur unwesentlich modifizieren können. Die entscheidende Rolle bei der Schwangerschaft spielt ein Geist aus dem Clan der Mutter, der in ihren Schoß eintritt und durch ihr Blut reinkarniert und zu einem Kind ausgebildet wird. Das paßt bestens zum Abstammungssystem der Trobriander, bei denen Rechtsansprüche durch die Frauen statt durch die Männer vererbt werden und die Gruppenbildung durch die weibliche Linie erfolgt. Das Wort *dala*, »Blut«, bedeutet zugleich den Unterclan, dem jemand angehört. Der Same des Mannes geht zwar nicht in die Stofflichkeit des Kindes ein, aber er entscheidet über seine Erscheinung; differenziert wird hier also nicht zwischen Fleisch und Knochen, sondern zwischen Stoff und Form.

Auch nach der Geburt ist die väterliche Seite noch stark damit befaßt, das Kind zu formen. Der Vater verleiht dem Kopf durch Massage einen schönen Umriß, während nur die Schwester des Vaters die Schönheitsmagie wirken kann, durch die das Kind zu einem physisch anziehenden Jugendlichen heranreift.

Nach dem Tod gewinnt dieser Unterschied zwischen Stoff und Form maßgebende Bedeutung, denn den Sinn der Austauschakte, die dann zwischen den Gruppen stattfinden, sollte man nicht – gängigen Klischees über die Funktion von Begräbnissen entsprechend – in einer »Stärkung gefährdeter Sozialbeziehungen« sehen, sondern in einer »konzeptionellen Demontage« des Verstorbenen.[5] Die tatsächlichen Austauschvorgänge nachzuvollziehen ist teuflisch kompliziert; aber grob gesprochen geben die Frauen Geschenke, um das Sippeneigentum wiederzuerlangen (Blut, Identität, persön-

---

5 Mosko 1985

liche Namen, Kokos- und Betelnußpalmen, Schmuck und Grundbesitz), das durch den Tod herrenlos geworden ist. Die Gruppen, aus denen die Gesellschaft besteht und die sich in jedem Individuum vermengen, werden durch die Frauen, die bleibende Substanz der Gruppe, wieder entmischt. Die Hütte, worin der Verstorbene seine Jamswurzeln aufbewahrte und die das Zentrum des männerinternen Austausches bildete, wird zerstört.

Der Gruppe, der eine verstorbene Person angehört, ist es verboten, Kummer zu zeigen, und sie darf den Toten auch nicht anfassen; der Umgang mit der Leiche bleibt angeheirateten Verwandten vorbehalten – zu denen hier auch die Söhne eines Mannes zählen. Das Fleisch des toten Mannes wäre für sein »eigen Blut« tödlich; deshalb müssen andere dafür bezahlt werden, daß sie sich um die Leiche kümmern.

Den Söhnen fällt die wichtige Aufgabe zu, die Verwesungssäfte aus den Knochen des wiederausgegrabenen Leichnams zu saugen und sie im Meer zu waschen, um sie vom verfaulenden Fleisch zu befreien, so daß der Geist über das Meer zurückkehren und zu guter Letzt wiedergeboren werden kann. Durch diese abstoßende Tätigkeit vergelten die Söhne dem Vater, was er für sie als Säuglinge tat, als er sie mit Jamsmus fütterte und ihren Kot und Urin beseitigte. Wie er sie einst zusammengesetzt hat, nehmen sie ihn jetzt auseinander; wie er sie in harte Männer verwandelte, verwandeln sie ihn jetzt in trockenes Gebein. Die Knochen werden unter den angeheirateten Verwandten – nicht den »Blutsverwandten« – verteilt und zusammen mit dem Haar, den Nägeln und den persönlichen Dingen des Verstorbenen zu tragbarem Schmuck verarbeitet. Der Schädel eines Mannes kann in einen Kalktopf für die Witwe verwandelt werden; aus seinen langen Knochen lassen sich Kalkspachteln fertigen, an denen man beim Kauen der Betelnuß lecken kann. Wird der weiße Kalk mit Betelnußsaft vermischt, entsteht ein hellroter klumpender Saft, in einer Art sinnbildlicher Wiedergabe des Zeugungsvorgangs, wie die Trobriander ihn sich vorstellen. Der Kieferknochen wird häufig zum Halsband und erinnert daran, daß die Kinder von ihren Vätern Halsketten und Ohrringe bekommen haben. Im Laufe der Jahre wandern die Knochen von einem Verwandten zum anderen, werden neu verziert und wechseln ständig die Gestalt. Zuletzt kehrt das, was an ihnen von Bestand ist, zur Gruppe des Verstorbenen zurück, die in ritueller Form einen Schlußstrich unter die Bindungen zieht, die der Verstorbene zu anderen Gruppen unterhielt. Der Leichnam, der Geist, die Hinterbliebenen – alle erleben einen vergleichbaren Prozeß der allmählichen Auflösung, Trennung und kreisläufigen Rückkehr zu den Ursprüngen. Es wäre allerdings falsch, die Rolle der Frauen ausschließlich positiv zu sehen. Unter den Frauen, die zur Erzeugung der Kinder das Stoffliche beisteuern, gibt es welche, die ihre Kinder mit Zauberkraft infizieren. Sie treiben nachts ihr Unwesen und mästen sich am Fleisch ihrer Opfer, die sie vornehmlich aus ihrem »eigen Fleisch und Blut« rekrutieren.[6] Hier haben wir die Kehrseite der weiblichen Verwandlungsmacht, die negative Macht des Blutes und des Biologischen, eine Umkehrung dessen, was die Söhne tun, wenn sie von den Knochen das verwesende Fleisch absaugen, um den Geist ihres Vaters zu befreien.

*

Penang im Regen vermochte die romantische Atmosphäre aus der Werbebroschüre nicht zu vermitteln; die Busstation, ein riesiges fleckiges Betonmonster, machte im Wolkenbruch nicht die allerbeste Figur. Die Männer in der Teebude gaben sich redlich Mühe, Frohsinn zu verbreiten, und machten eine große Schau daraus, mit ausgestrecktem Arm milchige Fontänen heißen Tees aus einem Krug in den anderen zu gießen. Plötzlich wurde ich von einer Schirmspitze gepiekt.

---

[6] Tambiah 1983

»Sie!« sagte eine Stimme. Ich drehte mich um und erblickte eine chinesische Nonne in Schleier und Tracht unter einem langen Regenmantel und mit poppiger Brille auf der Nase. »Sie sind das, nich?« Ich konnte es schlecht leugnen, aber sie machte einen äußerst erbosten Eindruck.

»Eh ... ich?«

»Ich habe Sie gestern abend im Fernsehen gesehen, nich«, beschuldigte sie mich.

»Das ist möglich.« In Begleitung einer ägyptischen Mumie war ich von einem Aufnahmeteam des lokalen Fernsehsenders gestellt worden und hatte ein Interview gegeben, um für eine Ausstellung im Nationalmuseum zu werben, auf der Grabgegenstände, bei denen es sich um britische Leihgaben handelte, gezeigt wurden. Ich hatte mich bereden lassen, in gebrochenem Malaiisch ein paar Antworten zu stammeln. Vielleicht war das Interview am Abend zuvor gesendet worden.

»Ha! Habe ich mir doch gedacht. Also, wir Chinesen haben nichts für den Tod übrig, müssen Sie wissen, und da kommen Sie und zeigen toten Körper, ganz eingewickelt aus Ägypten und Stoff von totem Mann. Alles muffig. Strotzt vor Dreck. Wozu bringen uns so einen moslemischen Quatsch?«

»Also, streng genommen, waren die Ägypter, wie bekannt, keine Moslems.« Am besten ablenken und mit Randproblemen beschäftigen, dachte ich.

Sie schnaubte. »Das keine wirkliche Leiche mit Fleisch und nich bloß Knochen. Unmöglich. Nur christliche Heilige faulen nich.« Diese Unterhaltung hatte ich schon einmal geführt. Es war in einem christlichen Dorf in Indonesien, wo zwei moslemische Schullehrer die Ansicht vertreten hatten, Gott konserviere die Leichen moslemischer Heiliger zum Beweis ihrer Tugendhaftigkeit, während er die Leichen christlicher Heiliger nur konserviere, um den Gläubigen das abschreckende Beispiel ihrer Gottlosigkeit zu geben.

»Kleiner Sohn meiner Schwester so erschrecken, daß die ganze Nacht weinen.«

»Also, das tut mir aufrichtig leid. Vielleicht nehmen Sie ihn mit zur Ausstellung, dann wird er sehen, daß es da nichts gibt, wovor er sich fürchten muß.«

»Ich habe ihn mitgenommen. Er hat das ganze Haus zusammengeschrien. Sind auch Katschkomben.«

»Katschkomben?«

»Ja«, sie hob den Schirm, als wolle sie zuschlagen, feuerte aber statt dessen eine weitere Wortsalve ab. »Katschkomben, Knochen unter Rom, frühe Christen.«

»Ah, Katakomben.« Die Ausstellung zeigte in der Tat eine Art Nachbildung der frühchristlichen Katakomben, mit Knochenimitationen, die im Dunkeln leuchteten und in Mustern angeordnet waren.

»Katschkomben sehr finster. Die Mädchen gehen da rein, damit sie sich fürchten, beim Anblick der Knochen kreischen und sich an die Jungen klammern können. Das ist empörend auf Friedhof. Sünden des *Fleisches* haben bei Knochen nichts verloren.« Die Schilderung war durchaus zutreffend. Jede Menge junger Leute trieben sich dort herum, um frohen Herzens fleischlichen Trost zu spenden und zu empfangen.

»Nächste Woche gehe ich wieder hin. Vielleicht bleibe ich ganzen Tag in Katschkomben und leuchte ihnen mit der Taschenlampe in die dummen Gesichter.«

*

Im mittelalterlichen Europa war es nichts Ungewöhnliches, Geld dafür zu spenden, daß nach dem Tod der Körper zerlegt wurde. Im Jahre 1284 verfügte ein gewisser Chevalier Jacques d'Anniviers, sein Fleisch und Gebein zu trennen und in zwei verschiedene Klöster zu überführen. Der Chevalier verdoppelte auf diese Weise die Zahl der heiligen Diener, die für die Erlösung seiner Seele wirkten. Nach dem Tod gab es noch reichlich Heilsarbeit zu verrichten, damit die Seele dem

Fegefeuer entrann oder Heilige bewogen wurden, sich für sie zu verwenden.

Aus päpstlichen Verurteilungen der Praxis wie etwa dem Verdikt, das Bonifazius VIII. im Jahre 1299 erließ, wissen wir, daß es gang und gäbe war, Leichen durch ganz Europa zu Klöstern zu schaffen, die der Verstorbene zur letzten Ruhestätte ausersehen hatte. Um des Problems der körperlichen Verwesung Herr zu werden, entfernte und begrub man die Eingeweide, während der Rest des Kadavers gelegentlich gekocht wurde, um das Fleisch von den Knochen zu lösen, die dann in Würzwein und Pfeffer eingelegt wurden. Als die englische Königin Mary behauptete, man werde nach ihrem Tod auf ihrem Herzen das Wort »Calais« eingraviert finden, rechnete sie offenbar damit, daß ihr Leichnam geöffnet und die inneren Organe einer Inspektion unterzogen wurden. Bei Begräbnissen erhielt das Herz oft einen getrennten Bestattungsort wie zum Beispiel die Herzen der Angehörigen des französischen Königshauses, die in St. Denis beigesetzt wurden.

Das Einbalsamieren deckte sich offenbar teilweise mit dem Einpökeln, das heißt, man machte Gebrauch von Techniken, die der Aufbereitung von Tierkadavern und der Konservierung von Fleisch für den menschlichen Verzehr dienten und damals unentbehrlich waren, weil die meisten Haustiere vor Einbruch des Winters geschlachtet werden mußten. Diese Techniken schwankten zwischen den Extremen eines regelrechten Kultes um das Fleisch und des achtlosesten Umganges mit ihm. Papst Bonifazius entschied sich dafür, das letztere anzuprangern. »Verabscheuungswürdige Grausamkeiten, die mißbräuchlich, auf gräßliche Art und bedenkenlos von manchen Gläubigen begangen werden.«

Wo Leichen zweimal begraben oder auf andere Weise einer weiteren Behandlung unterzogen werden, bietet die Reduktion der Fleischeshülle auf das Gerippe einen natürlichen Anhaltspunkt für die Trennung des Geistes vom Körper und der Lebenden von den Toten, wie umgekehrt die Aufbewahrung von Walt Disneys Leichnam in einer kalifornischen Tiefkühl-truhe dem Bemühen entspringt, die Notwendigkeit dieser Trennung zu widerlegen. Fast schon zu den universalen Über-zeugungen in Sachen Tod gehört, daß nur das (feuchte) ver-wesende Fleisch verunreinigend ist, während die (trockenen) Knochen relativ rein sind und man mit ihnen gefahrlos um-gehen kann.

Merkwürdig ist auch, daß zwar das Fleisch als vergänglich angesehen wird, daß aber Tätowierungen häufig als unver-gänglich und als bleibende Erinnerung gelten. Die Ekoi im südlichen Nigeria stanzten in ihre Arme kreisrunde, münzen-ähnliche Hautritzungen, die man als »Geisterspeise« bezeich-nete. Die Geister der Verstorbenen konnten sie als Geld ver-wenden, um sich Lebensmittel dafür zu kaufen.

Bei den Gujaratis und den Newar in Nepal herrscht die An-sicht, daß man ohne Tätowierungen nicht in den Himmel ge-lassen wird; vielleicht hängt diese Überzeugung damit zu-sammen, daß die Tätowierungen als Reifezeichen gelten.[7] Bei den Toraja heißt es bis heute, die Jungen brauchten Brand-male auf den Unterarmen, damit diese ihnen Licht spendeten und sie in der finsteren, auf dem Kopf stehenden Totenwelt etwas sehen könnten.

Die Geschlechter gelten unter Umständen als verschieden stark mit der Physiologie und Biologie des Todes befaßt. Nach Maurice Blochs Ansicht belasten viele Kulturen die Frauen stärker mit der Verantwortung für die biologische Erzeugung und auch für den Tod des einzelnen.[8] Oft sind die Frauen gezwungen, sich den schlimmsten Verunreinigungen auszu-setzen und in den engsten Kontakt mit Leichen und Verwe-sungsprozessen zu treten. Das Phänomen ist aber allgemei-ner. Auch im viktorianischen England mußte eine Frau für

[7] Rubin 1988, S. 139, 198
[8] Bloch 1982

Verwandte ihres Mannes tiefe Trauer tragen, während er relativ unbehelligt blieb. Wie die Zeitschrift *Women's World* 1889 bemerkte, »lassen Männer trauern«. Die häuslich lebende, reich geschmückte, praxisferne Frau der viktorianischen Zeit war zuerst und vor allem Symbol des sozialen, moralischen und geistigen Status ihres Mannes, ein Lackmuspapier, das *seine* rituelle Verfassung anzeigte.

Eine Umkehrung des gängigen Schemas ist ebenfalls möglich. Den matrilinearen Khasi in Indien zufolge bestehen die Menschen aus Knochen, die von der Mutter, und aus den weichen, fleischigen Teilen, die vom Vater stammen.[9] In dem anfänglichen, verunreinigenden, fleischlichen Stadium des Todes sind es also vornehmlich die Männer, die für den verwesenden Körper zuständig sind und die gereinigten Knochen an die Frauen weitergeben.

Solche Vorstellungen werden von westlichen Forschern allzu häufig als bloße politische Metaphorik abgetan. Aber die Idee, daß der einzelne eine »Sammelmappe« verschiedener Elemente ist und mit anderen die eine oder andere wesentliche Gemeinsamkeit hat, dient der Begründung so unterschiedlicher Überzeugungen wie der von der »Natürlichkeit« verwandtschaftlicher Bindungen und der magischen Einwirkung aus der Ferne. Was aus der einen Perspektive als ganz individuell erscheint wie etwa das körperliche Aussehen, stellt sich etwa aus einer anderen als zutiefst gemeinschaftlich dar im Sinne eines »Ähnlichsehens« oder einer »Nachartung«. Was uns als bloße soziale Identität gilt, erscheint anderen als etwas Physisches und Materielles.

Die Ansichten der Geschlechter darüber, welche Rolle ihnen jeweils bei der Erzeugung von Leben und beim Sterben zufällt, müssen nicht unbedingt übereinstimmen. Man hat die These vertreten, daß es in der chinesischen Gesellschaft eine traditionelle weibliche Sichtweise gibt, die sich stark von

---

[9] Arhem 1988

der Anschauung der Männer unterscheidet.[10] Denn während die Männer den Akzent auf die makellose männliche Reinheit des sich im Stammbaum durchhaltenden Gebeins und auf die Gefahren der Verunreinigung legen, heben die Frauen auf den zyklischen Charakter von Leben und Tod ab. Die Geschlechter haben ihren Schwerpunkt an den entgegengesetzten Enden des rituellen Spektrums. Männer betätigen sich als »Isolierer«, die sich der Veränderung widersetzen und Schranken aufrechterhalten, Frauen als »Synthetisierer«, die Gegensätzliches vermengen. So singen die Frauen Klagelieder nicht nur bei Begräbnissen, sondern auch bei Hochzeiten, weil sie da für ihre Sippe sozial »sterben«. Und Schwiegertöchter eignen sich Fruchtbarkeit von den Toten an, indem sie ihre Haare lösen und diese am Sarg des Verstorbenen reiben oder gar aus Stoff, der fürs Trauerritual verwendet wurde, praktische Säuglings-Tragebeutel fertigen.

In Südchina werden die Toten zweimal bestattet. Nachdem sie einige Zeit in der Erde gelegen haben, werden die Gebeine wieder ausgegraben und von den Fleischresten befreit. Sie werden dann in eine fötale Stellung gebracht, in ein Keramikgefäß, einen »goldenen Schoß«, gebettet und in einem Grab deponiert, das mehr als eine bloß oberflächliche Ähnlichkeit mit dem weiblichen Geschlechtsapparat hat: Die lange, geschwungene Graböffnung wird durch die senkrecht stehende Ahnentafel versperrt.[11] Ein Grab mit dem Blut eines schwarzen Hundes – dem Äquivalent für gestocktes Menstruationsblut – zu beschmieren gehört zu den schlimmsten Dingen, die man mit ihm machen kann: Der Segen und die Fruchtbarkeit, die von den reinen männlichen Ahnen ausströmen, werden dadurch blockiert.

[10] Martin 1988
[11] Thompson 1988, S. 104

*

Es war ein Tag, so recht geeignet für eine Beerdigung, einer jener kalten Wintertage, an denen es gar nicht richtig hell wird und an denen alles grau und unbestimmt bleibt. Schmuddeliger Nieselregen suppte von einem Himmel herab, der den einzigen farbigen Punkt beisteuerte, einen verwischten roten Fleck Sonne wie ein entzündetes Auge.

Das Auto parkte auf nassem Asphalt, und als wir ausstiegen, schnitt uns der Wind ins Gesicht. Dumpf knarrten und schlugen hinter uns andere Autotüren. Von dem schicken, farblich abgestimmten Trauerschwarz besserer Kreise war nichts zu sehen. Hinsichtlich der passenden Trauerkleidung hatte man sich offenbar nicht recht entscheiden können: vollständig in Schwarz zu gehen, hätte affektiert, und auf deutliche Zeichen der Trauer zu verzichten, allzu salopp gewirkt. Selbst die Alten, die an solche Ereignisse gewöhnt sein mußten, erschienen in merkwürdiger Aufmachung. Ein Mann schien nahe daran, aus eigener Machtvollkommenheit jene Zeiten wiederzubeleben, in denen man zum Beweis seiner Trauer die Kleider von innen nach außen kehrte oder sich seine Unterhosen über den Kopf stülpte. Die Anzüge und Schlipse waren meist dunkelfarbig, aber die Mäntel strahlten entsprechend der diesjährigen Mode in hellen, leuchtenden Farben – besonders die der Frauen. Die Förmlichkeit über alle anderen Rücksichten triumphieren lassend, hatten die Frauen zumeist helle Hochzeitshüte wieder in Dienst gestellt und sie mit einem schwarzen Band oder einer anderen Zutat in Schwarz geschmückt. Eine trug einen aberwitzig wirkenden schwarzen Schleier über einem Vogelnest aus karminroten Blüten. Wir sahen aus wie eine Gruppe Vertriebener.

Selbst den Kaltschnäuzigen trieb die Kälte Tränen in die Augen. Wir schlurften hinein, feuchte Sacktücher umklammernd, schniefend vor Kälte, Kummer und Konvention. Der Sarg meines Vaters war schon da, eine Person, die sich auf ein altertümliches Erdmöbel reduziert hatte, das von unkraut-artigen Blumen bedeckt war. Bei solchen Gelegenheit irren die Gedanken ab und beißen sich an Nebensächlichkeiten fest. Wo kriegen sie mitten im Winter Blumen her? In die Kränze war zuviel Blattwerk eingeflochten; sie sahen aus wie die Stechpalmengebinde, die sich der aufstrebende Mittel-stand gedrängt fühlt, vor Weihnachten an die Haustüren zu hängen.

Das Krematorium war ein nüchternes öffentliches Ge-bäude für gemessene Kummerbekundungen, errichtet aus Ziegelmauern mit einem Fischgrätenmuster aus vorstehen-den Ziegeln, die allmählich zerbröselten. Auf einer Reise durch englische Milieus trifft man viele solcher Gebäude – Orte, an denen ohne Gefühl bürokratische Prozeduren abge-wickelt werden. An der Rückwand befand sich ein Kamin, der irritierend nach Auschwitz aussah. Wir rechneten jeden Augenblick damit, eine schwarze Rauchwolke aufsteigen zu sehen.

Die Fenster waren groß und blank, um nüchternes Tages-licht einzulassen – nur daß es heute kein Tageslicht gab. Das Innere, das mit Vorliebe als Andachtsraum bezeichnet wird, ließ sich abends ohne weiteres in ein Spielfeld für Basketball verwandeln. Eine Heizung produzierte zischend heiße Luft, deren Geruch mich an die sengend heißen Rohre in meiner Vorschule erinnerten, hinter die wir in ersten Anwandlungen von Vandalismus absichtlich Wachsstifte warfen. Wir alle schnupperten, situationsgemäß irritiert durch den flüchtigen Brandgeruch. Es gehört zu den Merkmalen von Ritualen, daß in ihrem Zusammenhang alles potentiell bedeutungsträchtig wird, über sich hinausweist und Unsichtbares sichtbar wer-den läßt.

Mein Vater war sein Leben lang antikirchlich eingestellt; zu Weihnachten gefiel er sich in nichts mehr als in komischen Darbietungen schwafelnder Geistlicher. In seinen letzten Jahren indes schloß er sich einer spiritistischen Sekte an und behauptete, mit dem Jenseits in Kontakt zu stehen. Es kamen »Botschaften von drüben«, die sich um den bevorstehenden Winter drehten, um den plötzlichen Tod einer Tante, der dann tatsächlich eingetreten war. Aber all das war so oft in der Erzählung wiederholt, geglättet und in Einklang mit dem gebracht worden, was wir wußten, daß wir uns an ein davon unabhängiges tatsächliches Geschehen gar nicht mehr erinnern konnten. Wir erinnerten uns nur noch, daß wir uns erinnerten, wie Kinder, die ihre frühesten Erinnerungen aus den elterlichen Erzählungen bezogen haben.

Als sie das Nierenversagen diagnostizierten und ihm mitteilten, daß seine Tage gezählt seien, sagte er einfach nur »Scheiße!« Nichts weiter. Im Tone milden Unmuts – ich hatte ihn dafür bewundert. Danach hatte er »die Sache in die Hand genommen« und war widersinnigerweise in eine Gegend umgezogen, wo er niemanden kannte, in ein Haus, das zu klein war und einen zu großen Garten hatte, was die Dinge nicht vereinfachte. Meine Mutter, die sich schon immer vor Blut gegrault hatte, war gezwungen, ein Programm zu absolvieren, bei dem sie für die Dialyse sorgen, Nadeln in widerspenstige Arterien treiben und Blut durch Schläuche pumpen mußte, in deren Schlangenwindungen sie sich verhedderte.

Schließlich nahm mein Vater meiner Mutter das Versprechen ab, beim nächsten Herzanfall niemanden zu rufen, sondern ihn einfach sterben zu lassen. Zweimal hatten sie ihn bereits mit Bravour wieder in ein Leben zurückgeholt, das er gar nicht mehr wollte; wenn er erklärte, er wünsche sich, daß endlich alles vorbei sei, wandten sie sich verlegen ab. Jetzt war er weg, aber seine Abwesenheit war so akut, daß sie fast schon einer mit Händen zu greifenden Präsenz gleichkam. Die Spiritisten konnten ihn förmlich riechen.

Einen Pfarrer gab es nicht; er wurde auch nicht vermißt. Statt dessen legte ein führender Kopf der spiritistischen Sekte in schwarzem Anzug und Schlips »Zeugnis« ab. Er spielte Pressekonferenz, schwitzte, benutzte Notizen, stolperte ein-

oder zweimal über den Namen meines Vaters. Hatte er ihn je kennengelernt? Das Persönlichkeitsprofil, das er von ihm entwarf und das ihn als tadellosen Tugendbold zeigte, wirkte nicht sehr vertraut. Der erbauliche Gehalt bestand aus Gedanken über Sterblichkeit und Ewigkeit, die sich auf Reader's Digest-Niveau bewegten; letztlich kamen sie dem ziemlich nahe, was uns ein salbadernder Geistlicher geboten hätte. Ein Grundthema bildete, daß der Mensch mehr sei als Fleisch und Blut. Tod war dort, wo das reinlich Spirituelle über das besudelte Fleisch triumphierte, die Hygiene, die sich einer Art Wegwerfbinde entledigte. Die Entsorgung war nun vollzogen und der Geist befreit. Das Heuchlerische des Ganzen erfüllte mich mit Zorn. Wir machten uns gemeinsam etwas vor und waren uns unseres ehrlosen Tuns bewußt. Das fadenscheinige Ritual kaschierte nur notdürftig die krude Realität.

Das dumpfe Leeregefühl im Bauch nennt man Kummer. Aber Kummer ist nicht das richtige Wort dafür. Es handelt sich um eine Art Gemenge aus ätzenden emotionalen Schadstoffen, unter denen das stärkste Element zweifellos Schuldgefühle sind. Schuldgefühle wegen Unterlassenem und Begangenem oder vielleicht einfach nur deshalb, weil namenloses Schuldgefühl als Füllsel für ein emotionales Vakuum taugt. Unsere Empfindungen für die Menschen, die wir lieben, sind zum Teil die Frucht einer Art von Suchtverhalten. Die Gegenwart des anderen weckt zwar vielleicht keine Begeisterung, aber seine Abwesenheit ist jedenfalls unerträglich. Weil wir den Tod von allen außer von denen, die uns am nächsten stehen, möglichst nicht zur Kenntnis nehmen, hatte ich schon lange an keinem englischen Begräbnis mehr teilgenommen.

Innerhalb der Familie hatten wir den Tod zu einer Reihe von Anekdoten verharmlost. Zum Beispiel mußte meine Mutter während des Krieges einer Frau eröffnen, daß ihr Mann auf der Radfahrt zur Arbeit von einer Bombe getötet worden war. Die Antwort der Frau war in den Zitatenschatz unserer Familie eingegangen. »Oh Gott, nein«, hatte sie mit sterbender Stimme gehaucht, »jetzt werden alle erfahren, daß er ein Unterhemd von mir trug.«

Ich glaube, es wurden Kirchenlieder gesungen, aber nicht die trostreich sinnlosen Lieder aus der Schule, die derart nostalgische Gefühle weckten. Jetzt waren zwar die Melodien vertraut, aber der Text stimmte nicht: er war in seinem spirituellen Gehalt berichtigt und bar jeder Anspielung auf einen transzendenten Gott im Himmel. Ich hatte das ausgeprägte, irritierende Gefühl, Objekt eines manipulatorischen Eingriffs zu sein.

Von den Gesichtern der Spiritisten konnte man ablesen, wie begierig sie darauf waren, bei der nächsten Séance Kontakt aufzunehmen und mit ihrem Bürstendetektor am Kristall des Todes zu kratzen. Mein Vater war ein potentieller Übermittler von Informationen über »da drüben«. Wären wir in Afrika, würde ich mich für ihre Gedanken interessieren. Ich würde ihre Äußerungen in Gänsefüßchen setzen und damit gegen jeden Zweifel immunisieren. »Die Bongo-Bongo«, würde ich unbeschwert und voll Gottvertrauen schreiben, »sind der Überzeugung, daß . . .«

Eine Falltür öffnete sich wie im Theater, und der Sarg verschwand, allerdings nicht in einer Rauchwolke. Ein Priester, mit dem ich mich einst unterhielt, erzählte mir, wie wichtig die Tür sei. Man brauche etwas, das sich öffne und schließe, das ein Ende anzeige, deutlich mache, daß alles vorüber sei. Die Leute in der vordersten Reihe beugten sich vor; vielleicht hofften sie, eine züngelnde Flamme zu sehen. Ich wollte nur noch fort.

Im elterlichen Haus fand sich eine peinlich kleine Gruppe von Verwandten zusammen, die ich kaum kannte – Zerrbild einer Sippe, leibhaftiger Beweis für das Scheitern der Familie im Westen. Der Symbolismus der kalten Fleischplatte stach in die Augen.

»Schrecklich«, sagte einer und klickte mit dem Gebiß. »Als

ich ein junger Bursche war, hatten wir Pferde mit schwarzen Federbüschen. Was gab es diesmal? Einen elenden Lieferwagen. Keinen Leichenwagen. Einen Lieferwagen, als ginge es zu einer Baustelle. Das gehört sich nicht.«

Sherry wurde gereicht. »Wieviel hat es gekostet, Kath?« fragte der mit den klickenden Zähnen.

Meine Mutter verriet es ihm widerstrebend. Vom Preis sprach man bei Begräbnissen ebensowenig wie bei Geschenken. Er holte laut zischend Luft. »Öh. Nicht gerade billig. Ich weiß, der Gaspreis ist gestiegen, aber trotzdem . . .«

In einigen Wochen würde von ihm eine Weihnachtskarte kommen, die mit Glitzerschnee übersät war und auf der die Andeutung einer Krippe voller komisch dreinblickender Tiere zu sehen war. »Stille Nacht« stand darunter.

6 Politische Tode

»Oh weh! Ich glaube, ich werde zum Gott.«
Kaiser Vespasian (gest. 79 n. Chr.)

In einer fernen Weltgegend gibt es einen grünen Hügel ohne Stadtmauer. Die Mauer wurde von den Briten gesprengt, und die Stadt ist Malakka, einst der größte Hafen in Südostasien und jetzt eine verschlafene Provinzstadt, in der zwischen den Volksgruppen der Chinesen, der Malaiien, der Inder und der »Portugiesen« das Mißtrauen gärt. Kaum daß die Ostindische Kompanie im 18. Jahrhundert den Ort in Besitz genommen hatte, beschloß sie, ihn zu zerstören, um seine Bewohner zur Übersiedlung in die von der Kompanie selbst gegründete Siedlung Penang zu nötigen. Die Stadt wurde durch das Einschreiten von Stamford Raffles gerettet, der darauf hinwies, wie sehr die Einwohner an ihrer Heimaterde und ihrem heimischen Gewässer hingen, zumal ihre Vorfahren dort begraben lägen. Sie wohnen bis heute auf dem Hügel, der von schoßartig geformten chinesischen Gräbern übersät ist. Die gehören zum Pflichtprogramm jedes Touristen.

Aber das erste, was man gegen den Himmel als Silhouetten sich abheben sieht, sind Jugendliche in grellfarbiger Joggingkluft, die federnden Schrittes zwanghaft ihre Kreise ziehen, auf den Gräbern Treppenlaufen praktizieren und

sich an den Ahnentafeln festhalten, während sie ihre Dehn-
übungen machen.

Der amerikanisierte Osten, denkt man. Gräßliche Pietäts-
losigkeit. In ein paar Minuten werden sie losjoggen, um einen
Hamburger zu kaufen, sich einen Film reinzuziehen und mit
ihresgleichen über ihre Beziehungskisten zu reden. Erkundigt
man sich indes nach den Joggern bei dem Mann, der am Ein-
gangstor Räucherwerk verkauft, legt er begeistert los: »Das ist
Politik! Sie sind unsere Helden! Sie schwitzen zum Schutz
unserer Kultur! Die Malaiien wollen den Friedhof zerstören,
um Mietshäuser zu bauen. Sie haben zuviele Kinder, anders
als wir. Wo sollen unsere Toten hin? Als wir protestierten,
steckten sie unsere Führer ins Gefängnis. Wenn wir demonstrieren wollen, verbieten sie es. Aber niemand kann unsere
Jungs daran hindern, auf unserem eigenen Friedhof zu jog-
gen. So führen sie jeden Tag vor, wem er gehört, und zeigen,
daß sie ihn mit ihren Leibern schützen wollen.«

Die Körper der Großen sind ebenso brisant politisch, wie ihre
Eigner es zu Lebzeiten waren. Lenins Tod versetzte die ritu-
alfeindliche sowjetische Führung einigermaßen in Verlegenheit, da niemand so recht wußte, was man mit dem Leicham
anfangen sollte. Die Lösung bestand in der unfaßlich raschen
Errichtung seines Mausoleums, das 1924 von einer Freiwilli-
genarmee in revolutionärer Begeisterung binnen 36 Stunden
gebaut wurde.[1] Der zweite Teil der Problemlösung bestand in
der Einbalsamierung der Leiche. Fortan gehörte auch in den
»sozialistischen Bruderländern« die Einbalsamierung verstorbener Führer zum kommunistischen guten Ton, und sowjetische Fachleute drückten Ho Chi Minh und in neuerer Zeit
auch Kim Il Sung den Stempel der Ewigkeit auf. Lenin allerdings war der einzige tote Führer, dem je erlaubt wurde, seinen
Parteimitgliedsausweis – mit der Nummer eins – zu behalten;

---

[1] Binns 1979, 1980

damit wollte man deutlich machen, wer in ideologischer Hinsicht unverändert das Steuer führte. Während der unverwesliche Leichnam den Bauern eine Fortsetzung der traditionellen Reliquienverehrung ermöglichte, wollte die sowjetische Führung die Einbalsamierung offenbar als antireligiöse Handlung verstanden wissen, als einen Akt, der den kirchlichen Heiligenkult aufgriff und entmystifizierte; das macht deutlich, wie gut Rituale geeignet sind, gleichzeitig zwei völlig gegensätzliche Sinnzusammenhänge zur Geltung zu bringen.

Die Konservierung oder gar Monumentalisierung historischer Persönlichkeiten will zwar Geschichte außer Kraft setzen, erlaubt dieser aber stets, einem eventuellen Meinungsumschwung Ausdruck zu verleihen. Die Zerstückelung der Leichen geächteter Parteimitglieder und die Schändung ihrer Gräber durch die Roten Garden bewog die meisten prominenten Nachfolger Maos, sich nach dem Tode einäschern und die Asche zerstreuen zu lassen. Aber unter Umständen reicht nicht einmal das aus. Im Jahre 1594 holten die Türken, um einen Verrat der Serben zu bestrafen, die Gebeine des serbischen Heiligen Sava aus ihrem Grab, verbrannten sie öffentlich und zerstreuten die Asche in alle vier Winde. Der Ort dieser infamen Handlung wurde wiederum zum Wallfahrtsort und bot somit Ersatz für die verlorenen Gebeine.

Als die Amerikaner aus der panamaischen Kanalzone abzogen, gruben sie heimlich ihre Toten aus und nahmen sie mit, um zu verhindern, daß diese möglicherweise als politisches Erpressungsmittel mißbraucht wurden. So trugen auch die Fotos von den sterblichen Überresten eines amerikanischen Marinesoldaten, der unter Gejohle durch Mogadischu gezerrt, mit Füßen getreten und angespuckt wurde, mehr dazu bei, daß sich die amerikanischen Streitkräfte 1993 aus Somalia zurückzogen, als sein tatsächlicher Tod.

»Pietätslos erinnerte ich mich plötzlich an einen Witz, der im Sommer 1977 unter besonders aufsässigen Pekinger Intellektuellen

die Runde gemacht hatte. Ein t'u pao-tze (Bauerntölpel) besucht seinen Vetter in der Stadt, der mit ihm Maos Grab besucht. ›Ai-ya‹, sagt das Bäuerchen, ›es ist so groß! Vorsitzender Mao wollte immer nur einer wie wir sein. Er wollte sich nie von den Volksmassen entfernen. Wie konntet ihr ihm so ein großes und imposantes ling-mu (Mausoleum) bauen?‹ ›Ach‹, sagt der Vetter, ›einfach nur zum Beweis, daß er wirklich tot ist.‹«[2]

*

Begräbnisse spielen in politischen Machtkämpfen eine eigene Rolle. Sie nutzen das Paradox, das der Tod darstellt, und verwandeln die Niederlage in einen Sieg. Aus den Toten werden Märtyer, Symbole der guten Sache, Beweis für ihre Stärke; in der aufgeladenen emotionalen Atmosphäre des Begräbnisses setzt sich die Trauer in politische Begeisterung um. Beim Begräbnis von Julius Cäsar streute Marc Anton in seine Leichenrede regelrechte Ausbrüche der Wehklage ein, an denen sich die Volksmenge beteiligte; später wurde ein Wachsbild des Verstorbenen zur Schau gestellt, das seine dreiundzwanzig Wunden in allen Einzelheiten vorführte, um die Stimmung anzuheizen.

Nicht von ungefähr wurden Begräbnisse der IRA von den britischen Sicherheitskräften mehr gefürchtet als republikanische Märsche und Demonstrationen. Sie fanden in ganz und gar kriegerischer Form statt, mit Männern in Uniform, Gewehr und Käppi auf dem Sarg, Fahnen und Schüssen in die Luft. Wie bei vielen Ritualen wurden bei den Begräbnissen der IRA Dinge als Tatsachen behandelt, die in Wirklichkeit hochumstritten waren, etwa daß die IRA einen legitimen Krieg kämpfte, daß es eine eigene IRA-Verwaltung parallel zur britischen gab, daß alle in einem gemeinsamen Kampf vereint waren, dessen Ziele von allen getragen wurden.

---

[2] Wakeman 1988, S. 256

Mischte sich die Polizei oder Armee ein und trat solchen Ansprüchen entgegen, beleidigte sie die Toten und nahm aus Rachsucht eine ungebührliche Vermengung von Politik und privaten Bekundungen der Trauer vor.

Selbst das individuellste Begräbnis läßt sich in den Dienst eines allgemeinen Anliegens stellen oder mit einem allgemeinen Sinn versehen. Vom Tode dieser oder jener Person läßt sich immer sagen, er markiere »das Ende einer Epoche«. In Großbritannien unterscheidet dies das öffentliche vom privaten Begräbnis. Jedes stereotypisierte, von Wiederholung geprägte Procedere aber vergeht sich gegen die Einmaligkeit des Ereignisses; der unpersönliche Fertigproduktcharakter des Krankenhaustodes verletzt unser Gefühl deshalb ebensosehr wie der Nullachtfünfzehn-Ritualismus des anschließenden Begräbnisses selbst.

Das englische Gesetz über die Behandlung von Mördern aus dem Jahr 1752 legte fest, daß die Leichen von Mördern anatomisch seziert werden sollten und bekräftigte damit die haltbare Verbindung, die im Geiste der Engländer Ehrbarkeit und »anständiges« Begräbnis eingegangen sind. In der frühen Neuzeit galt als angemessene Bestrafung für Hochverrat, daß den Übeltätern die Geschlechtsteile abgeschnitten, ihre Eingeweide herausgerissen und verbrannt, sie gehängt oder geköpft sowie zerstückelt und ihre Körperteile auf den Stadtmauern beziehungsweise Stadttoren öffentlich zur Schau gestellt wurden. Das war nicht einfach Ausdruck mangelnder Achtung vor dem Tod. Es war eine streng rechtliche Verfahrensweise. Damals konnte schließlich ein Leichnam noch wegen Schulden verhaftet werden. Cromwells Gegner machten zwar viel Aufhebens davon, daß er nach seinem Tod so rasch verwest sei, aber bemerkenswerterweise brauchte es trotzdem acht Beilhiebe, um den Kopf vom Rumpf zu trennen. Als der Kopf schließlich im Jahr 1960 im Sidney Sussex College in Cambridge beerdigt wurde, war er offenbar immer noch behaart.

Der Zeitung *Tchad et Culture* (Oktober 1992) ist zu entnehmen, daß sich die Bildung politischer Parteien in N'Djamena nachteilig auf das dortige Bestattungswesen ausgewirkt hat. Bei wichtigen Begräbnissen stellen sich nun scharenweise Politiker ein, die von den Trauergästen Wahlstimmen zu ergattern suchen. In der verzweifelten Hoffnung, ihre Unterstützung zu gewinnen, überschütten sie die Leidtragenden mit Geld, stellen ihnen Fahrzeuge zur Verfügung und entblöden sich nicht, eine nächtelange tränenreiche Totenwache an der Bahre von Menschen zu halten, die sie gar nicht gekannt haben.

Dies ist kein Einzelfall. Wir neigen allzu leicht zu der Annahme, daß die Bedeutung einer Person sich direkt in der Aufwendigkeit ihrer Beerdigung oder Beisetzung widerspiegelt. Das muß aber nicht so sein. Die Berawan in Sarawak bauen pompöse Grabmäler für die Gebeine unbedeutendster Personen, die nur dem Ehrgeiz aufstrebender Verwandter als Strohmann dienen.[3] Der Organisator der Bestattung, nicht der dafür in Anspruch genommene Gefolgsmann, erwirbt sich durch das eindrucksvolle Grab am Flußufer Ruhm und stärkt seine Stellung.

Im Mittelalter galt die Verwesung des Leichnams als Zeichen ganz allgemein der Sündhaftigkeit oder – bei Frauen – der Wollust. Um die Unverweslichkeit des Fleisches von Heiligen wurde deshalb ein solcher Kult gemacht, daß der Tote unter Umständen eine Art von Pseudoleben führte. Das Grab des Heiligen Cuthbert in Durham wurde wiederholt geöffnet, damit der Leiche die Haare gekämmt und die Nägel geschnitten werden konnten. In einer merkwürdigen Anpassung ihrer Argumentation an die Vorgaben der Kirche, haben deren Gegner häufig besonderes Gewicht auf die fleischliche Hülle des Heiligen und die Absurdität jeden Versuchs, ihr zu entrin-

---

[3] Huntington und Metcalf 1980

nen, gelegt. Beide Parteien in dieser Auseinandersetzung konzentrierten sich demnach auf das schwer faßliche Symbol des verweslichen Fleisches. In einem katholischen Kommentar zum Begräbnis der englischen Königin Elisabeth I. wird behauptet, die Verwesung der Toten habe so rasch eingesetzt, daß ihr Sarg explodiert sei.[4] Im Spanischen Bürgerkrieg richteten die Republikanischen Streitkräfte eine besondere Abteilung ein, die in eroberten Städten vorzugsweise die Exhumierung und öffentliche Zurschaustellung der verwesten Leichen von Nonnen organisieren mußte. Später schnappten sich die Peronisten in gegenteiliger Absicht den unverwesten Leichnam von Evita Peron und führten ihn auf zwei Kontinenten der Öffentlichkeit vor.

Im Gebiet des unteren Kongo gab es eine ziemlich ungewöhnliche Art von Sarg, die *niombo* genannt wurde. Bis in die dreißiger Jahre war beim Volk der Bwende die auffälligste Spielart dieser Sargform in Gebrauch. Um den Leichnam einer wichtigen Person, Mann oder Frau, zu trocknen, wurde er zuerst einem langen Räucherprozeß unterzogen. Die Missionare schilderten in grellsten Farben die gräßliche Szene, wie die Leiche des Verstorbenen von seinen schwarz beschmierten Frauen in der Hütte über kleinem Feuer geräuchert wurde, während die Frauen inmitten des erstickenden Qualms, des Gestanks und der Schwärme aufgedunsener Schmeißfliegen durchdringende Schreie ausstießen. Bis zu einem Jahr später, wenn der zusammengeschnurrte Leichnam keine Verwesungssäfte mehr produzierte, wurde er in Matten und Hunderte von Tüchern gehüllt, so daß eine riesige, ausladende Gestalt entstand, die unter Umständen das dreifache Volumen der ursprünglichen Person hatte. Die Tücher wurden von Schwägern und von Angehörigen der eigenen Gruppe des Toten beigesteuert. Dieses monströse Ebenbild wurde dann hell-

---

[4] Litten 1992, S. 42

rot angemalt und mit den Tätowierungen des Toten geschmückt; schließlich setzte man ihm einen weichen Kopf mit Häuptlingshut auf. Die Arme arrangierte man in Tanzpose. Begleitet von Musik, Tanz und Gewehrschüssen bestattete man die Gestalt dann in aufrechter Stellung in einer großen Grube. Am Boden der Grube wurden unter Umständen mehrere Sklaven festgebunden und lebendig mitbegraben.

Da es Informanten, die das Ereignis miterlebt haben, schon lange nicht mehr gibt, kann sich die Interpretationswut der Ethnologen ungehemmt austoben. In diesem Gebiet funktionierte Stoff so ähnlich wie eine Kreuzung aus Lebensmittelkarte und Geld; es entschied über den Zugang zu Frauen, Machtpositionen und gesellschaftlichem Ansehen. Daß Sippe und Anhängerschaft soviel Reichtum »in die Erde steckten«, konnte als machtvoller Beweis der Leistungskraft und Loyalität der einzelnen und der Gruppe gelten. Männer von Rang benutzten Geld aus Handelsgeschäften, um Kinder für sich selbst oder für ihre Sklaven zu kaufen; diese Kinder gehörten dann zur väterlichen, nicht zur mütterlichen Sippe, wie sonst der Fall gewesen wäre. Die Einschrumpfung des tatsächlichen Körpers des Verstorbenen und seine Ersetzung durch ein riesiges, aufgeblähtes Ebenbild, das praktisch aus »Geld« bestand, ließ sich als Triumph der persönlichen Initiative über die Sippenbande interpretieren: Was da entstand, setzte sich einfach nur »aus Geldstoff« statt aus der Materie der Sippe zusammen.

*

Die Bildwerke der ethnischen Kunst, die man so leichtfertig als »Ahnenfiguren« bezeichnet, beziehen sich selbst dort, wo sie tatsächlich auf die Toten gemünzt sind, in enorm vielfältiger Weise auf die jeweiligen Verstorbenen. Manche stellen ein physisches Objekt dar, in dem sich verschiedene Arten von Geistern dauerhaft oder vorübergehend niederlassen können.

Sie können auch dazu dienen, eine Lücke in der Welt auszu-
füllen, die der Tote hinterlassen hat, oder ihn zu verewigen.
Manchmal helfen sie intellektuell aus der Klemme, wenn jemand stirbt, der eine königliche oder göttliche Position inne-
hatte und nicht als normaler Sterblicher galt. Eine andere
Möglichkeit besteht darin, den königlichen Tod zu verleugnen und den Leichnam einzubalsamieren oder das Faktum
des Todes auf andere Art aus der Welt zu schaffen.

Bei den Antaisaka im östlichen Madagaskar wird der Tod
eines Herrschers geheimgehalten, das Begräbnis findet nachts
statt, und danach wird der Name des Verstorbenen geändert.
Die Shillkuk im Sudan lösen das Problem der Nachfolge im
Königsamt dadurch, daß sie nur einen unsterblichen König
haben. Nyikang, der Kulturheros, stirbt nie. Ein Anwärter auf
den Königsthron kämpft in einer symbolischen Schlacht mit
dem Heer des hölzernen Bildes von Nyikang, der ihn besiegt
und seinen Körper in Besitz nimmt. In einer weiteren Auseinandersetzung um Nyikangs Frau bleibt der neue König, der
Nyikang verkörpert, siegreich. Die Holzfigur kehrt in ihr An-
wesen zurück, um dort die nächste Nachfolge im Königsamt
zu erwarten. Das Wohlergehen des ganzen Königreichs steht
und fällt nach allgemeiner Überzeugung mit dem lebenden
König. Erkrankte er oder könnte er seine Frauen nicht mehr
befriedigen, dann – so will es die Überlieferung – würde er
lebendig eingemauert und damit still und heimlich aus der
Welt geschafft. Niemand bekäme je einen Leichnam zu Gesicht, und das Ebenbild von Nyikang müßte einfach wieder
in Erscheinung treten und die Lücke füllen.

*

Samosir, eine Insel im See Toba, die den Batak von Nordsu-
matra heilig ist, hat mittlerweile Anschluß an die Welt gefunden. In den sechziger Jahren geriet sie in den Sog der
Hippie-Wandertour und fand sich in duftenden Haschisch-

Rauch gehüllt, bis die Regierung entschied, daß es lukrativer sei, wohlhabenden Bürgern aus Singapur romantische Flitterwochen zu bieten, und auf der Insel aufräumte. Viele junge Inselbewohner sprechen bis heute ein amerikanisiertes Pop-Pidgin, bei dem jeder Satz mit »Echt, Mann, ej...« beginnt.

Vor der tanzenden Puppe, der *gale-gale*, gibt es kein Entrinnen. Überall wird sie für die Touristen herumgefahren. Sie stellt einen jungen Mann in traditioneller Tracht dar und hat das glatte, ebenmäßige Gesicht, das für alte indonesische Skulpturen typisch ist. Sie bewegt, neigt und dreht sich zu den Klängen der Musik. Hinter ihr bauschen sich Tücher, die den Bediener verbergen, der eifrig Stöcke betätigt und an Schnüren zieht, um die beweglichen Teile der Puppe in Gang zu setzen. Das Ganze ist ungefähr so überzeugend wie ein grünes Toupee.

Dazu wird die Geschichte von einem König erzählt, der einen über alles geliebten Sohn hatte. Es war der vollkommenste junge Mann, der je auf Erden lebte. Als er starb, wurde sein Vater vor Kummer fast wahnsinnig. Man schnitzte eine Statue, die dem Sohn aufs Haar glich. »Sie sieht aus wie er«, sagte der König zweifelnd, »aber er pflegte so schön zu tanzen. Die Statue tanzt nicht.« Ein kluger Mann sorgte also dafür, daß sie vor dem König tanzen konnte, und dieser war noch einmal glücklich, bevor er starb. Beifall. Ein Hut zum Sammeln geht herum. Man posiert Arm in Arm mit der Figur vor der Kamera.

Bevor sich die Batak vom See Toba zum Christentum bekehrten, galt ihnen die Welt nach dem Tode als ein kompliziertes, vielschichtiges Gebilde. Ein Mann ohne Kinder war für alle Ewigkeit zu einem niederen Rang verurteilt, mochte er im Diesseits noch so reich gewesen sein. Ohne einen Sohn hatte er schon Schwierigkeiten, überhaupt ordentlich beerdigt zu werden. Hatte also ein Mann von Bedeutung keinen Sohn oder überlebte er das Kind, so wurde statt dessen eine *gale-gale* angefertigt, um als sein Sohn zu tanzen. Manchen zufolge wurde der Schädel des verstorbenen Mannes an einem hölzernen Körper befestigt und erhielt eine Perücke, so daß auch er selbst tanzen konnte. Am Ende der Bestattungszeremonie, nachdem die Veranstaltung einen großen Teil der Habe des Verstorbenen verschlungen hatte, wurde die Puppe »kannibalisiert« – ein weiterer berühmter Brauch der Batak –, um Fruchtbarkeitsamulette zu liefern.

Ein Exemplar, das uns erhalten geblieben ist, hat einen hohlen Kopf, der sich mit nassem Moos füllen läßt, so daß die Puppe sogar Tränen vergießen kann. Und in den Touristenhotels von Parapat gibt es einen *gale-gale*-Puppenspieler, der glaubt, daß seine große Stunden geschlagen hat. »Breaktanz!«, flüstert er mir zu. »Ich bringe ihr Breaktanz bei. Mit steifen Holzarmen geht das hervorragend. Ich muß nur ins Fernsehen kommen, dann bin ich ein gemachter Mann.«

*

Jeremy Bentham sitzt in einer Kabine aus Holz und Glas, die auf Rädern montiert ist, im Klubzimmer des Lehrkörpers im Londoner University College. In der Hand hält er einen alten Spazierstock aus Haselholz, der auf den Namen Dapple hört. Auf dem Kopf trägt er den Hut, den er am liebsten trug. Sein Gesichtsausdruck ist der eines gutartigen Biedermannes und läßt nichts von der spießigen Unmenschlichkeit der meisten seiner Ansichten ahnen. Der utilitaristische Philosoph hat das beim Postmodernismus so beliebte Panoptikon entworfen, ein Gefängnis, dessen Insassen nichts voneinander mitbekommen, während die Gefängnisleitung über alles informiert ist. Im Tode allerdings sind nun die Positionen ins Gegenteil verkehrt. Wenn die Falttüren aufgeklappt werden, können die pichelnden Insassen des Colleges Bentham beobachten, während er selbst nichts wahrnimmt.

Als Bentham im Jahre 1832 starb, ließ er seinen Körper von

dem Chirurgen Southwood Smith »herrichten«. Tatsächlich besteht der »Körper« aus Wachs, während das Skelett bloß als Gerüst dient. Man fragt sich, was er mit dem Ganzen bezweckte. Sein wirklicher Kopf, der zu einer schwachsinnig grinsenden Fratze zusammengeschnurrt ist, wird in einem Kasten zu seinen Füßen aufbewahrt. Es heißt, daß er gelegentlich noch zu Ausschußsitzungen gekarrt wird und daß seine Diskussionsbeiträge mit denen der anderen Kommissionsmitglieder durchaus mithalten können.

In China führte die Mischung buddhistischer und taoistischer Elemente dazu, daß berühmte Priester zwecks Konservierung ihres Leichnams lackiert, gefirnißt oder mit Ton oder Gold überzogen wurden. Zuerst mumifizierte man den Körper, indem man ihn ausweidete und mehrere Jahre lang in einem geschlossenen Krug beizte. Wenn der Krug geöffnet wurde und man darin einen unverwesten Leichnam fand, konnte dieser sofort gefirnißt oder vergoldet werden und hielt dann mehrere Jahrhunderte lang. Oder man setzte auf die Kooperation des betreffenden Mönchs und ließ ihn vor seinem Tod fasten, damit sein Körper zuvorkommenderweise austrocknete und die nötige Präparation weniger aufwendig war. In anderen buddhistischen Gemeinden – insbesondere in Ipoh und in Singapur – lassen bis heute fromme Laien ihre Asche mit Zement vermischen und daraus ein Ebenbild ihrer Person fertigen – ein und derselbe Stoff, ein und dieselbe Form.

Dieser Brauch erinnert an eine Idee des Architekten und Denkers Pierre Giraud aus dem Jahre 1801. Er schlug vor, die Körper von Toten mit durchsichtigem Glas zu überziehen und auf diese Weise eine lebensechte Gußform von ihnen herzustellen. Solche Ebenbilder ließen sich zu einer lehrreichen Galerie des Ruhms zusammenstellen.

Bezeichnenderweise wurde von Einstein nur das Gehirn aufbewahrt und in Alkohol gelegt: den Geist entführte man als Reliquie, während man sich des Körpers als eines lästigen

Anhängsels entledigte. Auch das Gehirn von Lenin bewahrt man, wie erst vor einiger Zeit bekannt wurde, unabhängig vom einbalsamierten Körper auf, um es zu untersuchen und den Nachweis von Lenins einzigartiger Größe zu führen. Nach Jahren der Forschung mußte das mit der Untersuchung befaßte Wissenschaftlerteam zugeben, daß sich an dem Gehirn nicht die geringste Besonderheit feststellen ließ.

*

Im Mittelalter schlugen sich Theologen und Rechtsgelehrte ganz abstrakt mit Problemen der Zeit, der Dauer und der Ewigkeit, des Verhältnisses zwischen Personen und Vereinigungen, einzelnen und Gattung, Ämtern und Amtsinhabern, Heiligem und Weltlichem herum; was dabei herauskam, ist das üppigste Gemisch aus unzusammenhängenden und unplausiblen Ideen, das vor den Tagen der modernen theoretischen Physik die Welt gesehen hat. Eine Vorstellung, die in das semantische Gebräu Aufnahme fand, war die, daß sich die Beziehung zwischen einer Vereinigung und ihrem Oberhaupt der zwischen einem Kind und seinem Vormund vergleichen lasse, weshalb zum Beispiel die Kirche ein ewiges Kind blieb. Eine andere verbreitete Metapher war die vom Staatswesen als von einem Körper mit Haupt und Gliedern. Der Körper fuhr fort zu leben, auch wenn die einzelnen Glieder sich veränderten. In England war das Haupt der König, das Parlament stellte die Glieder. Wenn das »Haupt« selbst starb, wurde das Bild natürlich problematisch.[5] Der königliche Leichnam brauchte eine Behandlung, die den Kontinuitätsbruch überwand.

In den Jahren 1135 und 1272 kam es in England zu Aufständen aufgrund der Überzeugung, daß mit dem König auch »der Königsfriede« sterbe. Mit dem Tod des Königs gab es

---

5 Kantorowicz 1957

schlicht und einfach kein Gesetz mehr. Das war nicht nur in England so. Im Jahre 1705 notierte Bosman über die Stadt Ouidah in Benin: »Sobald der Tod des Königs in der Öffentlichkeit bekannt wird, stiehlt jeder beim Nachbarn, was das Zeug hält, ... ohne daß irgend jemand Strafen verhängen kann, als sei mit dem König auch das Gesetz gestorben.« Seit dem 14. Jahrhundert trug man dieser Sicht der Dinge strengstens Rechnung: Man nahm die Richter eigens von der Trauerpflicht aus, weil »mit dem Tode des Königs das Recht nicht erlischt«.[6]

Mit dem neuen Haupt, das die Krone trug, ergab sich ein weiteres, höchst dringliches Problem. War ein König vor seiner Krönung ein König, und wie stand es um das Verhältnis zwischen Krone und König? Ehe die Franzosen von den Engländern die Sitte der Grabfiguren übernahmen, bestatteten sie ihre königlichen Toten mit der Krone auf dem Kopf, um deutlich zu machen, daß, rechtlich gesehen, der König niemals starb. Der neue König bekam dann unter Umständen seinen Vorgänger nicht einmal in bildlicher Form zu sehen, weil sie beide das gleiche Königsamt verkörperten. Eine andere Lösung bestand darin, die Existenz von *zwei* Kronen anzunehmen, einer sichtbaren und einer unsichtbaren. Legitimität verlieh die letztere – die ewige, die durch das Königshaus vererbt oder von Gott gegeben wurde.

Auf diesem Nährboden gedieh die höchst merkwürdige Idee der Tudors, daß der König nicht nur einen, sondern zwei Körper habe. »Denn der König birgt in sich zwei Körper, nämlich einen Naturkörper und einen Staatskörper. Sein Naturkörper (wenn für sich betrachtet) ist ein sterblicher Körper, allen Gebrechen ausgeliefert, die ihm von Natur oder durch Zufall widerfahren, ein Opfer des Schwachsinns der frühen Kindheit und des hohen Alters und ähnlicher Unvollkommenheiten, denen die Naturkörper anderer Menschen

---

[6] Kantorowicz 1957, S. 418

unterworfen sind. Sein Staatskörper hingegen ist ein Körper, der sich nicht sehen und mit Händen fassen läßt, der aus Politik und Regierung besteht und eingerichtet ist, um das Volk zu lenken und für das Gemeinwohl zu sorgen; dieser Körper ist vollständig frei von Kindheit oder hohem Alter und anderen natürlichen Gebrechen und Verwirrungen, denen der Naturkörper ausgesetzt ist, und das ist der Grund, warum alles, was der König in seinem Staatskörper tut, von etwaigen Beeinträchtigungen seines Naturkörpers weder entkräftet noch vereitelt werden kann.«[7]

Wir dürften geneigt sein, in diesen Formulierungen einen bloßen bildlichen Ausdruck für den Unterschied zwischen Amt und Amtsinhaber zu sehen, aber in Tudorzeiten verstand man das ganz buchstäblich. Deshalb konnte das Parlament im Namen des Königs Truppen ausheben, um gegen den König zu Felde zu ziehen, oder es konnte seinen Naturkörper hinrichten lassen, während es seinen unsterblichen Staatskörper bewahrte. Eide allerdings mußten dem Naturkörper geschworen werden, weil der Staatskörper über keine Seele verfügte.

Beim Tod trennten sich die beiden Körper – ein Vorgang, für den der Fachausdruck *demise* (Amtsübergabe, Übertragung der Krone) lautete. Der Naturkörper wurde in einen Sarg gelegt und sein Verfall den Blicken der Öffentlichkeit entzogen, während der Staatskörper als ein mit den königlichen Gewändern und der Krone bekleidetes Ebenbild oben auf dem Sarg zur Schau gestellt wurde und dort bis zur Bestattung blieb. Für diese Prozedur gab es klassische Vorbilder. Beim Tode des Augustus wurden zwei Statuen von ihm angefertigt und die eine im Triumphwagen durch die Stadt geführt, die andere – goldene – in den Senat gebracht. Andere, tönerne Statuen von Verwandten und vornehmen Römern umringten das Standbild des Augustus und kündeten von sei-

---

[7] Plowden 1816

nem Platz im Triumphzug der römischen Geschichte, während der von unangnehmer Verwesung befallene Körper den Blicken entzogen blieb.

In der elisabethanischen Zeit ließ man den unsichtbaren Staatskörper beim Tode in einer Umkehrform sichtbar und unanfechtbar werden, die Berichterstatter der damaligen Zeit amüsierte. Einige Jahre lang war es statthaft, bei Begräbnissen von Bischöfen doppelte Ebenbilder zu verwenden und den Toten ins Grab mitzugeben. Oben lag der Kirchenmann im vollen Ornat, unten ein Bild des verwesenden Leichnams.

Wir sehen in diesen Bildern im Zweifelsfall eine Mahnung, der Eitelkeit weltlichen Erfolgs und der Hohlheit menschlichen Vollbringens eingedenk zu bleiben. Zur damaligen Zeit dürften sie dank der physischen Beziehung zwischen Ebenbild und Körper, die sie widerspiegelten, eher im gegenteiligen Sinne verstanden worden sein, nämlich als Bestätigung der Ewigkeit des bischöflichen Amtes und der Bischofswürde.

Der heutigen englischen Königin werden offensichtlich nicht mehr zwei Körper zugeschrieben. Immerhin aber hat sie noch zwei Geburtstage, einen offiziellen und einen privaten, und hängt zwei Religionen an, der schottischen und der englischen, je nachdem, in welchem der beiden Länder sie sich gerade aufhält. Kein Wunder, daß sie »Wir« sagt, wenn sie von sich redet.

Der »zerlumpte Haufen« der britischen Grabfiguren treibt sich noch immer in der Gruft von Westminster Abbey herum. Nach ihrem großen Auftritt wurden die Figuren ihrer Krone, ihres Zepters und ihres Schmuckes beraubt, und es ging rasch mit ihnen bergab: Sie endeten als Peepshow, mit der die Chorherren von Westminster Abbey sich ein kleines Zubrot verdienten. Als das echte Ebenbild von Elisabeth I. verschwand, ließen sie ein spitzgesichtiges neues anfertigen, um sich ihre Einnahmen zu erhalten; später kamen Pitt und Lord Nelson als Kassenschlager dazu. Den französischen

Grabfiguren ging es sogar noch dreckiger. In der Revolution fielen sie zusammen mit Heiligenstatuen der allverschlingenden Guillotine zum Opfer.

Mit der englischen Restaurationszeit nach Cromwell wurde die Grabfigur von ihrem Platz auf dem Sarg vertrieben und dort durch das erfolgreichere Sinnbild der Krone ersetzt. Sie war jetzt dazu verurteilt, bei ihrem eigenen Begräbnis wie ein verlegener Trauergast dumm herumzustehen. Karl II. macht zwar noch eine Art Kratzfuß, wirkt aber nur wie eine schlechte Kopie von Errol Flynn. Er ist natürlich aus Wachs. Die früheren Exemplare sind aus Holz oder aus gipsverkleidetem Mörtel, die Körper aus Holz, Leder, Leinwand, Stroh und Polsterung.

Aufs Ganze gesehen, sind die königlichen Herrschaften nicht sehr eindrucksvoll. Das Auffälligste an den Abbildungen, die wir aus dem 19. Jahrhundert von ihnen haben, sind die Vitrinen, auf denen der Reif der kunstvollen Graffiti liegt, die Besucher mit ihren Juwelen in das Glas geritzt haben, große Wirbel und Schnörkel, die einem Zug der New Yorker Untergrundbahn Ehre machen würden. Heute finden sich nur noch einige wenige auf dem Glas, das den Herzog von Buckingham einschließt. Edward III. ist in der unbequemen Haltung eines Mannes zu sehen, der gerade Kniebeugen macht; die eine Hälfte seines Gesichtes ist gelähmt vom ersten der Schlaganfälle, die sein Ende waren; seine Perücke, sein Bart und seine Augenbrauen, die »aus den Haaren eines kleinen Hundes gefertigt waren«, sind verschwunden. Maria I. aus dem Hause Tudor, deren hölzerner Körper[8] mittlerweile den Weg allen Fleisches gegangen ist, erinnert uns mit ihrem eifernden Gesicht an die Sektierer, die von Zeit zu Zeit an der Wohnungstür klingeln. Wäre ihr Ruf besser, sähen wir vielleicht Apfelbäckchen und schelmische Augen. Aus den Ebenbildern der Toten ihren Charakter heraus-

---

[8] Hope 1907

lesen zu wollen ist so, als versuche man, sich von Leuten, mit denen man nur telefonischen Kontakt hat, ein Bild zu machen, um sich dann unsinnigerweise zu beklagen, daß ihr Aussehen nicht ihrer Stimme entspricht. Aber sogar der alte, ausgestopfte Papagei der Herzogin von Richmond macht einen bekümmerten und unbehaglichen Eindruck. Anna von Dänemark (die Frau Jakobs I.) ist vollbusig und pickelig. Anna von Böhmen und Katharina von Valois wirken beide schwachsinnig und so, als seien sie besser in der Klapsmühle aufgehoben als der Fürsorge in der Gemeinschaft überlassen. Katharina war die Frau Heinrichs V., und ihr Körper erlitt ein noch unrühmlicheres Schicksal als ihre Grabfigur. Sie wurde 1437 einbalsamiert und wegen aller möglichen Verfahrensschwierigkeiten erst 1878 begraben.[9] In der Zwischenzeit stellte ihr konservierter Leichnam, der in einem Kasten aufbewahrt wurde, eine Touristenattraktion dar. 1668 gab ihr Samuel Pepys einen Kuß. »Ich hatte ihren Oberkörper in Händen und küßte sie wirklich und wahrhaftig auf den Mund im Bewußtsein, daß ich eine Königin küßte.«

Die Perle in der Sammlung von Westminster Abbey ist Heinrich VII., mit großartigem Gipskopf und einem gerippten, ramponierten Hals; er starb im hohen Alter von zweiundfünfzig. Eine verklebte Augenbraue deutet darauf hin, daß es sich um eine Totenmaske handelt und die Haare der Leiche zu stark eingefettet wurden, als man vom Gesicht den Abdruck nahm. Es ist ein gutes ehrliches Gesicht, das einem über die Jahrhunderte hinweg offen in die Augen schaut, kernhaft britisch, ungekünstelt, grundanständig. Plötzlich geht einem auf, daß man, abgesehen von dem fehlenden Grübchen, das gespuckte Abbild von Kirk Douglas vor sich hat.

---

[9] Litten 1992, S. 41

*

Es war stockdunkel und ein bißchen unheimlich, in einer mondlosen Nacht vor den Grabhöhlen zu warten. Nebel kroch vom Fluß herauf und ergoß sich in die Mulde – es war wie in einem billigen Gruselfilm. Der Freund, der mit mir gekommen war, hatte es sich auf den abgekühlten Felsen bequem gemacht, rauchte schweigend und vollführte ab und zu mit dem Hals ein paar ruckartige Bewegungen; die Indonesier sind der Ansicht, das tue dem Hals gut. Er hatte mich gewarnt, ich solle mich ja nicht daneben benehmen: Falls ich irgendwelche Witze über Gespenster riß, werde er auf seinem Motorrad losflitzen, und ich könne allein und zu Fuß heimkehren. Die Toraja auf Sulawesi verfertigen nach wie vor fast lebensgroße Grabfiguren von Vornehmen, *tau-tau*, die vor den Gräbern stehen, in denen die Gebeine aufbewahrt werden; und dies war offenbar der Weg, wie man eine Figur käuflich erwarb. Über meinem Kopf gab es ganze Formationen von ihnen, die aufrecht auf Balkonen standen, mit winkend erhobenen Händen wie königliche Familien, die für den Fotografen posierten. »Eine Hand gibt; eine Hand nimmt.« Sie tragen Kleider und Hüte und bevorzugen traditionelle Frisuren mit gelocktem Haar, das aus der Innenrinde der *Induk*-Palme gefertigt ist.

Mein Freund erstarrte. Seine Ohren waren schärfer als meine. Eine Gestalt glitt neben mir auf den Felsen und stand da, als käme sie aus dem Nichts. Er war ganz in Schwarz gekleidet, und ich konnte nur seine weißen Zähne erkennen, wenn er lächelte. Wir gaben uns die Hand.

»Ich fürchtete schon, Sie würden nicht kommen.«

Es war seltsam. Ich fühlte mich hier völlig sicher.

»Die *tau-tau*«, sagte er. »So nennen wir sie. *Tau* bedeutet ›Mann‹; bei der Verdopplung kann es sich um die Verkleinerungsform ›Männchen‹ handeln oder aber sie bedeutet vielleicht ›wirklicher, echter Mann‹. Die Meinungen gehen auseinander.«

»Sie sind Lehrer«, sagte ich.

»Ich war Lehrer.« Einen Augenblick lang wirkte er verärgert. »Wie sind Sie darauf gekommen? Jetzt schnitze ich.«

»Haben Sie welche von diesen geschnitzt?« Ich wies in Richtung der Figuren, die über uns aufragten.

»Manche sind alt. Manche habe ich geschnitzt. Wollen Sie eine neue oder eine alte?«

»Verstehen Sie bitte. Ich möchte zwei neue, eine männliche und eine weibliche, und ich brauche die dazugehörigen Papiere mit allen Stempeln. Es muß amtlich sein.«

»Sie haben recht. Neue sind besser, sorgfältiger gearbeitet. Aber ... die meisten Touristen wollen alte. Sie brauchen keine Hemmungen zu haben. Die Sache läßt sich machen. Wissen Sie, Kopf und Arme sind abnehmbar und lassen sich im Gepäck verstecken. Ich habe die Auktionspreise in Holland gesehen. Sie sind sehr teuer.«

Heutzutage werden die Figuren immer naturalistischer. Sie tragen Brillen, und man erkennt Warzen und Runzeln. Früher hatten die Figuren für die Vornehmen geometrische Gesichter, zeigten aber die Tätowierungen des Verstorbenen. Der Stil hat sich verändert, weil die Holzschnitzer zur Ausbildung nach Bali geschickt werden. Das ist eine der Konsequenzen einer unsinnigen Regierungspolitik, derzufolge die Religion der Toraja »hinduistisch« ist. Aber sei's drum. Wenigstens ist die Religion damit offiziell anerkannt und genießt staatlichen Schutz.

»Nein, es ist regierungsamtlich«, sagte ich. Man wird sie in Ujung Pandang kontrollieren. Ich möchte keinen Ärger. Der Verkauf der alten ist verboten.«

Ich reichte ihm eine Zigarette, und im Schein des brennenden Streichholzes sah ich einen scharf blickenden, drahtigen Mann Mitte vierzig. Er klang erneut verärgert.

»Die Regierung hat kein Recht, zu sagen, was wir tun dürfen. Wem gehören diese Figuren? Der Regierung sind sie egal. Es ist nur wegen der Touristen. Sie hat Angst, daß die Touristen nicht mehr kommen, wenn die Figuren nicht zu sehen sind.« Seine Stimme sank zum Flüsterton herab. »Das Ministerium hat mich früher dafür bezahlt, Fälschungen zu machen, um sie vor den Gräbern aufzustellen. Die Touristen merken den Unterschied nicht. Sind Sie Katholik oder Protestant?«

Immer mehr moderne Toraja treten einer aus der bunten Vielzahl von antiquierten christlichen Kirchen bei, die der Westen exportiert. In einem Land, in dem die Religion die Rolle eines Personalausweises spielt, bleiben nur asoziale Irre konfessionslos. Der katholischen Kirche scheint es egal zu sein, ob ihre Schäfchen Grabfiguren aufstellen, vorausgesetzt, sie tun es im rechten, nicht des Götzendienstes verdächtigen Geiste. Manche protestantischen Gruppen gestatten die Teilnahme an Begräbnisfesten, wollen aber von einem Büffelopfer für den Toten nichts wissen, während andere die Aufstellung eines *tau-tau* verbieten. Manche sehen in der Figur eine Erinnerung an den Toten, für manche tritt sie an die Stelle des verwesten Leichnams, manche leugnen überhaupt jeden Zusammenhang mit den Verstorbenen und bezeichnen die Figur als einen »Wächter« oder einen »Diener«, der den Toten in der anderen Welt aufwarten soll.

»Ich bin Protestant«, erklärte ich der Einfachheit halber. »Wie ist es mit Ihnen?«

»Ich auch.« Es folgte ein Schulterklopfen unter Glaubensgenossen.

»Ich habe gehört, es wurden letztes Jahr einige *tau-tau* von hier gestohlen.

Er seufzte, tat einen tiefen Zug und blies den Rauch in die Luft. »Sie müssen nicht alles glauben, was Sie hören. Oft will sie die Familie verkaufen und darf nicht. Oder zur Familie gehört ein alter Mann, der nicht einverstanden ist. Also sorgen wir dafür, daß die *tau-tau* ›gestohlen‹ werden. Es gibt einen Mann in der Stadt, der hat Kontakte nach Bali. Er hebt sie ein oder zwei Monate lang auf. Wenn es keinen Ärger gibt, leitet er sie weiter. Wissen Sie, daß die Figuren von Zeit zu Zeit erneuert werden müssen, weil sonst die Toten zornig werden? Also kauft man bei mir für wenig Geld eine neue, verkauft die ramponierte für viel Geld ins Ausland, und alle sind zufrieden. Die Toten sind zufrieden. Die Lebenden sind zufrieden. Eine Hand gibt; eine Hand nimmt. Die Kinder können zur Schule gehen. Die Steuern können bezahlt werden. Nur die Regierung ist nicht zufrieden.« Das klang alles sehr vernünftig, klang nach dem Aufschrei eines lebendigen Menschen, dem es nicht gefiel, in ein »Museumsstück« verwandelt zu werden, damit fremde Leute kamen und Fotos machten. Mir war bekannt, daß die *tau-tau* dem Bauern, der sie im Blickfeld hatte, während er im Reisfeld arbeitete, zunehmend zu schaffen machten. Es konnte durchaus passieren, daß er in ihnen eine unliebsame Erinnerung an heidnische Tage sah und gleichzeitig Angst hatte, die Toten zu vernachlässigen. Offenbar war unsere geschäftliche Besprechung zuende. Der schnitzende Schullehrer glitt vom Felsen und streckte eine Hand aus.

»Kommen Sie morgen wieder. Wir können die Sache bei Tageslicht unter den Augen des Polizisten verabreden. Je öffentlicher wir es machen, um so mehr wird er sich ärgern und um so weniger wird er wissen, woran er ist. Vergessen Sie nicht das Foto.»

»Foto?«

»Das Gesicht des Toten, damit ich es schnitzen kann.«

Es gibt nicht viele Augenblicke im Leben, die einem Gelegenheit geben, zu bedauern, daß man nicht ständig Fotos von seinen Feinden mit sich herumschleppt. Als ich ein paar Tage später wiederkam, hatte er aus dem Stegreif Entwürfe gemacht. »Gesichter aus der Zeitung. Ich weiß nicht, wer sie sind.« Die Frau war fast mit Sicherheit Golda Meir, der Mann hatte eine verblüffende Ähnlichkeit mit Prinz Charles.

7 Fester Wohnsitz:
Zeit, Ort und Tod

>»*Es ist Quatsch, als Toter in Llanstephan zu*
> *liegen‹, sagte er. ›In Llangadock ist das Terrain*
> *bequem; du kannst mit den Beinen zucken,*
> *ohne daß sie gleich im Meer landen.‹«*
> Dylan Thomas (1914–53)

Der Freundeskreis des Friedhofs Highgate in London bemüht
sich um die Bewahrung stilvollen Verfalls; hier haben wir einen Friedhof, der lebt und wohlauf ist. An den meisten Wo-
chenenden kann man Freiwillige in grünen Gummistiefeln
bei der Arbeit sehen, wie sie die schlimmsten Laubaus-
wüchse wegharken und den Efeu zurückdämmen, der sich
mit proletarischem Eifer vermehrt. Zurückschneiden, aber
nicht zuviel, sanft steuern, aber ja nicht den Charakter zerstören! Es ist, als sähe man dem britischen Statthalter in Indien dabei zu, wie er den schlimmsten »Auswüchsen« des
Subkontinents wehrt. Innerhalb der Friedhofspforten erscheint der Tod nicht als modriges Verfaulen, sondern als ein
Vorgang veredelnder Patinabildung.

Auf den Gräbern selbst wimmelt es nur so von in Stein ge-
hauenen Tieren. Osterlämmer und Tauben sonnen sich im
Glanze ihrer zarten Unschuld. Der schlafende Hund des

Faustkämpfers Thomas Sayers ruht Wange an Wange mit dem Pony des »Hofabdeckers« der Königin Viktoria. Der Löwe Nero, der einst der ganze Stolz des Tierschaustellers George Wombewell war, döst vor sich hin, als läge er am Kaminfeuer. Die großen Friedhöfe des 19. Jahrhunderts, die Personen von Stand Gelegenheit bieten sollten, herumzuschlendern und zeitlos schöne Kunstwerke zu bewundern, werden jetzt dank des politischen Drucks von Freundeskreisen in Naturreservate zurückverwandelt, in Zufluchtsorte für *wilde* Tiere und Pflanzen und in einen Beweis dafür, daß alles sich wandelt, sogar der Tod. In Highgate werden klassische Gesimse zur Brutstätte für bedrohte Arten, und die Reisegruppen, die von angenehm bekloppten Freiwilligen herumgeführt werden, sehen sich von einer trächtigen schwarzen verwilderten Katze begleitet, die wie ein Hausgeist aus zerklüfteten Mausoleen auftaucht und wieder in ihnen verschwindet.

Beim Eingang wird umständlich Wechselgeld aus kleinen Büchsen herausgekramt; man legt demonstrative Abneigung gegenüber dem Mammon und die Beschäftigung mit ihm an den Tag. Bücher werden verkauft, aber niemand weiß genau, was sie kosten. Der Umgang mit Geld ist einem irgendwie »peinlich«.

Restauriert wird unsystematisch, abhängig von individuellen Zuwendungen und gezielten Sammelaktionen, so daß jeder neue Flicken den eklatanten Verfall des übrigen ins Licht rückt. Mit den Prominenten unter den Toten wird geprotzt wie mit den »Ehemaligen« einer Eliteschule; jeder Name dient zur Verstärkung des Eindrucks, daß der Friedhof Highgate eine gute Adresse ist. Mögen Kulturen noch so sehr vom Individualismus geprägt sein, die Toten werden dennoch für etwas Allgemeineres vereinnahmt, in diesem Fall für den großen Aufzug der britischen Geschichte. Die lesbische Schrifstellerin Radclyffe Hall, die ihre Gruft mit ihrer Geliebten teilt, ist zur »Feministin« aufgeputzt. Eine steinern blickende Anhängerschaft hat sie renoviert und ihr Gewölbe frisch verputzt. Einem Militär hat man seine Kanonen ausgebessert.

Auf der gegenüberliegenden Seite der Straße liegen im Kreise des Proletariats und seiner Lehrer Leute mit restaurierten Grabsteinen und Plastikblumen. Karl Marx und Herbert Spencer liegen Seite an Seite und geben damit dem Volksmund Anlaß, sie nach der bekannten britischen Handelskette als »Marks & Spencer« zu titulieren.

Die Entscheidung über den Begräbnisort ist nie willkürlich. Sie ist eine eindeutig klassifikatorische Handlung und eine Aussage darüber, wo die Toten hingehören. Bei den Nuer im Sudan werden mißgestaltete tote Säuglinge behutsam am Fluß niedergelegt und so den Nilpferden zurückgegeben, die ihre eigentlichen Väter sind; mit anderen Worten, sie werden dem Tierreich zugeschlagen. In einer vergleichbaren wahlverwandtschaftlichen Zuordnung der Charaktere soll Hugh Heffner ein Vermögen ausgegeben haben, um die Grabstelle neben dem Grab von Marilyn Monroe zu erstehen.

Seit der Reformation gibt es im Westen eine zunehmende Tendenz, die Lebenden und die Toten zu trennen, eine Tendenz, die sich mittlerweile auch auf das Verhältnis von Lebenden und Sterbenden erstreckt. In der Welt hat es stets Wanderungen großer Menschenmassen, den Ortwechsel von Auswanderern, Flüchtlingen und Deportierten gegeben; aber es sind keineswegs nur die Lebenden, die bei politischen Veränderungen manchmal das Feld räumen müssen. Auch die Toten, vor allem die prominenten Toten, müssen es hinnehmen, daß ihre sterblichen Überreste hin und her transportiert werden, um sie mit den neuen Landkarten der Noch-nicht-Toten in Übereinstimmung zu bringen und deren Ansprüchen historisches Gewicht zu verleihen.

Friedrich der Große wurde in einem neudefinierten Deutschland umgebettet. General Sikorski überführte man als Unterpfand der wiederhergestellten Unabhängigkeit und demokratischen Verfassung des Landes zurück nach Polen. Das geschrumpfte Herz von König Boris wurde mit großem Pomp neu beerdigt, um zu demonstrieren, daß Ungarn sich aus dem gesichtslosen Ostblock löste und seine nationale Identität zurückgewann. Von den russischen Romanows hätte man annehmen können, sie seien ein für allemal verschwunden. Schließlich wurden sie erschossen, verbrannt, in Schwefelsäure getaucht und von einem Lastwagen, der sie mehrfach überfuhr, zu Staub zermahlen. Jetzt sind durch eine DNS-Analyse an Hand von Vergleichsproben, die der Herzog von Edinburgh lieferte, kleine Überreste genetisch identifiziert worden; es existieren Pläne, für diese Überreste und die wiederbelebte Erinnerung an die Romanows in Jekaterinburg, dort, wo sie hingerichtet wurden, eine Kirche zu bauen, einschließlich Grabstätten und einem riesigen Touristenkomplex. Unterdessen hat man den reinen, unverweslichen Leichnam Lenins, von dem das Gerücht geht, er sei eine bloße Fälschung in Wachs, aus seinem Mausoleum im Kreml entfernt und den Augen der Öffentlichkeit entzogen; er wird wohl dem geächteten Stalin nachfolgen und in einem schlichteren Grab landen. Die Vertreibung des fehllosen Gründers des kommunistischen Staatswesens aus dem Zentrum der politischen Macht ist ohne Frage ein redendes Symbol dafür, wie sehr sich seine Stellung im Leben Rußlands verändert hat. Die Mumifizierung des Leichnams war im Grunde Ausdruck der Mumifizierung der kommunistischen Lehre und der ganzen toten Last der staatlichen Verhältnisse. Seine von Staats wegen verfügte Beerdigung überantwortet der Vergangenheit weit mehr als bloß seine Gebeine.

In China dienen die Gebeine der Toten als Wege für *fengshui*, die Kräfte des Windes und des Wassers, die Segen oder Unglück bringen. Die Gebeine werden Bestandteil des aktiven Gesamtbildes der Landschaft; ihr Vorhandensein kann als Argument gegen den Weiterbau eines Gebäudes oder für die Erhaltung eines Ausblicks geltend gemacht werden. Interessanterweise wird das häufig als der Beginn einer Umweltbewegung westlichen Stiles in China mißverstanden und entsprechend optimistisch registriert.

Jede Einwanderergruppe erreicht früher oder später den Punkt, wo sie ihre Toten nicht mehr »in die Heimat« schickt; das Begräbnis wird dann zum Akt einer Neubestimung der eigenen Identität. Alternativ dazu kann man die »Heimat« zum Toten bringen. Seit der Diaspora wurden Juden traditionell in Erde aus dem Heiligen Land begraben. Bis zum heutigen Tag kann man Tüten davon kaufen, um sie über den Sarg zu schütten; aus diesem Brauch erklärt sich die ansonsten unerklärliche und zu Mißverständnissen Anlaß gebende Tatsache, daß im Mittelalter angesehene Leute als »Schmutzhändler« bezeichnet wurden.

Im Westen empfindet man Tote als extrem fehl am Platze; Bestattungsunternehmer bieten einen Kundendienst rund um die Uhr an, der verspricht, die Leiche binnen Stunden aus dem Haus zu schaffen. Nach traditionellem chinesischem Brauch mußte ein Tod im familiären Bereich um jeden Preis vermieden werden. In Kanton standen besondere Gebäude zur Verfügung, wohin die Kranken geschafft werden konnten, damit sie dort starben. Es ist gar nicht so lange her, daß man in Sago Lane in Singapur solche Gebäude noch sehen konnte. Die Massai trieben das so sehr ins Extrem, daß sie nicht nur ihre Leichen in den Busch verfrachteten, sondern daß innerhalb des Hauses auch nicht einmal eine Maus getötet und bei Überfällen auf andere Dörfer kein Feind innerhalb eines Anwesens verfolgt werden durfte.

Die räumliche Lage eines Grabes verrät viel darüber, wo der Tod auf den Landkarten anderer Kulturen verortet ist. In Samoa sind vorhandene Ahnengräber der beste Beweis dafür, daß sich der Grund und Boden in dauerhaftem Besitz befindet. Daß wir eine Bestattung der Toten in unserer Mitte immer weniger schätzen, sagt viel über unsere schwindende

Verwurzelung und Ortsgebundenheit aus. Wenn in den Anfangsjahren des Christentums in England jemand starb, während er die ziemlich ausgedehnte Bekehrungsprozedur durchlief, wurde er in der Weise begraben, daß seine Füße außerhalb der geheiligten Erde des Kirchhofs zu liegen kamen und sein Kopf innerhalb des Bezirks; das sollte deutlich machen, woher der Verstorbene kam und wonach ihm »der Kopf stand«. Bis ins 19. Jahrhundert war es sogar in Nordeuropa noch üblich, daß Leichen ausgegraben wurden, wenn das Fleisch verwest war, so daß sich das Eigentum an einem Grab nur über eine kurze Zeitspanne erstreckte. Im 19. Jahrhundert brachten entsetzlich detaillierte öffentliche Untersuchungen den Skandal ans Licht, daß in Londoner Friedhöfen Leichen, die kaum erst begraben und noch mitten in der Verwesung waren, ausgegraben und in Stücke zerhackt wurden. Nach den damals eingeführten neuen Bestimmungen wurde das Recht auf die Grabstätte zu einem zeitlich unbegrenzten Eigentumsrecht, mit dem Ergebnis, daß wir heute die Störung der Totenruhe als etwas Schreckliches empfinden und es sogar ablehnen, wenn versucht wird, sich Zugang zu Wracks zu verschaffen, die mehrere Kilometer unter dem Meeresspiegel auf dem Grunde des Atlantik liegen. In einer merkwürdigen Umkehrung betrachten wir jetzt die Toten als Garanten der Grundrechte der Lebenden, indem wir argumentieren: »Wenn sogar die Toten ›gestört‹ werden dürfen, welche Chancen haben dann die Lebenden, sich ihren Privatbereich zu erhalten?«

Gräber nehmen oft die Form von Häusern an, und vielfach gilt, daß diejenigen, die unter einem Dache leben und schlafen, auch zusammen begraben werden sollten. Das meiste, was wir von der etruskischen Architektur wissen, stammt absonderlicherweise aus den Gräbern, die Spiegelbild der Form normaler Wohnhäuser sind. Es ist, als verdankten wir unsere Kenntnis der Stadt London im 19. Jahrhundert ausschließlich einer Rekonstruktion der Überbleibsel des Friedhofs Highgate. Aber wie bei allen bildlichen Darstellungen stellt sich auch beim Grab als einem Abbild des Familiendomizils die Frage nach der Wirklichkeitstreue der Abbildung. Bei unseren Familien gehen wir davon aus, daß sie normalerweise nur ein sexuell aktives Paar umfassen. Wenn die Kinder die Geschlechtsreife erreichen – als Kennzeichen dafür, daß sie erwachsen sind –, werden sie ausquartiert. Nur mit der dichterischen Freiheit von Familienserien im Fernsehen ist es vereinbar, daß mehrere Generationen als Dynastie unter ein und demselben Dach leben. Für uns haftet der Familiengruft ein Hauch von posthumem Inzest an. Mit dieser Haltung stehen wir nicht allein. Die Sakalava auf Madagaskar verbieten es Paaren, die durch Inzestschranken getrennt sind, gemeinsam Gräber zu besuchen.

Vor ein paar Jahren erhielt in einem Londoner Bezirk diese Übertragungsfigur eine interessante Zuspitzung, als dort für Friedhöfe agitiert wurde, die ausschließlich Frauen und Lesben vorbehalten sein sollten. Manche legen offenbar Wert darauf, daß sie im nächsten Leben ausschließlich mit ihresgleichen verkehren können.

Nicht nur die Lebenden können sich durch die Toten verunreinigen; das kann auch den Toten selbst passieren. Wenn die Antaimanambondro ihre Toten in Furchengräbern beerdigen, dann sorgen sie dafür, daß die Leichen, die dort bereits liegen, herausgenommen und die neuen zuunterst gelegt werden, damit sich die alten an den Neuankömmlingen nicht verunreinigen. Sogar im Tode gibt es Rangordnungen.

*

Nachdem man Isebel von den Mauern gestürzt hatte, wurde ihr Leichnam von Hunden gefressen; das Alte Testament läßt keinen Zweifel daran, daß dies ein angemessener Tod für eine schamlose Frau war. Von Tieren gefressen zu werden war eine passende Schändung, ein Akt, durch den sie als Aas eingestuft wurde. Das Schicksal des Herzogs von Orleans war unverdienter. Als 1723 seinem Leichnam des Herz entnommen wurde, um es zeremoniell zu bestatten, machte sein Lieblingshund, eine Dänische Dogge, einen Satz durch das Zimmer und verschlang voll Begeisterung gut ein Viertel davon.

»Den Würmern ein Fraß« zu sein ist immer noch die schlimmste Vorstellung, die wir mit dem Tod verbinden; wir sind auch heikel genug, Aas als ungenießbar einzustufen und auf diese Weise einem sekundären Kanibalismus vorzubeugen, wie es in England auch ein Gesetz gegen »zweimal verkaufte Lebensmittel« gibt. Andere gehen noch weiter. Im 19. Jahrhundert erwarb sich der Naturforscher Charles Waterton einen Ruf als Exzentriker, weil er für die Zeit nach seinem Tod den Verzehr von Enten auf seinem Landgut verbot. Dahinter stand die Überlegung, daß Enten Würmer fressen und die Würmer ihn gefressen haben würden, so daß jeder beim Genuß von Entenfleisch Gefahr lief, indirekt sein Fleisch zu verzehren.

In der altenglischen Literatur bestand das Los des in der Schlacht Unterlegenen darin, von den »Tieren der Schlacht«, den Raben und Wölfen, gefressen zu werden; damit verknüpften sich die furchterregenden Vorstellungen von einem Sterben ohne Nachkommen, vom Zusammenbruch der sozialen Ordnung, von kosmischer Vereinsamung, kurz, von einem »schlimmen Tod«.

Das Christentum verschrieb sich der Idee, daß der Mensch nach dem Bilde Gottes geschaffen sei – eine Idee, unter deren Schutzschild den Menschen Achtung vor dem Körper Verstorbener eingeflößt werden konnte. Die Massai hingegen brachten ihre Toten in den Busch, damit sie dort von Aasfressern und Raubtieren verzehrt werden konnten. An der Nordwestküste Kanadas ließen die Kwakiutl ihre Toten von den Raben fressen. Die »Türme des Schweigens« auf dem Malabarhügel in Bombay waren im 19. Jahrhundert eine der

Hauptattraktionen für europäische Besucher Indiens. Hier legten die Parsen ihre Leichen nieder, damit die Raubvögel sie fraßen und sie nicht Wasser, Luft und Feuer verunreinigten. Die Knochen kippte man in eine Gemeinschaftsgrube. Angeblich verschmähten Geier, wenn sie erst einmal Hirn gekostet hatten, weniger hochwertige Fleischstücke, so daß es lange dauern konnte, bis die Leichen vertilgt waren.

Durch die Art, wie mit der Stätte der Toten umgegangen wird, binden die verschiedenen Kulturen den Menschen an unterschiedlichen Punkten wieder in die Natur ein. Generationen lang tobte in der Kirche von England eine Schlacht um die Frage, ob das Vieh des Pfarrers auf dem Kirchhof grasen dürfe, da es sich dort ja in gewissem Sinne von den Toten nährte. Im späten 18. Jahrhundert kam dieser Streit zu einem abrupten Ende, weil die im ländlichen Kirchhof grasenden Schafe bestens zur Schäferidylle des »Zurück zur Natur« paßten. Der Marquis de Sade spielte hier eine Vorreiterrolle: Er ließ sich im Wald von Malmaison begraben und sein Grab mit Ahornbäumen bepflanzen, um vollständig von den Bäumen aufgezehrt zu werden. Für uns ist es bis heute eine durchaus akzeptable – ja, geradezu poetische – Vorstellung, von Pflanzen verzehrt zu werden, während uns der Gedanke, von Tieren gefressen zu werden, unangenehm ist. Wenn man so will, sterben wir alle den vegetarischen Tod.

Mit der Frage des Bestattungsorts können andere Probleme verknüpft sein. Die Dorfgemeinschaften im nördlichen Sudan, die Janice Boddy erforscht hat, beschäftigt in starkem Maße das Problem, wie sich Raum und Körper »abgeschlossen« halten lassen.[1] Aufschlußreich ist, daß diese Dorfbewohner nicht nur am liebsten in der nahen Verwandtschaft heiraten, sondern auch die »pharaonische Beschneidung« praktizieren, bei der die Schamlippen entfernt und nach jeder

---

[1] Boddy 1982

Kindsgeburt die Scheide zugenäht wird, um den Körper der Frau zu »versiegeln«. Das Draußen ist zutiefst bedrohlich. Unterschieden wird zwischen den porösen Wassergefäßen, die schwitzen, und den völlig dichten, glasierten *gulla*, in denen der Teig für das ungesäuerte Brot eingeweicht wird. Der Schoß einer Frau wird mit dem undurchlässigen Gefäß verglichen, und die Schwangerschaft mit der Brotzubereitung. Wie beim Körper der Frau müssen auch bei einem Haus alle Eingänge überwacht werden. All diese Parallelisierungen haben zur Folge, daß auch bei der Wahl des Ortes für Bestattungen bestimmte Regeln befolgt werden müssen. Eine Fehlgeburt wird in einem *gulla*-Gefäß *innerhalb* des Hauses begraben. Eine Totgeburt wird eingewickelt und *außerhalb* des Hauses nahe der Hauswand begraben, bildlich gesprochen also außerhalb des Körpers, aber nicht in der Außenwelt. Tongefäße, Häuser und Begräbnisse geben mithin Gelegenheit, verschiedene Probleme zur Deckung zu bringen und über die Körper der lebenden Frauen eine Kontrolle auszuüben.

Es gibt todesfreie Zonen. Normalerweise ist es unmöglich, im englischen Parlament auf legale Weise zu sterben, da es sich beim Parlamentsgebäude laut Verfassung um einen königlichen Palast handelt, in dem der Totenschein durch einen Arzt Seiner Majestät ausgestellt werden muß. Solch eine Person gibt es aber im Westminster-Palast nicht. Der Leichnam eines dort verstorbenen Parlamentsabgeordneten wird also in ein provisorisches Leichenschauhaus rechts von St. Stephen's Gate gebracht, und dann wird im nahegelegenen St. Thomas's Hospital festgestellt, daß der Körper bei seiner Einlieferung tot war.

Pflöcke durch menschliche Leichen zu treiben ist kein Einfall aus dem Schreckenskabinett des Dr. Caligari. Bis zum Jahre 1823 wurden in Großbritannien die Leichname von Selbstmördern häufig in gepfähltem Zustand an Kreuzwegen begraben – offenbar sollte der Geist des Toten dadurch verhindert werden herumzustreifen. Der letzte Fall dieser Art war John Morland, der in besagtem Jahr in Montague Square Sir Warwick Bampfylde ermordete und sich später selbst umbrachte. Sein Grab befindet sich an der Straßenkreuzung am Rande von Lord's Cricketplatz; daß sich jetzt über ihm ein Kriegerdenkmal erhebt, kann nur Verwirrung stiften.

Die Wegkreuzung stellt weltweit ein machtvolles räumliches Konzept dar, einen Punkt mit doppelter Lokalisierung, der potentiell überall und aktuell nirgends ist. Nach der Gesetzesänderung des Jahres 1823 konnten Selbstmörder in Großbritannien auf einem Friedhof in ungeweihter Erde begraben werden, allerdings nur in der Dunkelheit zwischen neun Uhr abends und Mitternacht.

Auf einem christlichen Friedhof werden die Toten mit dem Kopf nach Westen und den Füßen nach Osten beerdigt, aber für die grundlegende Unterscheidung wurden stets Nord und Süd bemüht. Die linke Seite des Altars (Norden) bezeichnete man als Evangelienseite für die Sünder, die rechte (Süden) als Epistelseite für die Gerechten.[2] Traditionsgemäß betraten also die Unreinen – wie etwa Frauen, die nach einer Geburt Gegenstand eines Dankgottesdienstes waren – die Kirche auf der Nordseite und verließen sie auf der Südseite. Die unreinen Toten wurden im Nordteil des Kirchhofs begraben. Später kam es auch zu Bestattungen innerhalb der Kirche, und es entstand eine sekundäre Rangordnung zwischen den reichen Verstorbenen, die in der Nähe des Altars, und den Armen, die in der Nähe der Tür lagen.

*

Im kulturübergreifenden Vergleich läßt sich die Unterscheidung zwischen Trauerbekundungen und Gedenkzeichen

---

[2] Puckle 1926, S. 150

nicht aufrechterhalten, da die letzteren nicht draußen vergegenständlicht sein müssen. Die Narben, die man während der Trauer dem eigenen Körper beibringt, können Zeichen eines bleibenden Gedenkens an den Toten sein. Auf Hawaii kam es nicht selten vor, daß man den Namen und das Todesdatum einer bekannten Person dem eigenen Körper eintätowierte und so zu einem wandelnden Grabstein wurde.

Noch im 18. und 19. Jahrhundert erwartete man in Großbritannien von Hinterbliebenen, daß sie ein ausgedehntes Programm tiefer Trauer, die dann in Halbtrauer überging, absolvierten, das den Tod in alle möglichen Bereiche des gesellschaftlichen Lebens hineintrug und eine ganze Palette eigentümlicher Requisiten einbegriff. Zu Anfang der viktorianischen Zeit galt für verstorbene Ehepartner oder Eltern ein Jahr Trauerzeit als angemessen, für Großeltern neun Monate, für Brüder oder Schwestern sechs und für Onkel oder Tanten drei. Man trug Trauerringe und geschwärzte Degen. Sogar die Fächer der Damen dienten als Anzeige, daß die Trägerin mit dem Verstorbenen verwandt war. Fächer mit weißen Blättern auf schwarzen Stielen zeigten an, daß sich die Trägerin noch in Halbtrauer befand; wenn die Betreffende das noch lange nach dem Tod des Famlienangehörigen beibehielt, wurde auch sie zu einer Art von lebender Gedenkstätte, die den Toten mit sich herumtrug.

Einige Kulturen streichen die Toten vollständig aus dem Gedächtnis; sie zu vergessen gilt als das angemessene Verhalten. Der Akzent liegt hier auf Vorgängen, die der Ersetzung des Toten dienen. Sämtliche Flachlandgebiete Südamerikas sind auffällig frei von Ahnenkulten.[3] Sogar in Afrika findet man die Mbuti-Pygmäen, die jegliche Anspielung oder Erinnerung an die Toten vermeiden und bei denen es sogar verboten ist, ihre Namen in den Mund zu nehmen.

Die Jivaro beschreiben in Liedern das Verwesen des Leich-

---

[3] Taylor 1993

nams anschaulich als Teil einer systematischen Zerstörung des einzelnen, dessen Persönlichkeit damit frei für jemand anderen wird; dem liegt die Überzeugung zugrunde, daß es auf der Erde immer nur eine feststehende Zahl von Menschen gibt. Die Toten müssen also ihr Gesicht, ihre Identität und ihren Namen abgeben, damit ein neuer Lebender Gebrauch davon machen kann. Bekannte Leute erfordern mehr Trauerarbeit als unbekannte, da sie mehr Individualität haben, die abgebaut werden muß. Hier ist auch der Grund dafür zu suchen, daß man sich an Opfer der Kopfjagd mit solcher Wut und Bitterkeit erinnert. Sie nämlich sind der Trauerarbeit entzogen, die es allein ermöglicht, die Toten zu vergessen.

Viele Monumente fassen Gruppen von Toten zusammen oder sogar Lebende und Tote. In London steht im Zentrum des Regierungsviertels zu Ehren der »glorreichen Toten«, der Soldaten, die für das Commonwealth gefallen sind, das Kenotaph, ein leeres Ehrengrabmal, das, weil es keinen bestimmten Leichnam beherbergt, alle repräsentiert. In vielen anderen europäischen Ländern erfüllen Bauwerke mit einem namenlosen Toten eine ähnliche Funktion. In den USA gibt es das Grab des unbekannten Soldaten, in dem nichtidentifizierte Vertreter der verschiedenen Gruppen von Kriegstoten liegen. Zwar wurde bereits 1973 entschieden, einen »Unbekannten« aus dem Vietnamkrieg dazuzulegen, aber dank der enormen Fortschritte in forensischer Medizin und in medizinischen Nachweisverfahren dauerte es zehn Jahre, ehe man eine wirklich unidentifizierbare Leiche gefunden hatte. Die Toten behaupteten alle ihre Individualität und ließen sich deshalb nicht hinlänglich generalisieren.

Wer eigentlich von Amts wegen durch das Kenotaph geehrt werden soll, ist nicht ganz klar. Sind es nur die Toten der beiden Weltkriege, oder sind es die aller Kriege? Die maßgebende Vorstellung ist der Tod als Selbstopfer. Sie seien gestorben, so heißt es, damit wir leben können. In einer Kultur, die dem Individuum einen höheren Wert beimißt als dem Kollektiv, ist

Heldentum eine Art der Versöhnung zwischen beidem. Das Ganze funktioniert auf Basis einer logischen Verrenkung: Beweis für die überlegene Individualität des einzelnen ist seine Selbstverleugnung.

Jedes Jahr am Remembrance Day (Erinnerungstag), dem englischen Volkstrauertag, wird feierlich erklärt, die Toten seien nicht vergessen. Erinnerung ist das Maß des Heldentums der Gefallenen und der Dankbarkeit, die wir ihnen dafür schulden; in einer Kultur, die weder an ein Leben nach dem Tod noch an eine Wiedergeburt glaubt, ist das Gedächtnis der Nachwelt der einzige Zufluchtsort für die persönliche Identität. Im Jahre 1993 wurde allerdings diskutiert, ob man die Zeremonie nicht aussetzen solle, da es ja immer noch ein paar Überlebende gab, die sich an die Toten noch *persönlich erinnern* konnten. Diese Überlebenden waren es, die man vergessen hatte.

Vertreter aus allen Bereichen des öffentlichen Lebens müssen am Kenotaph auftreten und Kränze niederlegen: die Streitkräfte, die Kirche, der öffentliche Dienst, die Regierung, die königliche Familie, Jugendorganisationen, Veteranen, Diplomaten aus dem Commonwealth. Man achtet darauf, daß schottische, walisische und irische Musik gespielt wird. Es handelt sich um eine große öffentliche Bekundung der Eintracht zwischen Lebenden und Toten, ein Ritual, das den solidarischen Zusammenhalt beschwören soll. Bei sowjetischen Gedenkstätten versuchte man das gleiche dadurch zu erreichen, daß man Jungverheiratete zu einem Besuch des lokalen Kriegerdenkmals verpflichtete und so zwischen Heirat und Tod eine Verbindung herstellte.

Allerdings läßt sich gleichzeitig beobachten, wie strikt Rangordnungen eingehalten werden. Die nivellierende Wirkung, die der Tod auf Soldaten hat, deren Rang, Name und Nationalität unbekannt sind, geht Hand in Hand mit unendlichen Statusdifferenzierungen bei den Lebenden. Häufig erfüllen Gedenksteine den Zweck, das Hierarchische in den Tod hineinzutragen; daß die Saudis darauf bestehen, die Angehörigen der Königsfamilie unter einfachen Steinhaufen zu begraben, erscheint uns deshalb als eine bombastische Selbsterniedrigung, vergleichbar einer Greta Garbo, die ihre eigenen Fußböden schrubbt, oder dem Papst, der anderen Leuten die Füße wäscht. Hier legen Hochkommissare ihre Kränze in der Reihenfolge nieder, in denen ihre Länder die Unabhängigkeit erlangten. Die niedergelegten Gebinde weisen je nach Spender feine Nunancierungen auf. Die Königin hat sich für einen Kranz mit schwarzen Mohnblumen aus Seide entschieden: das vergängliche junge Leben – symbolisiert durch vergängliche Blüten –, das höheren symbolischen Werten zum Opfer gebracht wird. Der Prinz von Wales legt einen Kranz mit Straußenfedern nieder, der Außenminister – als Repräsentant der überseeischen Territorien – ein Gebinde aus »exotischem Laub« und Hongkong-Bambus, der aus dem Botanischen Garten Ihrer Majestät stammt. Den Keim zur Aufspaltung legt bereits die bloße Notwendigkeit, Gruppen identifizierbar zu machen und zu repräsentieren; bei der amerikanischen Gedenkstätte zu Ehren der Veteranen des Vietnamkrieges wird diese Tendenz sogar noch deutlicher.

Die Gedenkstätte, eine Mauer von herber Schmucklosigkeit, besteht aus schlichten schwarzen Marmorblöcken. Ihr Standort ist natürlich Washington, das Zentrum der nationalen Identität Amerikas. Der Ruin des Monuments begann, als man sich entschloß, die Namen sämtlicher Amerikaner, die im Vietnamkrieg gefallen waren, auf der Mauer festzuhalten. Sofort entbrannte ein Streit um die Frage, ob man auch jene einbeziehen sollte, die noch »als vermißt gemeldet« waren.

Die Mauer ist heute nicht einfach nur eine Gedenkstätte, sie ist ein Heiligtum. Die Besucher fertigen Pauszeichnungen von den Namen ihrer Verwandten an und hinterlassen Opfergaben, die »archiviert« werden. Über die Vorgänge an der Mauer wird offiziell Buch geführt, und die zurückgelassenen Gegenstände – bis heute sind es 30 000 – werden in einem staatlichen Lagerhaus in Maryland aufbewahrt. Darunter findet man Medaillen, Schußwaffen, Damenunterwäsche, ein Teddybär, Zigaretten, Wegwerffeuerzeuge, Todesanzeigen – sogar einen Fahrradschlauch. Die Gedenkstätte ist zu einer amerikanischen Klagemauer geworden; allerdings ist der Betrieb nicht ganz so gut organisiert wie in Jerusalem. An die Klagemauer dort kann man Faxe adressieren, die von der israelischen Post in die Ritzen zwischen den Quadern gesteckt werden. Um geographische Chancengleichheit herzustellen, wird eine Kopie der Vietnam-Gedenkstätte, die halb so groß ist wie das Original, durch das Land gekarrt; die Opfergaben, zu denen sie animiert, werden in einem anderen staatlichen Lagerhaus gehortet. Daß die Gebenden vielfach Menschen ohne jeden religiösen Glauben sind, widerlegt viele der gewichtigen Thesen über das Geben und den Tausch, die von Ethnologen aufgestellt wurden. Ein Empfänger der Gabe existiert hier nicht unbedingt. Die Ungewißheit, ob die Gabe einen Empfänger findet – sie genau steigert den Wert des Geschenks. Das Geben *als solches* bereitet Vergnügen.

Als Präsident Reagan im Jahre 1984 ein bombastisches Standbild in Auftrag gab, hoffte er, die Amerikaner damit von allen etwa noch vorhandenen Empfindungen gekränkten Nationalstolzes zu heilen. Der Unterschrift unter einem Bilde vergleichbar sollte die Skulptur als Hinweis darauf dienen, wie die Namen an der Mauer der Gedenkstätte »gelesen« werden mußten. Sie zeigt drei kameradschaftlich vereinte US-Soldaten, einen Schwarzen, einen Weißen und einen mutmaßlichen Hispanoamerikaner. Hier befindet sich das Medium mit der Botschaft im Widerstreit. Um deutlich zu machen, daß die Zugehörigkeit zu verschiedenen Volksgruppen keine Rolle spielt, sollen sich die Soldaten rassisch unterscheiden und gleichzeitig eine Einheit bilden. Es ist indes schwierig, rassische Unterschiede in Bronze darzustellen, einem Material, das keine Verschiedenheit der Hautfarbe kenntlich macht.

Einen Skandal löste aus, daß Frauen – wie auch andere Bevölkerungsgruppen – nicht vorkamen; man sah darin eine Bekräftigung des Klischees, daß im Krieg die Männer fallen, die Frauen hingegen nur geschändet werden. Es wurde also noch eine zweite Skulptur bei einer Bildhauerin in Auftrag gegeben, die drei Krankenschwestern mit einem verwundeten Soldaten in einem Tableau zeigt, das manche an ein Standfoto aus der Fernsehserie MASH erinnert. Und so geht es weiter. Der Zwang, ausdrücklich alle Gruppen zu berücksichtigen, der in seinem Vollständigkeitswahn an den Abspann in einem Film erinnert, hat zur Folge, daß die Einheit der Nation durch ein und denselben Akt, der sie feiern soll, Lügen gestraft wird.

*

Manchmal wird weniger der Toten gedacht als des Todes selbst. Skelette auf mittelalterlichen Wandgemälden erinnern mahnend an die Unausweichlichkeit des Todes. Moslems sind angehalten, mindestens einmal täglich an den Tod zu denken; Philipp von Mazedonien (gest. 336 v. Chr.) soll einen Sklaven beauftragt haben, ihm jeden Tag in Erinnerung zu rufen: »Auch du wirst eines Tages sterben.«

Der Tod ist nicht nur eine Frage des Ortes. Er ist auch eine Frage der Zeit. Ob ein Tod als gut oder schlimm empfunden wird, hängt wesentlich davon ab, wieweit man über die Zeit seines Eintritts entscheiden kann. In vielen Kulturen ist der Tod in den jahreszeitlichen Zyklus eingebunden, und ehe nicht der passende Zeitpunkt im Ablauf der ackerbaulichen Tätigkeiten erreicht ist, sind die Menschen offiziell noch nicht gestorben, oder es werden jedenfalls keine Begräbnisfeierlichkeiten abgehalten.

Werden die Todesrituale in zwei Abschnitte unterteilt, von denen der erste mit dem unschönen Vorgang des körperlichen Zerfalls befaßt ist, während der zweite sich mit der

Einordnung der Toten in ihren neuen Zusammenhang beschäftigt, so hilft das dabei, nach Maßgabe kultureller Vorstellungen vom rechten Zeitpunkt des Todes mit dem Phänomen des Sterbens ins reine zu kommen. Wieder und wieder begegnen wir deshalb in den ethnographischen Beschreibungen der Tatsache, daß Begräbnisse nur in einer bestimmten Jahreszeit stattfinden und daß sie zwei Stadien umfassen.

Der gute Tod, wie ihn sich das Mittelalter vorstellte, war seiner Definition nach ein allmählicher Tod. Der jähe Tod war etwas Schlimmes. Er hinderte daran, die passenden Vorkehrungen zu treffen und Lehren aus dem Ereignis zu ziehen. Montaigne (1533–92) schockierte die Welt mit seiner Erklärung, er wünsche sich, plötzlich, bei der Gartenarbeit, aus der Welt zu scheiden. Immer wieder wird im frühen Mittelalter die Ansicht vertreten, der gute Mensch *wisse*, wann sein Ende nahe sei, und trage Sorge, daß es am rechten Ort eintrete. Ähnlich behaupten auch die Hindus, der Tod sei gleichermaßen ein Akt des Willens und des Wissens.

Die viktorianische Zeit wollte den Tod als sinnreiches Tableau arrangiert und die Leidtragenden geschmackvoll um das Sterbebett gruppiert sehen. Aber wie Nigel Llewellyn nachgewiesen hat, begann auch schon damals der Sterbevorgang, lange bevor das Sterbebett erreicht war, und im England nach der Reformation wurden etwa ein Drittel der Grabmonumente errichtet, während ihre künftigen Insassen noch am Leben waren.[4]

Im heutigen Leben stellt der Tod weniger ein kosmologisches als ein soziales Problem dar. Der »gute« Tod bei uns im Westen ist das genaue Gegenteil des anderswo üblichen. Der gute Tod tritt plötzlich und ohne Vorwarnung ein, als Herzanfall, der einen am neunten Loch beim Golfspiel ereilt; er soll den normalen Ablauf des Lebens sowenig wie möglich

---

[4] Llewellyn 1991

stören. Das Gewicht eines Todes messen wir heutzutage daran, wieviel Unruhe er *danach* im Leben der anderen erzeugt. Als Königin Viktoria starb, versanken die meisten Briten und große Teile des Empires in Trauer. Der Zuluherrscher Chaka erlegte beim Tode seiner Mutter (»der großen Elefantin mit kleinen Brüsten«) der ganzen Nation ein Jahr lang sexuelle Enthaltsamkeit auf und warf den Zyklus der jahreszeitlichen Tätigkeiten über den Haufen, weil er für drei Monate den Feldanbau und das Milchtrinken verbot.

In der westlichen Kultur speist sich das Zeitgefühl weniger aus dem jahreszeitlichen Wechsel als aus der Regelmäßigkeit des Fernsehprogramms. Das ist der wahre Grund dafür, daß jeder sich daran erinnert, wo er sich bei Kennedys Ermordung gerade aufhielt. Die Fernsehsender unterbrachen ihr Programm.

*

Es war drei Uhr morgens in London, und das Telefon klingelte. Ein Anruf um diese Zeit erschreckt einen zu Tode. Unbestimmte Surrlaute und Brandungsgeräusche drangen an mein Ohr, dann hörte ich eine Stimme »Pong« sagen und wußte, wer es war. *Pong* ist ein Ausdruck des Respekts in der Sprache der Toraja. Der Gebrauch des Wortes für meine Person war ein uralter Scherz.

Ungefähr fünf Jahre zuvor hatte ich eine Toraja-Ausstellung in einem Museum im Herzen Londons organisiert. Wir hatten einen Container mit Holz, Bambus und Peddigrohr nach England gebracht, den Materialien, die man für den Bau einer traditionellen Reisscheune brauchte; zusammen mit dem Container kam eine Gruppe von Toraja, die sich aufs Schnitzen und Bemalen verstanden, und die Scheune vom ersten bis zum letzten Handgriff erbauten. Die Gruppe repräsentierte die Geschichte der Toraja in Miniaturform. Der Großvater, Nenek Tulian, war ein Oberpriester der alten Religion und sprach Toraja. Die nächste Generation bestand aus Christen, die auch Indonesisch konnten. Der Enkel, Johanis, trug Jeans, hatte nur einen Gott, den amerikanischen Dollar, und studierte Englisch an der Universität. Er war am anderen Ende der Leitung.

»Ich rufe Sie mitten aus dem Urwald an«, erklärte er, »um Ihnen zu sagen, daß Großvater tot ist. Werden Sie kommen? Sie haben es damals versprochen, als wir in London waren. Warten Sie...«

Es klickte, und plötzlich hörte ich die Stimme von Großvater Nenek, der mit hoher Stimme in bardischem, melodiösem Singsang von jenseits des Grabes eine religiöse Dichtung intonierte. Unvermittelt brach er ab und sagte auf Indonesisch: »Du, mein Freund in London. Komm wieder, auch wenn ich tot bin.« Es klickte ein zweites Mal.

»Damit platzte er bei einer Zeremonie einfach so heraus, viele Tage, bevor er starb«, sagte Johanis. »Ich machte eine Aufzeichnung.«

»Warum eine Aufzeichnung?«, fragte ich. »Hast du dich zu guter Letzt doch entschlossen, die Nachfolge anzutreten und ein Priester zu werden?«

Er lachte. »Neee. Ich habe einen anderen Weg gewählt. Ich habe mich entschlossen, Ethnologie zu studieren wie Sie. Aus Nenek ist meine Doktorarbeit geworden.« Dann fügte er mit der Herzlosigkeit der Jugend hinzu: »Keine Sorge, ich habe alle nötigen Informationen zusammenbekommen, ehe er starb.«

»Ich komme«, sagte ich. »Schreib und sag mir, wann. Ihr könnt ihn jetzt nicht beerdigen. Es ist Frühling.«

Er lachte in sich hinein. »Frühling? In den Tälern ist Frühling, aber hier oben ist Winter. Wenn Sie herkommen, werden sie verstehen, was ich meine. Kommen Sie gleich.«

Plötzlich kam mir ein Gedanke. »Wie kannst Du mich mitten aus dem Urwald anrufen?«

»Ich bin bei der Satellitenempfangsstation. Ich habe einen

188

Vetter, der hier arbeitet; deshalb kommen wir her, um die Pornofilme aus Thailand zu sehen und kostenlos zu telefonieren. Familie, wissen Sie.«

Auf Begräbnisse verstehen sich die Toraja bestens; manchmal geht dabei in ein paar Tagen das Vermögen einer ganzen Generation drauf. Wie andernorts bedeutet die umfassende Verschwendung oder Vernichtung von Eigentum, die mit dem Tod verknüpft ist, auch hier, daß dadurch gleichzeitig das himmlische Bankkonto des Verstorbenen sich füllt, daß die Familie an Ansehen gewinnt und daß Jahre alte Schulden zurückgezahlt werden. Unter Umständen kommen Hunderte von Gästen, werden Dutzende von Büffeln geschlachtet, ganze provisorische Dörfer wie Hollywood-Drehorte gebaut und anschließend niedergebrannt. Prestige ist haltbarer als Beton. Der Körper der verstorbenen Person wird manchmal jahrelang im Haus aufbewahrt, eingewickelt in viele Schichten saugfähigen Tuchs – Einbalsamierung kennt die Tradition nicht, auch wenn heutzutage manche mogeln und Formalin verwenden –, während die Mittel für eine ordnungsgemäße Verabschiedung beschafft werden. Es wurde immer davon ausgegangen, daß die »Modernisierung« den aufwendigen Begräbnissen den Garaus machen werde. Statt dessen treibt das Geld aus dem Tourismusgeschäft die Rituale in eine Art von inflationärer Entwicklung.

Bei einem typischen Begräbnis der Toraja werden die Gäste am Tor empfangen, wenn sie mit ihren Gaben – mit Büffeln oder mit Schweinen und Tuch, die gewissermaßen das Kleingeld darstellen – in Gruppen eintreffen. Als Gegengabe erhalten sie Betelnuß, Zigaretten und das besondere zuckrige Gebäck, das bei den Toraja als Zeichen der Gastfreundschaft gilt. Die Männer tragen Kopfjägerkluft – einschließlich ihrer pelzartigen Hüte mit Büffelhörnern aus Metall und ihrer Speere – und bringen die Gäste mit Kriegsgeschrei und Scheinangriffen aus der Fassung. Wer den Schlachtruf der Toraja einmal gehört hat, wird ihn nie mehr vergessen. Palmwein und Whisky fließen reichlich, und man singt schwermütige Lieder, in denen die Toten beklagt und gepriesen werden. Heutzutage werden auch Schulkinder einbezogen, die auf der Flöte herumdudeln müssen; die Alten ärgert das, weil Flöten eigentlich zum Leben, nicht zum Tod gehören.

Insgesamt sind Begräbnisse bei den Toraja eine heitere Angelegenheit, wo die Alten zusammenkommen, um über die Vergangenheit zu klönen, zu trinken und zu tanzen, während die Jungen sich einfach nur treffen und in den Wald zu Schäferstündchen verdrücken wollen. »Gäbe es keine Begräbnisse«, erklärte mir einer fröhlich, »würde nie jemand heiraten.«

Als ich in Sulawesi ankam, empfing mich ein niedergeschlagener Johanis. »Vater«, sagte er, »ich muß zwei Dinge mitteilen, die Ihnen nicht gefallen werden.« Seit wann nannte er mich Vater? Die Sache mußte ernst sein.

»Erstens gibt es im Tal einen Todesfall, und wir müssen heute noch hin. Der Reiseveranstalter Daud – Sie erinnern sich? Sein Vater ist tot, und das wird das Begräbnis des Jahres. Er wird seine Touristen herbeikarren und ihnen Eintrittskarten verkaufen – mit der Linken nehmen, was er mit der Rechten gibt.« Er erstarrte in der Haltung einer Grabfigur. »Sie müssen hingehen und Ihr Beileid bezeigen. Zweitens, Nenek ist schon im Grab.«

»Was! Du meinst, ich habe den ganzen langen Weg umsonst gemacht.«

Er hob eine Hand. »Die Familie hat erklärt, Nenek sei zum Schluß zum Christentum übergetreten; damit konnte sie sich all die kostspieligen Zeremonien sparen. Er kam in ein Betongrab mit einem Kreuz oben darauf.« Ich konnte es nicht glauben. Er hatte mir erklärt, er werde niemals seine Religion wechseln. »Wir müssen ihn jetzt aus dem christlichen Grab herausnehmen und die Gebeine nach altem Brauch in ein Felsengrab bringen. Die Familie hat hier nichts weiter mehr zu sagen. Sie werden einen Büffel kaufen und der Familie die

Ausgaben für die Bewirtung der Gäste ersparen. Nenek wird Ruhe und Frieden finden. Das ist der Grund, warum Sie herkommen sollten.«

Bei Dauds Begräbnis wurden wir am Eingang zum Dorf von eleganten Mädchen in hautengen Kleidern und mit Goldblüten im Haar empfangen. Im traditionellen Gewand sehen die Mädchen völlig verändert aus. Im Alltag tragen sie ihre Röcke zu kurz und haben zuviel Make-up aufgelegt. In der Volkstracht sind sie in knisternde Seide gehüllte jungfräuliche Wesen. Gongs dröhnten. Sie verbeugten sich tief mit sittsam niedergeschlagenen Augen. »Willkommen ... oh, *du* bist's!« Sie kicherten und warfen Johanis schamlose Blicke zu. Wir wurden hinübergeführt, um die Familie zu begrüßen, und bekamen Kaffee angeboten. Daud setzte sich kurz mit uns hin, zog bei der Verteilung von Zigaretten und Streichhölzern eine Riesenschau ab und verkündete scherzhaft, er sei ein moderner Toraja, der Toyota-Transportern statt Büffeln die Kehle durchschneide. Mit höflich gespreizten Fingern wies er auf einen Mann. »Dieser Mann ist ein berühmter Erfinder. Er hat in Amerika studiert.« Der Erfinder wurde herbeigewinkt und zeigte uns seine neueste Kreation.

Überall im Land der Toraja trifft man Touristen, die sich mit y-förmigen Paketen von der Länge eines Meters abmühen. In diesen Paketen kann sich nur eines befinden: das Modell eines Torajahauses. Die Häuser der Toraja sind ein wesentlicher Teil ihrer Identität. Für jedermann ist es Pflicht, ein geschnitztes und bemaltes prächtiges Haus in den Bergen zu besitzen, wo man eigentlich »hingehört«, wo die Feste gefeiert werden und wohin man Geld schickt, selbst wenn man in der Stadt in einer Bruchbude haust. Die Häuser mit ihren großen geschwungenen Dächern ruhen schwerelos auf der Erde, von murmelnden Bächen umströmt, und wirken, als könnten sie jeden Augenblick abheben. Die Modelle sind hübsch, aber sperrig.

»Sehen Sie«, sagte der Erfinder. Er hielt ein typisches Modellhaus in der Hand, entfernte einen einzigen Holzspan, und das ganze Gebilde fiel wie ein Soufflé im Luftzug sanft in sich zusammen. »Man transportiert es so. Ist man zu Hause, schiebt man den Span zurück und...« Das Haus erstand wieder in all seiner unhandlichen Großartigkeit. »Wah! Ich werde sicher Millionär.«

Auf dem Heimweg folgten wir einem Serpentinenpfad, der voller Steigungen war und uns zwang, über glitschige, moosbedeckte Brücken zu balancieren, bis wir endlich bei Neneks Haus eintrafen. Wir hätten den gleichen Weg auch auf einer vorzüglichen Straße zurücklegen können, aber es gab einen guten Grund für unseren Umweg. »Wir müssen das wegen dem jungen Reis machen«, sagte Johanis. »In früheren Zeiten gab es eine Reisernte im Jahr. Heute wird zweimal, vielleicht sogar dreimal geerntet. Reis ist Leben, und der Tod darf mit dem Leben nicht vermengt werden, deshalb veranstalten wir die Begräbnisse im Herbst. Aber welche Jahreszeit gerade ist, darüber entscheidet der Reis. Er wies auf einen Hügel, der von sprießenden Reisschößlingen erstrahlte. Nichts kommt dem leuchtenden Grün junger Reispflanzen gleich. »Da drüben, sehen Sie, ist Frühling, und wir dürfen auf unserem Weg zum Begräbnis dort nicht vorbei.« Er wies in eine andere Richtung auf ein Feld mit hohen Stengeln. »Da drüben ist Sommer – Tod hat da nichts zu suchen. Aber hier auf unserer Seite...« Er packte in dem Feld, das wir durchwateten, einen Reisstengel, der bereits seiner Ähren beraubt war: »Herbst, also für Begräbnisse geeignet. Verrückt. Jetzt müssen wir einen zweitklassigen Bullen finden, den Sie kaufen können. Denken Sie daran, sich eine Quittung geben zu lassen.« Er sah mich mit Buchhalterblick an. »Sie können es bei der Steuer absetzen«.

»Ah, stimmt.«

Beim Begräbnis schloß Johanis seine in Hochtoraja gehaltene Rede, fuchtelte mit dem Speer und kam grinsend zurückstolziert.

»Ich habe gesagt, Sie haben diesen Büffel für Nenek gegeben. Wenn sie ihn schlachteten, sei das recht. Wenn sie ihn behalten wollten, sei das auch recht. Ich habe ein bißchen Oberpriester gemimt – Gedichte vorgetragen – und gesagt, Sie hätten den Büffel im Namen der Königin von England gebracht. Das hat ihnen gefallen.«

Wir saßen vor Neneks geschnitztem Haus im Sonnenschein, erinnerten uns, redeten über die Dinge, die er gesagt und getan hatte. Wie alle Baumeister hatte auch er es nie geschafft, sein eigenes Haus zuende zu bauen. Das Dach war schief. Es wirkte, als müsse man nur ein Brett wegnehmen, damit das Ganze in sich zusammenfiel wie das Modell des Erfinders.

Ein bis zwei Kilometer entfernt konnte man die Gräber sehen, die mit großer Mühe in die Felswand aus Granit hineingemeißelt worden waren. Ich dachte an die natürlichen Höhlen jenseits der Berge in Londa, die einen ähnlichen Zweck erfüllten. Ich war von einem kleinen, etwa fünfjährigen Jungen hineingeführt worden, der einen Schädel aufgehoben hatte. »Hier ist mein Großvater«, hatte er ganz sachlich bemerkt.

»Woher weißt du das?«

Er hatte auf die Stirn gedeutet. »Hier. Sehen Sie, ich habe seinen Namen mit Kugelschreiber hingeschrieben.« Ein Thanatologe würde vom Triumph des Individualismus reden.

Drüben war man bereits dabei, den Büffel zu kochen – in einem riesigen Kessel, der aussah, als sei er einem Comicstrip zum Thema Kannibalismus entnommen. Die Hörner würden an der Frontseite des Hauses angebracht. Lachende Toraja standen mit Schwertern und Speeren herum und tranken in großen Schlucken heiße Brühe aus dem Kessel. Ein alter Mann saß in einem Autositz, der auf dem Boden stand. Johanis wies mich auf ihn hin. »Gestern konnte er kaum die Leiter aus seinem Haus heruntersteigen. Heute ist er wieder jung. So wirkt Fleisch!«

Die Familie hatte einen katholischen Priester mit Brille

und Brillantine im Haar organisiert, der ihnen in Sachen Götzendienst einheizte und reichlich die Bibel schwenkte. Ich fand es ziemlich unverschämt, daß er auch noch den Sammelbeutel herumreichte. Alle waren gespannt. Würde ich etwas geben? Ich gab. Der Büffel wurde aufgetragen, große zähe Batzen Fleisch. Würde ich davon essen?

»Er wird nicht davon essen«, sagte einer. »Er ist ein Christ.«

»Wenn er ihn geschenkt hat, kann er davon essen.«

»Wenn du etwas schenkst, solltest du nicht selbst davon essen.« Augen durchbohrten mich.

Plötzlich erschien eines der Mädchen mit einem Teller Kartoffelchips – ausgerechnet Kartoffelchips. »Johanis hat uns erklärt, was weiße Männer essen«, flüsterte sie, so daß alle es hören konnten. Er blinzelte mir aus der Entfernung zu.

Ein Mann mit einem Klemmbrett trat auf und zückte diensteifrig seine Kennmarke.

»Entschuldigen Sie, mein Herr. Sind Sie der Eigentümer dieses Büffels?«

»Ähm. Ja.« Ich hatte ihn wenige Stunden zuvor erstanden.

Er räusperte sich und studierte sein Klemmbrett.

»Erstens ist das Tier mit der Büffelsteuer drei Jahre im Rückstand. Sodann ist eine staatliche Opfersteuer für die negative Verwendung positiver nationaler Wirtschaftsressourcen zu entrichten. Außerdem...«

Johanis führte ihn zur Seite und flüsterte ihm mit leidenschaftlicher Dringlichkeit ins Ohr, während er mir zugrinste. Der Mann klemmte sein Brett unter den Arm und trollte sich. Später sah ich ihn mit einer Büffelhaxe über der Schulter durch die Felder entweichen. »Familie«, sagte Johanis achselzuckend.

Dann war es Zeit, Neneks Leichnam zu überführen, was ganz ohne Scheu oder rituellen Ernst geschah und eher nach der Devise vor sich ging: »Halt du mal die Leiche, damit ich das Eisen ansetzen und die Tür aufbrechen kann.« Wie stets waren nur Männer mit von der Partie, aber es standen auch

Scharen kleiner Buben herum, sperrten den Mund auf, ließen sich nichts entgehen, waren ganz Auge und popelten in der Nase.

Wir zogen den Sarg aus dem Haus in den Sonnenschein. Neneks hellgrüne Plastiklatschen waren – Persiflage eines Mirakels – unverändert. In westlichen Gräbern, dachte ich, fände man nicht nur Knochen, sondern auch künstliche Gebisse und Brustimplantate; der Körper hätte sich auf eine Karikatur des Erotischen reduziert. Ameisen hatten sich in Neneks Schädel eingenistet, und als wir den Sargdeckel öffneten, schwärmten sie zum Angriff gegen die Trauergäste aus. Ein Kind wurde losgeschickt und mußte einen Kanister Insektenvertilgungsmittel holen, das sinnigerweise »Fatum« hieß, während die Männer sich alle an der Hand faßten und zur Melodie eines donnernden Todesgesanges gegen den Uhrzeigersinn herumwirbelten. Dann wurde der Leichnam fest in Tuch eingewickelt, an eine Tragestange gehängt und im Zickzack durch die Felder getragen, um den grünen Reisinseln auszuweichen.

Ich hatte einmal versucht, mit Nenek in den Bergen Schritt zu halten, während er wie eine Ziege von Fels zu Fels sprang. Es war mir damals nicht gelungen, und auch beim toten Nenek gelang es mir nicht, weil die Träger in einem enormen Tempo zu der einige Kilometer entfernten Felswand rasten. Hinter mir hörte ich das Dorfoberhaupt sagen: »Ich werde den weißen Mann bitten, dem Dorf das Geld für ein Schwimmbad zu geben.«

Die Gräber hatte man dreißig Meter hoch über der Erde oder noch höher in den Granit gehauen. Die Toraja kommen von überall in Asien her, um die Gebeine ihrer Toten in diese Gräber zu legen; dazu müssen sie unter Leibes- und Lebensgefahr an einzelstehenden Bambuspfählen hinaufklettern. Alle paar Jahre nehmen sie die Gebeine heraus und wickeln sie neu ein. Neneks Skelett war eines von dreien, die an diesem Tage ins Grab gelegt wurden, und während des Hochhievens entspann sich zwischen den Trägern der drei leidtragenden Familien spontan ein Wettrennen, wobei junge Männer auf die Stoffbündel mit den Knochen sprangen und wie beim Rodeo schreiend und johlend auf ihnen ritten. Plötzlich drangen von droben Geheul und Flüche herab. Wir verstummten und blickten hinauf. Gespenster? Nein, im Grab war ein Wespennest, das im nächsten Augenblick auf die kreischende Menge drunten herabgesegelt kam.

Johanis drapierte meine Schulter mit seinem Arm und sah in das üppig bewachsene Tal hinaus. Riesige Störche kreisten friedlich über den sonnenbeschienenen Bergen, auf denen der Reis keimte. »Jetzt kehrt auch Nenek in den Frühling zurück«, sagte er, »und läßt den Reis wachsen. Glückliche Reise, Nenek.«

»Ja. Glückliche Reise.«

»Wenn Sie sterben«, sagte Johanis, »komme ich zu Ihrem Begräbnis. Ein gutes Begräbnis macht mir Spaß.«

8 Metaphern, mit deren Hilfe wir sterben

»Am ähnlichsten ist das menschliche
Leben dem Eisen. Gebraucht man es,
nutzt es sich ab. Gebraucht man es nicht,
verzehrt es der Rost.«
Marcus Porcius Cato (234–149 v. Chr.)

Im 19. Jahrhundert beobachtete man, daß Arbeiter der ehemaligen Sklavenplantagen in den Südstaaten der USA die Angewohnheit hatten, zerbrochene Tontöpfe auf Gräbern niederzulegen. Als die weißen Aufseher fragten, warum sie das taten, hieß es, die Toten sollten an der Rückkehr gehindert werden.[1] Die Frager hatten bereits ihre fixen Vorstellungen davon, worum sich die Religion der Schwarzen drehte; deshalb schenkten sie dieser Auskunft keine Beachtung und sahen in den Töpfen »Opfergaben an die Ahnen«, das heißt Mittel, einen Kontakt zu den Toten herzustellen. Später allerdings wurde das Tongeschirr auf den Gräbern durch angehaltene Uhren ersetzt oder ergänzt, die entweder die Todeszeit anzeigten oder auf kurz vor Mitternacht gestellt waren. Das spricht dafür, daß auch

---

[1] Valch 1978

das Tongeschirr dazu diente, eine Art Schlußstrich zu ziehen.

Der Tod existiert nicht einfach. Damit er verständlich und lokalisierbar wird, muß er in ein allgemeineres Schema der Dinge eingegliedert werden. Den Tod in kreisläufige Flußdiagramme von Substanzen oder ähnlichem einzuordnen, ist eine Möglichkeit, das zu tun. Eine weitere ist, ihn mit den Jahreszeiten zu verknüpfen. Wieder eine andere besteht darin, ihn sich *nach dem Bilde* von etwas vorzustellen, das leichter faßlich ist. In der Ethnologie ist allgemein bekannt, daß wir im Westen über die Gesellschaft mit Hilfe von Modellen nachdenken, die der Naturwissenschaft entstammen – der Statistik, der Klassifikationslehre, der Wahrscheinlichkeitstheorie –, wohingegen andere Völker beim Nachdenken über die natürliche Welt Modelle benutzen, die der Gesellschaft entlehnt sind – Tiere als Verwandte, Wetter als Temperament und so weiter.

Die – in unseren Augen – merkwürdigen Verwendungen von Tontöpfen in afrikanischen Traditionen zeigen aber, daß sich ebensogut auch mit Hilfe von Tongeschirr über Körper und Tod nachdenken läßt. In Afrika sind demnach Tonwaren mehr als bloß Gefäße zum Essenkochen oder zum Wassertragen. Sie lassen sich zum Denken benutzen, sie taugen dazu, biologische, technische und soziale Veränderungen in einer einzigen Metapher zusammenzufassen. Das unwiderruflich zerbrochene Gefäß bietet eine Darstellungsmöglichkeit für den unwiderruflichen Ablauf menschlicher Lebenszeit, die Unumstößlichkeit des Übergangs vom Leben in den Tod. Das rituelle Zerschlagen von Tongeschirr schafft eine klare Trennung zwischen beidem. Bei den Aschanti in Ghana glaubte man deshalb, daß es unweigerlich zum Tod eines Mannes führen müsse, wenn man einen Tonkrug auf seinem Kopf zerschlug. Andererseits konnte man eine Tonscherbe nehmen, sie zermahlen und das Mehl mit dem Ton für ein neues Gefäß vermischen und hatte damit eine

Metapher, um über die Umkehrung der Zeit und die Wiedergeburt zu reden.

Rund um die Welt schließen deshalb Todeszeremonien häufig das Zerschlagen von Tongefäßen ein, wie zu Hochzeits- und Lebenszeremonien oft die Fertigung solcher Gefäße gehört. Bei der Hebamme in Westafrika ist es ganz üblich, daß sie gleichzeitig Töpferin ist, während ihr Mann, der Schmied, die Toten beerdigt.

Als einige alte Männer in Afrika genug von dem vergeblichen Versuch hatten, mir den Gedanken der Wiedergeburt und die Vorstellung vom Körper als von einem Gefäß des Geistes nahezubringen, organisierten sie schließlich einen Lokaltermin in der örtlichen Brauerei, die in ihrem Denken ungefähr dieselbe Stelle einnahm wie in unserem der Garten Eden. Hier konnte man, von einem Sicherheitszaun ostentativ auf Distanz gehalten, durch ein Tafelglasfenster leere Flaschen sehen, die durch die eine Tür hereinkamen, von der Zauberhand eines Fließbandes geleitet entlangglitten, von Apparatur zu Apparatur wirbelten und in endloser Folge mit schäumendem Bier gefüllt, neu etikettiert und durch eine andere Tür hinaustransportiert wurden, um einer durstigen Welt zugeführt zu werden. Die Männer standen stundenlang da und beobachteten gebannt das Ballett.

»Leben, Tod, Geist und Körper. Jetzt haben Sie es *mit eigenen Augen* gesehen«, sagten sie.

Andere Mythen, denen man bei den Chaga begegnet, »wissen von einem heilbaren Tod zu berichten. Wenn vor alters ein Mensch starb, so platzte er mit einem Knall auseinander wie eine Kürbisflasche. Seine Verwandten aber kamen, nähten ihn wieder zusammen, und er stand frisch und gesund wieder auf. Als nun eine Alte ihrem Tod nahe kam, rief sie ihre Kinder und sprach zu ihnen: ›Ich werde jetzt sterben. Erwählt ihr nun eure Todesart, die euch gefällt, meine Söhne. Wollt ihr sterben und zerbrechen wie eine Kürbisflasche, die wieder geflickt wird, oder wollt ihr zerbrechen wie ein Tontopf?‹ Sie antworteten: ›Wir möchten zerbrechen wie ein Tontopf.‹ Da rief die Alte: ›O weh! Hättet ihr gesagt, ich will zerbrechen wie eine Kürbisflasche, so wäret ihr wieder geflickt worden, aber womit wollt ihr einen Tontopf flicken, der zerbrochen ist?‹ So sind die Menschen nun einem Tode verfallen, der sich nicht wieder heilen läßt.«[2]

*

Die Dowayo in Kamerun sehen im Tod etwas Ähnliches wie eine Beschneidung. Sie haben eine besonders herbe Form der Beschneidung, bei der die Vorhaut des Penis praktisch in voller Länge abgeschält wird. Dieses Ereignis ist buchstäblich entscheidend für das Werden des Knaben zum Mann. Erreicht ein Mann die Geschlechtsreife, stirbt aber unbeschnitten, wird er als Kind oder als Frau begraben. Durch die Beschneidung erwirbt ein Mann die engsten Freunde seines Lebens, seine Spaßbrüder, die Männer, die zusammen mit ihm unters Messer kamen. Vielerlei Veränderungen lassen sich nach dem Modell der Beschneidung verstehen.

Den Dowayo zufolge ist die Beschneidung ein Vorgang, bei dem von einem unbestimmt zweigeschlechtlichen Wesen – einem Knaben – etwas weggenommen wird, wodurch der Betreffende gefestigt, gereinigt und vervollkommnet wird. Jedes Jahr werden beim Dreschen der ersten Hirse Beschneidungslieder gesungen, und dadurch wird aus der weiblichen Frucht kraftvolle männliche Saat. Wenn vom Leichnam der Schädel abgetrennt wird, wird das mimisch wie ein Beschneidungsritual dargestellt. Man droht mit Messern und tut so, als gehe es um eine genitale Verstümmelung. Auf diese Weise wird aus dem oder der Toten ein Ahn, ein gefestigtes, gereinigtes, vollkommeneres Wesen, das nun imstande ist, Frauen zu befruchten und ihnen Kinder zu schenken.

---

[2] Gutmann 1909, S. 124

Die Beschneidung dient den Dowayo als Metapher für die Geschlechtsumwandlung des Samens. Dieser läßt sich aber seinerseits als Metapher gebrauchen. Eine geläufige mittelalterliche Rätselfrage lautet, welches Ding sterben müsse, um zu leben. Des Rätsels Lösung ist ebenfalls der Same, der in diesem Fall das Wechselverhältnis nicht zwischen männlich und weiblich, sondern zwischen Leben und Tod verbildlichen soll.

Die christliche Liturgie kokettiert mit diesem Wechselverhältnis; im Alternativen Meßbuch der Kirche von England wird für die Lesung bei Trauergottesdiensten die folgende Passage aus dem Korintherbrief empfohlen:

»Möchte aber jemand sagen: Wie werden die Toten auferstehen, und mit welcherlei Leibe werden sie kommen? Du Narr: Was du säest, wird nicht lebendig, es sterbe denn. Und was du säest, ist ja nicht der Leib, der werden soll, sondern ein bloßes Korn, etwa Weizen oder der andern eines. Gott aber gibt ihm einen Leib, wie er will, und einem jeglichen Samen seinen eigenen Leib. ... So auch die Auferstehung der Toten.« (1. Korinther 15,35–42)

Der griechisch-orthodoxe Gottesdienst ist noch deutlicher und gebraucht an dieser Stelle die furchtbaren Worte »die Erde, die dich genährt hat, wird dich jetzt verschlingen«; währenddessen stehen die Trauergäste um das Grab und verzehren verschiedene Früchte, Nüsse und Samen.

Das pflanzliche Bild aber, das am häufigsten beschworen wird, ist das des Verwelkens und Vergehens. Der Tod ist der Sensenmann. »Ein Mensch ist in seinem Leben wie Gras, er blühet wie eine Blume auf dem Felde; wenn der Wind darüber geht, so ist sie nimmer da...« (Psalm 103,15–16) Schließlich sind es *Schnitt*blumen, die zum Begräbnis mitgebracht werden und deren Los es ist, rasch dahinzuwelken. Bevor sich in viktorianischer Zeit die Sprache der Blumengebinde entwickelte, warf man Rosmarinzweiglein in das offene Grab oder streute sie zusammen mit zarten, kurzlebigen Blüten oben darauf, ehe das Grab dann dauerhaft mit robustem Immergrün bepflanzt wurde.

Das Blumenbild findet seine Apotheose in Grabsprüchen für Kinder à la »Der Keim in der Erde, die Blüte im Himmel« und in den aus rosa Nelken bestehenden Perlstickereien der Kranzschärpen – »Für Mami«, buchstäblich in Blumen ausgedrückt. Während der Glaube an ein Leben nach dem Tod immer mehr schwindet, nimmt der Gebrauch von Schnittblumen explosionsartig zu. Kein Ort des Todes, der nicht durch Blumen markiert, mit Blumen zugeschüttet würde – ein Unfallort auf der Straße, die Stätte einer Feuersbrunst, ein Haus, in dem die Polizei eine Leiche ausgegraben hat. Es ist, als werde die Forderung nach gleicher Sendezeit für sämtliche Toten erhoben – ohne Rücksicht auf ihre Bekanntheit. Im Fenster einer Londoner Kneipe sah ich einmal Haufen von Plastikblumen, die mit Aluminiumfolie beklebt waren. Ein Resthauch von christlichem Geist steckte in dem Nachtlicht, das vor ihnen flackerte. Der dazugehörige Text wirkte wie ein Verschnitt aus allen möglichen Moralvorstellungen und ethischen Idiomen. »Bete um Vergebung«, hieß es da, »für den Mordbuben, der dich niedergemacht hat.«

»Für einen europäischen Beobachter ist es merkwürdig zu sehen, wie das Erntedankfest, das hierzulande ein Anlaß ist, Feste zu feiern und in die Kirche zu gehen, die Dobu dazu bringt, sich mit denen zu beschäftigen, die im vorangegangenen Jahr gestorben sind, und Rituale zu veranstalten, die sich um den Tod drehen.«[3] Charakteristisch hierfür ist der Korb mit Jamswurzeln vom Feld des Verstorbenen, der quer durch die ganze Insel zu den Kindern seiner Schwester gebracht wird. Seine eigenen Kinder dürfen den Jams nicht essen, da die verwandtschaftlichen Bindungen über die Frauen laufen und ein Mann und seine Kinder verschiedenen Gruppen oder

---

[3] Fortune 1932, S. 18

susu (»Milch«) angehören. Der Jams ist Eigentum der Schwesterkinder des Verstorbenen, die seine Erben sind; denn über Menschen und Jams wird auf der Basis des gleichen Modells nachgedacht.

Eine Frau, ihr Bruder und ihre Kinder gehören einer *susu* an; ihr Mann gehört zu einer anderen. Ein Dorf besteht aus einer Gruppe von *susu*, die miteinander verwandt sind; ihre Mitglieder gelten als »Brüder« und »Schwestern« und können deshalb nicht heiraten; wohl aber betrachten sie einander als attraktive, inzestumwitterte Liebhaber, als ideale Partner für Seitensprünge.

Ein Mann oder eine Frau dürfen nur Jams aus Saatgut anbauen, das aus der eigenen *susu* stammt; wessen Land dazu benutzt wird, spielt keine Rolle. Desgleichen gehören die Kinder stets zur Gruppe der Mutter, auch wenn sie zwischen den Dörfern der Ehepartner hin und her wechseln und in beiden aufwachsen. Mann und Frau betreiben ihren Anbau getrennt, da man aus dem Saatgut einer anderen *susu* keinen Jams ziehen kann; außerdem gehört zum Anbau auch Magie, die ebenfalls innerhalb einer *susu* tradiert wird. Ohne Saatgut kann man nicht heiraten; bei der Heirat selbst drückt die Schwiegermutter dem Bräutigam einen Grabstock in die Hand und fordert ihn auf, fleißig zu Werke zu gehen. Jamswurzeln sind eigentlich Menschen in anderer Gestalt, die nachts umherstreifen und sich von den Gärten anderer Leute geradeso weglocken lassen, wie man die Ehepartner anderer Leute weglocken und verführen kann.

In der Mitte des Dorfes erhebt sich der Erdhügel, in dem die Toten ruhen, die Gruppe, der man selbst entsprungen ist und in die man zurückkehren wird. Gleich einem großen Haufen Jamswurzeln ist der Hügel Symbol einer Geborgenheit, die ebenso erstrebenswert wie in diesem Leben unerreichbar ist. Denn die Leute müssen sich Ehepartner aus anderen Dörfern suchen, die sie im Verdacht haben, ihnen mit Zauberkraft den Garaus machen zu wollen.

Nach dem Tode des Ehepartners müssen die Witwe oder der Witwer in ihrem Heimatdorf ein Jahr lang Entbehrungen erdulden und schwere Arbeit leisten. Während der Leichnam geschmückt und aufgebahrt wird, malt man die Ehepartner schwarz an, und sie müssen sich verstecken; den Schädel ihres Partners dürfen sie niemals zu Gesicht bekommen. Am Ende des Jahres, zur Erntezeit, werden sie aus dem Dorf verbannt, und das Haus der Eheleute wird zerstört. Für den Mann bedeutet dies, daß er seine Kinder nie mehr wiedersehen wird.

*

Eine Anmerkung im Alternativen Meßbuch der Kirche von England:

AUF SEE. *Wenn der [Trauer]Gottesdienst auf See abgehalten wird … tritt »die Tiefe« an die Stelle von »die Erde«, und die Worte »Erde zu Erde, Staub zu Staub, Asche zu Asche« entfallen.*

*

Beim sogenannten Sterbeerlebnis, das sich mittlerweile wieder großer Beliebtheit erfreut, gehören Lichterscheinungen und Tunnels zu den am häufigsten untersuchten Elementen, jedenfalls bei uns im Westen. Anderen Kulturen tritt der nahe Tod recht anders entgegen – den Japanern zum Beispiel in Visionen von melancholischen Teichen und düsteren Flüssen –, und das führt uns zu dem traurigen Schluß, daß nicht einmal im Todeskampf eine unvermittelte Realitätserfahrung statthat. Der westliche Sterbende bewegt sich normalerweise durch einen Tunnel dem Licht entgegen, oder er hat die Wahl zwischen schönem, goldenem Licht und Finsternis, wobei ersteres für das Leben nach dem Tod steht. Daraus wird dann die Berechtigung hergeleitet, dem Tod mit Zuversicht zu begegnen.

Seit der klassischen Antike gilt eine ungedrehte oder ausgelöschte Fackel als Symbol des Todes. Das lateinische Wort *funus*, von dem sich der französische und der englische Begriff für Begräbnis herleiten, bezeichnete ursprünglich die Fackeln, die bei römischen Leichenbegängnissen verwendet wurden. Sie schmücken noch die Türen der Grabgewölbe im Londoner Friedhof Highgate, während die Lampen auf italienischen Gräbern und auf Grabmälern des unbekannten Soldaten für das ewige Leben oder die bleibende Erinnerung stehen. In vorreformatorischen Zeiten wurde zu Ostern das Licht im Allerheiligsten gelöscht und zusammen mit einer riesigen Osterkerze wieder angezündet, um Christi Tod und Auferstehung zu symbolisieren. Bis heute kennen wir die Redewendung, daß jemandem »das Lebenslicht ausgeblasen« wird.

Nach Ansicht der Chamula in Mexiko wird das Leben jedes einzelnen Menschen im voraus von einem Gott festgelegt, der eine Kreuzung aus Christus und Sonne ist.[4] Für jeden Menschen wird im Himmel eine unterschiedlich lange Kerze angezündet. Wenn sie erlischt, stirbt der Betreffende.

*

Edmund Leach hat die These vertreten, daß in der Religion häufig mit verschiedenen Zeitformen gespielt werde, und zwar in der Weise, daß wiederkehrende Zeitzyklen wie der Wechsel zwischen Tag und Nacht und unumkehrbare Zeitabläufe wie der Fortgang vom Leben zum Tod miteinander vermengt würden.[5] Denn in der Zeit steckt immer beides: Kontinuität und Diskontinuität. Dadurch, daß es im Kreise läuft, bewegt sich ein Rad voran; man kann den einen oder den anderen Aspekt der Bewegung in den Vordergrund rük-

---

[4] Gossen 1974, S. 15
[5] Leach 1961

ken. Indem man die beiden Aspekte identisch setzt, kann man die Endlichkeit des menschlichen Lebens leugnen, so daß sich das schattige Tal des Todes aus einer Sackgasse in einen offeneren Prospekt verwandelt. Aus dem Tod wird Wiedergeburt, und die Gerade krümmt sich zum Kreis. Wenige erlangen Unsterblichkeit durch eine Verbindung mit der zyklischen Zeit, aber ein neueres Beispiel für diesen seltenen Fall ist Martin Luther King, den eine staatliche Seligsprechung in einen jährlich begangenen Nationalfeiertag verwandelt hat.

Der bekannteste solcher Zyklen ist vielleicht der buddhistische, bei dem die Wiedergeburt das ganz normale Los aller Menschen ist. Der Tod, so könnte man geltend machen, wird hier aber nicht verleugnet. Vielmehr wird hier die Anerkennung des Todes zu einem zentralen Moment des Glaubens; seine Kontemplation wird zu einer Kunst erhoben. In der Lehre des Visuddhimagga-Textes werden zwei Meditationsformen unterschieden, *asubha bhavana* (die Meditation über die Verwesung) und *maranasati* (die Wahrnehmung des Todes). Bei der ersteren wird über den verfaulenden Leichnam nachgedacht, da die Bindung an das Fleisch als ein Festhalten am Vergänglichen die Hauptquelle des Leidens und der Täuschung ist. Die letztere besteht im Begreifen, daß der Tod kein einzelnes Ereignis ist, sondern sich auf allen Ebenen des Körpers fortwährend vollzieht, so daß Tod und Verwesung als Ausweis des Lebens erscheinen! Häufig wird angenommen, daß in solchen Glaubensvorstellungen Trost liegt; Tatsache aber ist, daß sich die thailändischen Buddhisten genauso viele Sorgen um ihr Schicksal bei künftigen Inkarnationen machen, wie die Christen sich früher davor fürchteten, in die Hölle zu kommen. Ökologen behaupten vielleicht, Trost aus dem Bewußtsein zu schöpfen, daß sie für alle Zeit in die Zyklen von Kohlenstoff und Stickstoff eingebunden bleiben, und Genetiker mögen selbstgefällig auf die Ewigkeit ihrer DNS pochen; aber viel Breitenwirkung entfaltet diese reduktionistische Sichtweise nicht. Jeder will in den Himmel kommen, aber sterben will niemand.

Ähnliche Vorstellungen treten in Kodifizierungen auf, die den Akzent eher auf Gänseblumenketten aus Ereignissen – sprich, auf lineare Zeitabfolgen – legen als auf Kreisläufigkeit. Aber jede Gerade wird, wenn sie lang genug ist, zu einer Art von Kreis. Hamlet zu Horatio:

»Alexander starb, Alexander ward begraben, Alexander verwandelte sich in Staub; der Staub ist Erde; aus Erde machen wir Lehm: und warum sollte man nicht mit dem Lehm, worein er verwandelt ward, ein Bierfaß stopfen können?

Der große Cäsar, tot und Lehm geworden,
Verstopft ein Loch wohl vor dem rauhen Norden.«

Eine andere Technik, die Zeit zu überwinden, besteht darin, vom einzelnen aufs Kollektiv umzuschalten. In den Ritualen der Dowayo werden die Schädel der Toten in großen Krügen zusammengepackt, um den Übergang vom individuellen Toten zum kollektiven Ahn zu markieren. Von da an haben die Toten alle Individualität verloren, und ihre Namen werden nie wieder erwähnt. Sie sind wieder Teil des gemeinsamen Fonds und stehen für eine erneute Reinkarnation zur Verfügung. Das ist auch der Punkt, an dem die Lebenden sich ihrer eigenen Individualität versichern. Die Witwen singen: »Bis hierhin haben wir alle zusammengelebt. Jetzt werde ich in meiner Hütte furzen und ihr in eurer.« Blumen sind also nicht die einzige Ausdrucksform, um über solche Dinge zu reden.

Dieser Aspekt des Leichenzeremoniells läßt am Ende verständlich werden, warum die Ethnologen so besessen davon waren, den Tod als Beweis für die Übermacht des Kollektivs über das Individuum anzuführen. Maurice Bloch vertritt in der Tat die Ansicht, daß in Gesellschaften, die sich als Abbild eines unveränderlichen, ewigen Modells betrachten, dessen Rollen die einzelnen jeweils nur vorübergehend ausfüllen, ein Wechsel vom Individuum zum Kollektiv unabdingbarer Bestandteil des Trauerrituals ist.[6] Auch hier wiederum trifft die Verallgemeinerung zu, soweit ihre Geltung eben reicht. Wie oben gesehen, werden die verstorbenen Könige bei den Sakalava durch lebende ersetzt, von deren Körper sie Besitz ergreifen. Sie erlangen *als Individuen* Ewigkeit.

Bei der Übersetzung von Ritualen in allgemeine Aussagen über den einzelnen und das Kollektiv haben die Theoretiker des Todes bereits eine Kollektivsprache ausgebildet, die mit den besonderen Problemen der Hinterbliebenen wenig zu tun hat. Letztere sind bemüht, zu retten, was zu retten ist, Macht und Verantwortung neu zu verteilen und ganz allgemein dafür zu sorgen, daß es mit dem Leben weitergeht. Allgemeine Aussagen sind bloße Orientierungspunkte für die Kursbestimmung – nicht der Zweck der Veranstaltung.

Hinzu kommt, daß auch genau das gegenteilige Argument von Forschern vorgetragen worden ist.[7] In traditionellen, durch unmittelbaren Kontakt geprägten Gesellschaften, wird behauptet, sind die Interaktionen so reich und vielfältig, daß jeder einzelne in der Tat einzigartig ist. In einer modernen städtischen Gesellschaft basiert das Leben auf entpersonalisierten Interaktionen zwischen Menschen, die einander fremd sind, so daß die Menschen bloße Rollen ausfüllen und durch einen Ruhestand, der lange vor dem Tode eintritt, normalerweise ihrer wichtigsten Funktionen beraubt werden. Deshalb schrumpft die Zahl der Teilnehmer an einem Begräbnis, je älter der Verstorbene war, weil das Motiv für die Teilnahme nurmehr persönliche Bindungen und nicht soziale Rücksichten sind. Der logische Extremfall, zu dem diese Entwicklung führt, sind die verwesten Leichen, die immer häufiger in Mietwohnungen gefunden werden, Jahre nach dem Eintritt des Todes.

---

[6] Bloch 1962
[7] Kearl 1989, S. 84

Nicht daß dieses Phänomen auf städtische Gesellschaften beschränkt ist. Bei einigen australischen Stämmen werden die Alten, wenn sie nicht mehr am Ritual teilhatten, nach ihrem Ableben ganz unzeremoniös begraben – für das Ritual waren sie gewissermaßen bereits tot.

*

Irgendwann muß der Leichnam normalerweise transportiert werden – vom Haus zum Grab, zum Tempel, zur Kirche oder wohin auch immer. Vor der Ära des Fernsehens war bei großen öffentlichen Bestattungen der Leichenzug der einzige Teil der Zeremonie, an dem die Öffentlichkeit teilhatte. Das leistete der Metapher vom Tod als einer Art Reise mit dazugehörigem Abschiednehmen Vorschub.

Überall auf der Welt hat man Särge immer wieder in der Form von Schiffen – heutzutage sind es Automobile – gebaut. Manchmal verbergen sich dahinter Erinnerungen an alte Wanderungen des betreffenden Volkes. Richard Huntington und Peter Metcalf schildern, wie bei den Berawan auf Borneo den Höhepunkt bei Begräbnissen ein Lied bildet, das nachvollzieht, wie der Stamm aus seiner ursprünglichen Heimat auf dem Fluß in sein jetziges Gebiet gewandert ist, und das damit eine Wegkarte zum Himmel entwirft.[8]

Die Überquerung eines Flusses ist ein plastisches Bild für den Übergang ins Jenseits; die Beschaffenheit des Flusses selbst kann den Symbolismus noch verstärken. Für die Hindus ist der Vaitarni-Fluß die Grenze, die von den Verstorbenen überschritten werden muß; der Fluß ist ein furchtbares Hindernis, voll von Blut und Exkrementen, und erinnert damit an die Verunreinigungen beim Geburtsvorgang.

Bei traditionellen Bestattungen in Kanton ist die Reise weniger beschwerlich. Ein wesentlicher Teil des Todesrituals be-

---

[8] Huntington und Metcalf 1980

steht darin, daß der Name des Verstorbenen auf ein Blatt Papier geschrieben, dieses auf eine ebenfalls papierene Sänfte gelegt und beides angesteckt wird.

Nicht nur in Europa redet man von Verstorbenen als von »Dahingegangenen«, »aus dem Leben Geschiedenen« und so weiter. Die Dogon bezeichnen die Ahnen normaler Sterblicher als *vageu*, als »jene, die weit weg sind«, und unterscheiden sie von den Stammesgründern, den *binu ya*, »denen, die gingen und wiederkamen«. Aus Sicht der Lugbara in Uganda befinden sich die Ahnen auf einer Reise, auf der sie sich langsam immer weiter von den Lebenden entfernen, weil sie ständig durch die späteren Toten verdrängt und weitergeschoben werden. Anfänglich halten sie sich noch unterhalb des Gebäudekomplexes ihrer unmittelbaren Nachfahren auf, und erst allmählich, im Laufe der Jahre, rücken sie in die Felder hinaus und entschwinden schließlich im wilden Busch, wo sie dem Vergessen anheimfallen.

Der Tod ist, ganz allgemein gesehen, reich an absonderlichen Bewegungsformen, durch die er sich vom Leben unterscheidet. Bei den Toraja in Indonesien gehören zu lebenspendenden Zeremonien Kreisbewegungen im Uhrzeigersinn, wohingegen Bewegungen bei Todesritualen gegen den Uhrzeigersinn verlaufen. Aus allen Teilen der Welt gibt es Berichte von ungewöhnlichen Methoden, einen Leichnam aus dem Haus zu schaffen. Die Leichen werden durch Kamine hochgezogen, Löcher werden für sie in Hauswände gebrochen, Teile von Umzäunungen entfernt. Man rast mit ihnen in halsbrecherischem Tempo und in einer zickzackförmigen, unnachahmlichen Gangart zum Grab oder kriecht quälend langsam dorthin. Die Leichenwagen bei uns brauchen ein besonderes Getriebe, damit beim Langsamfahren der Motor nicht abgewürgt wird; der rasende Leichenwagen gehört in Slapstickfilmen zu den Standardgags. Die Yoruba in Nigeria schlagen den entgegengesetzten Weg ein. Wenn jemand auf seinem Feld stirbt, wird der Leichnam im Schneckentempo zum Haus zurückgebracht, um ihn zu begraben; an der Spitze des Zuges trägt man ein lebendes Huhn, dessen Federn benutzt werden, um an jeder Kreuzung sorgfältig den Weg zu markieren, damit eventuell abwesende spirituelle Teile des Verstorbenen sich orientieren können.

Beim Militär gibt es einen speziellen Todesmarsch, mit verhaltenem, zögerlichem Schritt, als seien die Marschierenden in Gedanken über die Sterblichkeit versunken. Beim Begräbnis von Präsident Kennedy symbolisierte ein reiterloses Pferd seine Funktion als Oberbefehlshaber der Streitkräfte. Das Pferd war also die bizarre Verkörperung der Geheimcodes, mit denen der Präsident den nuklearen Holocaust entfesseln konnte. In früheren Zeiten trugen solche Pferde unter Umständen Fußfesseln, damit ihr Gang dem Anlaß besser entsprach; in Großbritannien wurden die Stiefel des Verstorbenen verkehrt herum in die Steigbügel gesteckt.

Ehe sich motorisierte Leichenwagen durchsetzten, wies der Leichenzug in seinem Ablauf eine Vielzahl von Variationen auf. Die Leichenwagen selbst waren ein ideales Feld für Einfallsreichtum: Admiral Nelsons Katafalk war seinem Schiff, der HMS *Victory*, nachgebildet. Im 19. Jahrhundert wurden die Pferde eigens darauf dressiert, zu tänzeln, während die Trauergemeinde hinter dem Sarg hertrottete. Auch die Sargträger konnten unter besonderen Gesichtspunkten ausgewählt sein, so daß etwa Jungfrauen von Jungfrauen und Junggesellen von Junggesellen zu Grabe getragen wurden. Hier bot sich auch den englischen Exzentrikern des 19. Jahrhunderts Entfaltungsraum, wie einem gewissen Jemmy Hirst, von dem überliefert ist, daß er unbedingt von Jungfrauen zu Grabe getragen werden wollte, und dafür eine Guinee pro Trägerin bot. Leider erwiesen sich die Mägdlein als zu schüchtern, er mußte sich also mit leichter erhältlichen Witwen zufriedengeben, die ihn jeweils zwei Shilling Sixpence kosteten. Bei Juden gilt es als äußerster Akt der Nächstenliebe, einem fremden Toten bei seinem Weg zum Grab behilflich zu sein; es kann also passieren, daß Leute, die zufällig bei einem Leichenzug vorbeikommen, den Sarg ein paar Schritte weit schultern. Englische Leichenzüge mußten in alten Zeiten keinen Wegezoll entrichten oder zahlten höchstens Kleinigkeiten. Unterwegs wurde der Sarg gegen Kirchenmauern und Wegkreuze gebummert; er konnte jedes Gelände überqueren, ohne daß Klage wegen unbefugten Betretens erhoben werden durfte. Vor allem aber durfte er den Weg, auf dem er transportiert wurde, nur einmal zurücklegen. Das schlimmste Unglück drohte, wenn er zweimal dieselbe Brücke passierte, also eine Hin- und Rückreise machte.[9]

*

Im Jahre 1892 besuchte Captain Gallwey, ein britischer Verwaltungsbeamter, das Königreich Benin in Westafrika, um König Oba Ovonramwen zur Unterzeichnung eines Vertrages zu bewegen.

»... *Nachdem der Vertrag abgeschlossen war, legte der König mir dar, daß die Große Weiße Königin Beherrscherin der Meere sei, er hingegen über das feste Land gebiete. Naturgemäß verzichtete ich darauf, solch einer Donquichotterie beizupflichten, aber ich vermied es auch, durch einen Einspruch die Gefühle des Königs zu verletzen, und in diesem Fall, dessen bin ich gewiß, war Schweigen Gold.*«

Oba Ovonramwen gab nur wieder, was man seit der Zeit des ersten Kontakts Ende des 15. Jahrhunderts über die Europäer dachte. In der Kosmologie von Benin wurde das Meer von Olokun beherrscht, einer weißgesichtigen Gottheit – welchen Geschlechts, ist umstritten –, die Kinder und Reichtum in diese Welt sandte und nach dem Tode wieder zurücker-

---

[9] Puckle 1926

hielt. Zu Wasser zu reisen hieß soviel wie in Olokuns Reich zurückkehren, mit anderen Worten, sterben. Daß sich im Hafen von Ughoton, wo die Europäer zuerst landeten, ein Haupteiligtum des Olokun befand und daß der erste Gesandte, den Benin an einen europäischen Hof schickte, ein »Kapitän aus Ughoton« war, stellte ein eher zufälliges Zusammentreffen dar. Die Europäer begriffen absolut nicht, warum sie »Fetisch« waren und warum ihnen Hofbeamte mit weißen Amtsstäben vorangingen. Sie waren Gesandte der Gottheit Olokun.

Fünf Jahre später wurde Benin von Marinesoldaten und Truppen des Protektorats Nigerküste im Sturm erobert, als Vergeltung dafür, daß an der diplomatischen Vertretung in Benin ein Massaker verübt worden war. Die Geschichte hatte schließlich über den Mythos triumphiert. Aber hatte sie das wirklich? Die Briten setzten den König ab und führten ihn nach Ughoton. Dort ließen sie ihn an Bord einer modernen Dampfjacht, der SS *Ivy*, gehen und verfrachteten ihn über das Meer ins Exil. Aus Sicht der Briten war der König abgesetzt, der Mystizismus hatte der Realität Platz gemacht. Der König selbst hielt sich für gestorben und glaubte sich ins Reich Olokuns übergewechselt.

Die Vorstellung vom Tod als von einer Reise paßt gut zur Bestattung als einem Initiationsritus, einem Übergang, der mehr ist als ein einfaches Ende. Wie Arnold van Gennep meint, zerfallen solche Riten normalerweise in drei Abschnitte – Trennung, Grenzerfahrung und Neueingliederung.[10] Robert Hertz hat gezeigt, daß die drei Phasen häufig nicht weniger das Schicksal der Hinterbliebenen als das der Verstorbenen beschreiben.[11] Die Toten müssen vom Leben abgetrennt und einem Verfahren unterzogen werden, das sie der Gemeinschaft der Toten beigesellt. Der Zustand des

---

[10] van Gennep 1909
[11] Hertz 1907

Leichnams spiegelt den Zustand der Seele und folglich auch die Verfassung der Hinterbliebenen wider. Die Leidtragenden müssen von den Verstorbenen abgelöst und wieder in die Schar der Lebenden eingereiht werden. Aber sowohl die Lebenden als auch die Toten durchlaufen eine Grenzsituation, in der sie weder Fisch noch Fleisch sind, sich »im Übergang« befinden; die meisten Religionen machen einen Unterschied zwischen dem heimatlos gewordenen Geist des jüngst Verstorbenen und dem Geist, der zu den Ahnen versammelt ist. Bei den Lebenden heißt diese Übergangsphase Trauerzeit und ist durch alle möglichen Einschränkungen bei Aktivitäten gekennzeichnet, die sonst uneingeschränkt erlaubt sind. Bei den Toten ist sie eine Art Limbus, ein Zwischenstadium, in dem sie desorientiert, unglücklich und vor allem gefährlich für die Lebenden sein können.

Für die Ethnologie hat diese Sicht vom Tod eine Art normative Geltung gewonnen; sie bindet fast alle intellektuellen Kräfte, die für das Thema zur Verfügung stehen. Eigentümlicherweise ist nur selten bemerkt worden, daß die Toten und die verschiedenen Gruppen von Lebenden sich nicht unbedingt alle im gleichen Stadium des Prozesses aufhalten müssen. Die Witwe mag sich sehr wohl noch in der »Grenzsituation« befinden, während vielleicht alle übrigen, einschließlich des Toten, längst »neu eingegliedert« sind. Die These, daß der physische Zustand des Leichnams die Verfassung der Seele des Verstorbenen *und* der Lebenden anzeige, läßt sich nur schwer aufrechterhalten, wenn diese nicht im Gleichtakt marschieren. Hinzu kommt, daß manche Kulturen offenbar das eine oder andere Stadium stärker betonen. So ergibt zum Beispiel die genauere Betrachtung westlicher Bestattungsrituale, daß hier ein merkwürdiges Ungleichgewicht besteht. Da der Akzent auf der Einzigartigkeit des Todes liegt, werden diese Rituale stark von Trennungs- und Grenzerfahrungsmotiven beherrscht und haben zur Frage der Wiedereingliederung wenig beizutragen; das heißt, sie überlassen die Trauernden ihrem Kummer und halten für den Toten keinen Zufluchtsort bereit.

Weil wir im Westen Bestattungen mit respektvollem Verhalten verbinden, erscheinen uns sexuelle Ausschweifungen im Zusammenhang mit dem Tod befremdlich. Dank des anhaltenden Einflusses der Freudschen Psychoanalyse neigen wir dazu, in der Sexualität das Thema zu sehen, um das sich alles dreht, versäumen aber, zu bemerken, daß die Sexualität oft ihrerseits als ein Idiom gebraucht wird, in dem sich über anderes reden läßt, auch über den Tod. Das Sexuelle ist ein so flexibles Symbol, daß es praktisch in jeder Phase eines Initiationsritus einsetzbar ist; es ist ein vielseitig verwendbares Symbol, wenn es darum geht, uns den Tod nahezubringen. Die Sexualität kann unterdrückt oder überbordend, geordnet oder chaotisch sein. Wichtig im Hinblick auf den Tod ist dann nicht die Sexualität als solche, sondern der *Aspekt* von ihr, auf dem der Akzent liegt.

Zur sexuellen Enthaltsamkeit im Zusammenhang mit Todesfällen – die bei uns das Normale ist – kommt es hauptsächlich in den ersten beiden Phasen des Initiationsritus, bei der Abtrennung von der Gesellschaft und der Grenzerfahrung, während die Wiederaufnahme von Sexualbeziehungen im allgemeineren Sinne eine Rückkehr in das Alltagsleben markiert. Während orgiastische Sexualtätigkeit, Kleidertausch zwischen den Geschlechtern und Inzest die Störung, die der Tod bedeutet, auf den sexuellen Bereich projizieren und also unter Umständen Ausdruck der zwischenzeitlichen Verwirrung sind, lassen sich Vorstellungen der Geburt oder der geschlechtlichen Vereinigung leicht für das Wiedereingliederungsritual, das dritte Stadium des Initiationsritus, in Anspruch nehmen. Das sexuelle Verhalten der Lebenden, die Art und Weise, wie sie von ihrem Körper Gebrauch machen, kann also ein ebenso wichtiges Indiz für den Zustand der Seele des Verstorbenen sein wie sein Leichnam selbst.

Bei den Bara in Madagaskar wird der Vorgang, durch den

die Gebeine eines Verstorbenen denen seiner Vorfahren bei-gesellt werden, ausdrücklich im Bilde einer Geburt dargestellt: Der Verstorbene tritt wie ein Fötus mit dem Kopf voran in die geordnete Welt der Ahnen ein. »Hier ist euer Enkel, hier und jetzt geboren. Stoßt ihn nicht weg, vertreibt ihn nicht sogar noch von hier.«[12]

Bei den Thonga müssen Witwen, um ihrer Trauer ledig und wieder heiratsfähig zu werden, einen Fremden verführen und Coitus interruptus praktizieren, um sich mit den Geschlechtssekreten zu beschmieren und die »Verwünschung« des Todes ihrem unseligen Partner anzuhängen. Bei den Dogon müssen die Witwer von Frauen, die im Wochenbett gestorben sind, mit einer Fremden geschlechtlich verkehren, um sich zu reinigen; gegebenenfalls müssen sie sogar zum Mittel der Vergewaltigung greifen. Daß wir darin eher einen Fall von »Wiedereingliederung« als von »Störung« sehen möchten, hat natürlich ausschließlich in unserem egoistischen Bestreben seinen Grund, uns das geliebte 3-Phasen-Modell zu erhalten.

*

Im Sprachgebrauch der elisabethanischen Zeit wie auch des Hindi »stirbt« der Penis eines Mannes nach dem Geschlechtsverkehr. Wie der Tod Geschlechtsleben sein kann, so kann auch das Geschlechtsleben Tod sein: die kalte Umklammerung des Todes als Liebesumarmung. Die Literatur der viktorianischen Zeit ist voll von Särgen, die liebevoll umfangen werden, und von Jungfrauen, die einem friedenspendenden Tod verzückt in die Arme sinken.

Ein Gedicht auf einem Grab im Friedhof Kensal Green in London veranschaulicht den Sachverhalt:

---

[12] Huntington und Metcalf 1980, S. 116

»Gehüllt in den düsteren Hauch der Nacht
Schleich ich mich in ihr Herze sacht,
Bleich ihr die Haut, geb ihrer Wange Glut
Und zehre von ihrem Lebensblut.
Der du sie liebst, trau ihrem Auge nicht,
Es funkelt am hellsten, wenn es bricht;
Mutter, sieh ihres Atems Not,
Labsal atmet für sie der Tod.

Vater, such sie mir nicht zu entziehen,
Sie ist mein, wird mir nicht entfliehen;
Der Sarg, ihr Brautbett muß er sein
das Leichentuch ihr Kopfputz fein;
Der flüsternde Wind die Jungfrau beweint,
Die bald im Grabe mit mir vereint;
Der Wurm, er schwelgt in himmlischem Glück,
Da vom Tod geschändet der Jungfrau Blick.«
Zitiert in Morley (1971, S. 43)*

Auf der indonesischen Insel Sumba kann sich ein reicher Mann Jahre vor seinem Tod bereits seine Gedenkstätte errichten lassen und so das Ansehen, das er damit erwirbt, noch in eigener Person genießen. Er kann sein eigenes Grab besuchen. Es ist ähnlich wie bei uns, wo unheilbar Kranken ihre Lebensversicherung vorzeitig ausgezahlt werden kann, damit sie von der Todesfallprämie zu Lebzeiten noch etwas haben.

Riesige Steine werden zu Lande und zur See über weite Strecken geschleppt, um als gemeißelte und mit Ornamenten versehene Sargplatten zu dienen, die vom Ruhme dessen künden, der künftig darunter liegen wird. Die Gebeine der früher Verstorbenen seiner Gruppe werden vielleicht auch unter der Platte beigesetzt, aber sie bleibt *sein* Grab. Das Ganze kostet ein Vermögen. Hunderte von Arbeitern müssen Hand anlegen – je mehr, desto besser. Während des Transports müssen Tag für Tag mehrere Büffel geschlachtet werden. Nach altem Brauch wird alles durch Handarbeit erledigt. In ethnologischen Filmen ist das auch noch der Fall. Im Schneideraum allerdings findet man sorgfältig entfernte Aufnahmen von Traktoren, Lastwagen und Wagenhebern.

Der Stein verläßt den Steinbruch als eine Braut – die übrigens auf den Namen Wanda hört; man preist die Weiße ihrer Haut, sie gilt als Tochter des Ortes, von dem sie stammt.[13] Der Kaufpreis für den Stein wird nach dem Muster eines Brautpreises entrichtet, man redet mit dem Stein, wie ein schmachtender Verehrer mit seiner Angebeteten spricht.

Zu dem Zeitpunkt, da er im Dorf eintrifft, hat der Stein seine Identität gewechselt und spielt jetzt den anderen Part in einer solchen Verbindung, einen tapferen jungen Krieger; daß er dazu dient, einen weibliche Hohlraum zuzudecken, wird ausdrücklich als Paarungsvorgang beschrieben.

*

Viele höhere Polizeibeamte sind schon Opfer eines rituellen Mordes geworden. Bei ihrer Einführung in die Freimaurerei müssen sie die Rolle des Hiram, des Erbauers des Tempels in Jerusalem, spielen, der gemordet und wieder von den Toten auferweckt wird. Der Tod selbst kann natürlich ein Mittel sein, um sich Gedanken über andere Dinge zu machen. Nicht nur radikale Christen sterben, um »wiedergeboren« zu werden. Auch Menschen anderer religiöser Bekenntnisse nehmen häufig solche Formen eines freiwilligen gesellschaftlichen Todes auf sich. Das Gewand buddhistischer Mönche hat die Farbe eines Leichentuchs; mit der Art von Sandalen, die sie tragen, bekleidet man die Füße von Toten. Überall auf der Welt gehört zur Initiation, daß der Kandidat »stirbt« und wiedergeboren wird. In vielen afrikanischen Kulturen kehren initiierte Knaben mit neuen Namen aus ihrem Lager im Busch

---

[13] Hoskins 1986

zurück, erkennen um keinen Preis ihre Eltern wieder und müssen Sprechen und Essen von Grund auf neu erlernen. In der mittelalterlichen Bretagne wurden Menschen, die man als aussätzig erkannt hatte, einer abgeschwächten Form von Begräbnisritual unterworfen, bei dem sie »starben« und offiziell aus der Gesellschaft ausgestoßen wurden.

*

Moni Adams hat darauf hingewiesen, welch wichtige Rolle in Südostasien bei der Verarbeitung von Naturprodukten der Gärprozeß spielt.[14] Farben, Arzneien, Faserstoffe und Lebensmittel werden alle durch Gärung in geschlossenen Gefäßen hergestellt, die manchmal vergraben werden; Ziel ist die Neutralisierung von Giften oder die Produktion einer Essenz, die sich durch größere Brauchbarkeit, Wirksamkeit und Haltbarkeit auszeichnet.

Unabhängig davon, was mit den Leichen anschließend geschieht, besteht bei Begräbnisritualen in Südostasien das erste Stadium gewöhnlich in einem Verwesungsvorgang. Zu einer Bestattung im thailändischen Königshaus etwa gehört, daß der Leichnam mehrere Monate lang in versiegelten Gefäßen aufbewahrt wird. Die Verwesungssäfte werden täglich beseitigt. Die feste Masse, die übrigbleibt, wird verbrannt und zu Asche verwandelt, die dann in einem Schrein aufbewahrt wird. Die Schlacke durchsucht man nach Knochenresten, aus denen heilige Reliquien werden. Der Prozeß aus Verwesung und Verbrennung, dem der Leichnam unterworfen wird, folgt also den gleichen Reinigungsvorstellungen, wie sie für weniger illustre Verfahren dieser Art typisch sind.

Jeder technische oder natürliche Prozeß, der sich in eine klare Abfolge von Stadien zerlegen läßt, taugt dazu, den Tod in einen umfassenderen Lebenszusammenhang einzuordnen.

---

[14] Adams 1977

Die Dowayo in Kamerun machen nicht nur Gebrauch von dem in Westafrika geläufigen Modell, das den Körper als Gefäß vorstellt, sie ziehen außerdem auch eine Verbindung zwischen Stadien der menschlichen Biographie und Zustandsformen einer bestimmten Art Hirse. Bei der Heirat gibt der Bräutigam dem Vater der Braut Saathirse und nach der Geburt eines Kindes gekeimte Hirse; beim Todesfall wird aus gemälzter Hirse Bier gebraut, und die Ahnengeister erhalten häufig die verfaulten Rückstände des Biers. Wenn im Wasserkrug einer toten Frau gärendes Bier blubbert, gilt das als Zeichen dafür, daß ihr Geist zugegen ist. Daß wir von Weingeist reden und uns Geister als ätherische Essenzen vorstellen, verweist auf ein ähnliches Modell.

Die Dogon in Mali stellen einen Zusammenhang zwischen der alkoholischen Gärung und den Toten her. Die ungebändigten Toten, die noch nicht offiziell aus dem Leben geschieden sind, um sich den Ahnen beizugesellen, und deren Seelen im Dorf herumstreifen – sie bewirken die Gärung beim Bier. Der Biergenuß bleibt auf Zusammenkünfte beschränkt, bei denen die Toten eine Rolle spielen; getrunken wird das Bier hauptsächlich von alten Männern. Es tritt in sie ein und bringt ihr Denken und Tun durcheinander. Durch diese Wirkung, die das Bier hat, mahnen die Toten die Lebenden, die teuren Zeremonien zu veranstalten, die nötig sind, um ihnen zum Ahnenstatus zu verhelfen.

*

Auf britischen Kirchhöfen findet man Scharen von Leuten, die nach Auskunft ihrer Grabsteine begraben wurden, als sie »entschliefen« – eine Vorstellung, die einen meiner Besucher aus Afrika mit blankem Entsetzen erfüllte.

Das englische Wort für Friedhof, »cemetery«, stammt aus dem Griechischen und bedeutet »Schlafstätte«. Wegen der Lehre von der Wiederauferstehung des Fleisches beim Jüngsten Gericht kommt es im traditionellen christlichen Glauben zwangsläufig zu einer Gleichsetzung von Tod und Schlaf. Bis zum heutigen Tag schleichen wir verlegen um Leichen herum, senken die Stimme und unterhalten uns im Flüsterton, um die Toten nicht zu »stören«. Von der Notwendigkeit, einen klaren Trennstrich zwischen Schlaf und Tod zu ziehen, zeugen die »Totenwachen«: Hier wird von den Lebenden gefordert, bei dem Verstorbenen zu sitzen und Wache zu halten; wer einschläft, wird unter Umständen mit dem Tode bestraft.

Wenn der Tod ein Schlaf ist, dann ist das Grab ein Bett; und das wiederum führt zu dem Brauch, Eheleute zusammen zu begraben – allerdings im allgemeinen nur paarweise. Ausnahmeregelungen für die serielle Polygamie von Leuten, die sich mehrmals verheiraten, kennt die totenkultliche Praxis nicht. Ein Pfarrer, dem ich diese Möglichkeit vortrug, fand den Gedanken skandalös. »Schließlich«, erklärte er, »waren sie ja nicht alle *zur gleichen Zeit* verheiratet.«

Nicht nur das Grab ist manchmal ein Haus, auch für den menschlichen Körper gilt das. In unserer eigenen Kultur neigen wird dazu, jedem Zimmer die Ausübung einer bestimmten Körperfunktion zuzuweisen; wir sprechen von Wohnzimmer, Eßzimmer, Badezimmer und so weiter.

Das Haus wird zu einer Landkarte verschiedener körperlicher Aktivitäten. Die Zimmer lassen sich nach dem Grade ihres öffentlichen oder privaten Charakters einstufen. Je weiter man sich von der Eingangstür entfernt, um so privater werden sie. Der privateste Bereich sind die Schlafzimmer, die nur mit Einschränkung zugänglich sind und für die als Grundregel gilt, daß in einem »normalen« Haushalt nur eines von einem sexuell aktiven Paar belegt sein sollte. Bestattungsunternehmern zufolge müssen heutzutage die Verstorbenen unter anderem deshalb so rasch aus den Häusern abgeholt werden, weil der »Salon« oder das »Besuchszimmer« verschwunden ist. Das war ein besonderer öffentlicher Raum von steifer Feierlichkeit, der nur benutzt wurde, um Gäste und Verehrer der Töchter des Hauses zu empfangen. Hier konnte man Erbstücke, Hochzeitsfotos, feinstes Porzellan, Erinnerungen an familiäre Leistungen wie Zeugnisse der Kinder und Sporttrophäen bewundern. Das Ansehen der Familie stand und fiel damit, daß man einen solchen Raum besaß. Dieses öffentliche »Gesicht« des Hauses war der Außenwelt zugewandt und stellte den einzigen passenden Ort dar, an dem ein Leichnam mit geschlossenen Augen und hinter zugezogenen Vorhängen aufgebahrt werden konnte. Sobald der Leichnam das Haus verließ, wurde die Eingangstür zur Sperrzone erklärt.

Bei den Tlingit in Alaska brachte man die acht Langknochen des Körpers mit den acht Hausbalken in Zusammenhang. Der hintere Teil bildete den »Kopf« des Hauses. Die Tür war der Mund. Wie überall auf der Welt häufig der Fall, durften auch hier Leichen nicht durch die normalen Öffnungen sozial wichtiger Umfriedungen hinausgeschafft werden, wenngleich der Mund des Verstorbenen und die Haustür offengehalten werden mußten, damit der »Atem« des Verstorbenen entweichen konnte. Um den Leichnam zur Feuerbestattung aus dem Haus schaffen zu können, wurde in die (Rück)Wand ein Loch gebrochen und anschließend wieder zugemacht. Bezeichnenderweise fanden Niederkünfte draußen hinter dem Haus statt, und das Neugeborene wurde durch die Eingangstür hereingebracht und mit Asche gereinigt; auf diese Weise beschrieb sein Leben einen kompletten Umlauf.

*

Für uns im Westen, behaupten wir, sei der Tod »ohne Sinn«. Wir allein glauben, dem Tod in seiner ganzen brutalen Tatsächlichkeit ins Auge zu sehen. Demnach scheint nicht zu erwarten, daß sich bei uns etwas finden läßt, was den ebenso metaphernreichen wie »täuschenden« Ritualen anderer Völker vergleichbar wäre. Aber immer mit der Ruhe! Ohne Frage nämlich ist es eben der metaphorische Charakter unserer Vorstellung vom Tod, der diesen zu einem solchen Problem für uns werden läßt.

Eine philosophische Tradition, die auf Descartes' Geist/Körper-Dualismus zurückgeht, gestattet uns eine Sicht, derzufolge sich im Todesfall der Körper als kaputtgegangene Maschine präsentiert, während der Geist die Rolle des Besitzers spielt, der über den Verlust außer sich ist. Tatsächlich gehen wir noch weiter als Descartes. Er wies der Seele mit der Zirbeldrüse immerhin einen körperlichen Sitz zu. Wir werfen sie mit dem abstrakten Geist zusammen, so daß sich mit Fug und Recht sagen läßt, daß wir in unserer Vorstellung vom Tod Descartes über den Leichenwagen triumphieren lassen.

Maschinen liefern uns schon lange neue Modelle für die Betrachtung des Körpers. William Harvey entdeckte den Blutkreislauf, nachdem er einige Jahre zuvor der Vorführung neuer und verbesserter Wasserpumpen beigewohnt hatte. Für uns heute ist der Körper eine Maschine, die entweder unangemessen früh kaputtgeht oder sich allmählich abnutzt und eigenwillige Funktionsstörungen entwickelt. In einem gewissen Umfang läßt sie sich ausschlachten und liefert Ersatzteile. Einzelne Teile können herausgenommen und durch künstliche Organe ersetzt werden, damit wir nicht gezwungen sind, unserem Schöpfer vorzeitig unter die Augen zu treten. In unserem System des demonstrativen Konsums schafft der Wegwerfkörper ein weiteres Entsorgungsproblem, das sich am besten durch industriell betriebene Einäscherung, Verschrotung oder – aus ökologischer Sicht vorzuziehen – Recycling lösen läßt. Die Idee des guten Todes verschwindet weitgehend und macht der Vorstellung von einem angemessenen Tod Platz, wobei die Angemessenheit sich daran bemißt, wieviel Nutzen bei ordentlicher Wartung aus dem Körper gezogen werden konnte. Jung zu sterben ist nicht einfach traurig, son-

dern ungerecht, und verletzt die Rechte und Garantieansprü-
che, die ein Konsument hat. Ansonsten ist der Tod ein Be-
triebsunfall, nicht mehr ein Triumph der Seele über den Leib,
sondern ein Sieg des Körpers über den Geist. Bestenfalls läßt
er sich als nachdrückliche Zustimmung der Natur zum klein-
bürgerlichen Antiintellektualismus der europäischen Tradition verstehen. Krankheit ist der erste deutliche Hinweis darauf, daß der kosmische Maschinist den Atem anhält und die
Stirn in Falten legt. Kein Wunder, daß in westlichen Krankenhäusern der Tod totgeschwiegen und geheimgehalten wird
und daß die Ärzte ihre Kunstfehler so rasch wie möglich unter
die Erde bringen.

Das Modell der Cartesianischen Maschine erstreckt seinen
Geltungsbereich auch auf das Gehirn und sogar auf den
Geist, den Ryle einst als »das Gespenst in der Maschine« bezeichnete. In den sechziger Jahren sah man im Gehirn eine
ungeheuer komplexe Telefonvermittlung, eine Art großes
Schaltsystem, denn das war damals die avancierteste Techno-
logie, die es gab. Dann boten neue Apparaturen die Möglichkeit, sich neu zu sehen, und das Gehirn wurde ein Computer.
Mittlerweile haben Science fiction-Autoren eine neue theo-
retische Form der Unsterblichkeit erfunden – die Fernpro-
grammeingabe, bei der unser Geist/Gehirn wie eine normale
Diskette auf ein elektronisches Medium kopiert wird, um auf
diese Weise Bewußtsein außerhalb des Körpers entstehen zu
lassen. Der Autor verwandelt sich in einen Bestandteil seines
eigenen Textverarbeitungsprogramms; aus ihm wird buchstäblich »das Gespenst in der Maschine«.

Im Einklang mit der Tatsache, daß zu Ausgang des 20. Jahrhunderts die industrielle Produktion die vorherrschende
Form des Hervorbringens ist, behält das Maschinenmodell
für die westlichen Vorstellungen vom Tod prägende Bedeutung; parallel zum Maschinenmodell hat sich aber auch noch
ein zweites Modell entwickelt – das der Kunst –, das der Verklärung des Individuums dient. Der westliche Kunstbegriff

dreh sich um den innovativen einzelnen, um die schöpferische Kraft, die sich in Nachruhm verwandelt – ebenfalls ein Mechanismus, durch den die Zeit überlistet und dem Individuum ein Weiterleben ermöglicht wird. Klassische Kunstwerke haben zwar im Individuum ihren Ursprung, sind aber »zeitlos«. Sie sind in Museen untergebracht, die dazu da sind, die Zeit anzuhalten, vergleichbar jenen Räumen, die nach dem Tod ihrer Bewohner unverändert gelassen, »eingefroren«, werden. Die Schöpfer solcher Kunstwerke sind »Unsterbliche«; Kunstsammler versuchen häufig, ihre Namen mit solchen Werken zu verknüpfen oder ihre Grabmäler damit zu schmücken, um sich selber Unsterblichkeit zu sichern. Daher der Schrei allgemeiner Empörung, als Ryoei Saito, der japanische Geschäftsmann, der für 300 Millionen Mark van Goghs *Porträt des Dr. Gachet*, zwei Renoirs und eine Skulptur von Rodin erstanden hatte, verkündete, sie sollten ihm nach seinem Tod in den Sarg gelegt werden. Hier lag nicht nur ein Fall von krassem Egoismus vor, hier wurde der Versuch gemacht, die unsterbliche Kunst zu etwas Sterblichem zu machen, indem sie in Vorgänge einbezogen wurde, die den vergänglichen menschlichen Körper betrafen. Daß die Kunst dem Tode trotzt, kommt auch darin zum Ausdruck, daß der Tod eines Künstlers den Wert seiner Werke steigert. Zu sterben ist unter Gesichtspunkten der Karriere ein kluger Schachzug. »Stirbt« ein Kunstwerk selbst, sind die Folgen noch dramatischer. Das letzte Mal, als die *Mona Lisa* gestohlen wurde, kamen mehr Leute in den Louvre, um die Stelle an der Wand zu betrachten, von der sie stibitzt worden war, als je zuvor Menschen gekommen waren, um das Gemälde selbst zu betrachten.

Einen ähnlichen Sturm der Entrüstung löste umgekehrt der Kurator einer Ausstellung von Gemälden australischer Aborigines aus. Da er jeden Anschein von Diskriminierung vermeiden wollte, führte er die Maler mit Namen an, statt in der üblichen hochfahrenden ethnographischen Manier nur ihren »Stamm« zu nennen. Damit erregte er großes Ärgernis, da einige der Künstler bereits tot waren und nach Eingeborenenbrauch die Erwähnung von Namen Verstorbener strengstens verboten ist.

*

Bei den Juden gehört traditionell zur Trauer, daß man seine Kleider zerreißt. In vielen Teilen der Welt, besonders in Asien, werden die Stoffe in abgeschlossenen Zyklen gewoben; wenn also bei Brüchen im sozialen Gefüge, wie sie der Tod, die Kopfjagd oder das Namengeben darstellen, Webstoffe zertrennt werden, hat das die Bedeutung eines Zerschneidens von Zeitstrukturen. Das Zerreißen ist aber eine rituelle Handlung und erfordert bürokratische, rituelle Festlegungen. »Die Kleidung muß in der Nähe des Halses, an der Vorderseite des Kleidungsstückes, zerrissen werden, und sie darf nicht quer, sondern muß längs zerrissen werden, und zwar im Stoff, nicht am Saum. Wenn es sich um nächste Angehörige handelt, darf der Riß nach der siebentätigen Trauer geheftet und nach dreißig Tagen Trauerzeit genäht werden; handelt es sich aber um einen Vater oder eine Mutter, darf er erst nach dreißig Tagen geheftet und niemals genäht werden. Eine Frau darf ihn sogleich heften.«[15]

*

Ein Journalist brachte einmal die müde, herablassende Art, in der Margaret Thatcher mit den Wählern kommunizierte, auf die Formel, sie rede mit den Leuten, »als sei denen gerade ihr Hund gestorben«. Das Reich der Menschen ist nicht einfach nur von Menschen bevölkert. Wir unterhalten die vielfältigsten Beziehungen zu Tieren, und diese Beziehungen haben

---

[15] Habenstein und Lamers 1960, S. 194

auch Einfluß darauf, welche Bestimmung wir dem Tod geben und wie wir mit ihm umgehen. Wir haben Haustiere, die »human« getötet werden müssen; es gibt Wildtiere, die in einer Art Pseudokrieg rituell niedergemacht werden; gegen Ungeziefer, das uns befällt, führen wir chemische Vernichtungskriege, die jeder Genfer Konvention spotten. Dann ist da noch diese riesige Gruppe weiterer, kastrierter und sterilisierter »Schutzhäftlinge«, Schoßtiere genannt, die uns als Menschenersatz dienen. Aktivisten, die sich für die Rechte der Tiere einsetzen, sind ständig bemüht, die Grenzen zu verschieben und die dazugehörige Moral zu verändern.

Aus Tieren werden Menschen ehrenhalber. In Kalifornien veranstaltet man für sexuell zu kurz gekommene Pudel Rendezvous, während es in Brighton einen Pfarrer gab, der jahrelang überkandidelte und zweifellos häretische Gottesdienste abhielt, bei denen die Tiere gesegnet wurden. Der Dichter Virgil (70–19 v. Chr.) soll für eine Lieblingsfliege ein aufwendiges Mausoleum gebaut haben. Japanische Primatologen in Osaka halten buddhistische Gedenkgottesdienste für Laboratoriumsaffen ab, die sie umgebracht haben, danken den Tieren und bitten sie um Vergebung; die meisten japanischen Krankenhäuser unterhalten ein Heiligtum für die Tiere, die sie auf dem Gewissen haben.[16] Auf Altären werden Opfer dargebracht; bei einer Gelegenheit machten ein Schimpanse und sein Wärter gemeinsam den Anfang damit.

Menschen können sich mit Dingen und Tieren in Sphären teilen. Bei den Tlingit in Alaska waren die Menschen durch das Schicksal der Wiedergeburt mit Tieren und Fischen verbunden; deshalb mußten deren Knochen wie die der Menschen mit Achtung behandelt werden. Von den Lachsen nahm man tatsächlich an, daß sie von der Art der Menschen seien, unter der Erde lebten und einmal im Jahr Fischgestalt annähmen, um menschliche Bedürfnisse zu befriedigen.

---

[16] Asquith 1983

Nach ihrem Tod kehrten sie in das große Haus zurück und würden wieder zu Menschen. Wurden ihre Gräten nicht wieder vollständig dem Wasser übergeben, dann fehlten ihnen Gliedmaßen, sie humpelten wütend auf Stümpfen herum und kehrten im folgenden Jahr nicht mehr als Lachse zurück. Die Künstler bei den Tlingit legen normalerweise Wert auf Vollständigkeit und stellen Tiere mit den wichtigsten inneren Organen dar wie auf einem Röntgenbild. Und auch Gegenstände wie etwa Kanus, die solche Tiere als Wappen trugen, verdienten Achtung. Wenn sie abgenutzt waren, wurden sie »eingeäschert«, »betrauert« und durch andere gleichen Namens ersetzt. Die Objekte waren im Kern ebenso unsterblich wie die menschlichen Wesen, deren Geister in den Kindern ihrer Gruppe wiedergeboren wurden. Westliche Reisende wurden auf dieses Phänomen bereits frühzeitig aufmerksam, als afrikanische Herrscher den ungläubig Staunenden erzählten, sie seien mehrere hundert Jahre alt. In diesem Fall nahm man das als Beweis für die Lügenhaftigkeit der Eingeborenen.

Man kann schwerlich behaupten, daß die gehätschelten Kinder der heutigen westlichen Gesellschaften den Tod ebenso erfahren wie Kinder in anderen Weltgegenden und zu anderen Zeiten. Wir rechnen fest damit, daß unsere Kinder bis ins Erwachsenenalter am Leben bleiben und daß wir selbst ein reifes Stadium und ein hohes Alter erreichen. Das kostbarste Geschenk, das bei uns ein braver Sohn seinen Eltern machen kann, ist schwerlich der Sarg, den ein pietätvoller Chinese seinen noch lebenden Eltern verehrt. Bei uns bringt einzig und allein der Tod von Haustieren die Kinder mit der Sterblichkeit in Berührung und liefert das Modell für das Verständnis vom Tod, das sie im weiteren Leben haben. Das formlose Ritual einer Beerdigung im Garten mit einigen unbestimmten Andeutungen, daß die Ewigkeit das Tier aufnimmt oder daß es wieder in den Naturkreislauf zurückkehrt, stellt für die meisten Eltern die Lösung des Problems dar, falls der Liebling nicht überhaupt in der »Tierklinik« stirbt. Im

Normalfall sterben heute unsere Tiere ganz anders als wir, weil sich etwa 80 Prozent des menschlichen Sterbens in Krankenhäusern abspielt und weil wir im Unterschied zu den Tieren nicht in den Genuß von Sterbehilfen gelangen. Daß gelegentlich die Ansicht vertreten wird, wir gingen mit unseren Haustieren im Todesfall liebevoller um als mit unseren nächsten Verwandten, kann deshalb nicht überraschen.

Die Bewegung für ein natürliches Begräbnis, der die Idee zugrundeliegt, daß Menschen von ihren eigenen Angehörigen begraben werden sollten, läßt sich als ein Versuch verstehen, die Kindheitserfahrung vom Tod eines Haustiers als Modell auf die Entsorgung menschlicher Toter zu übertragen. Daß darauf insistiert wird, die Sache selber in die Hand zu nehmen, selber den Sarg zu zimmern und die Leiche mit ein bißchen Poesie im Garten unter die Erde zu bringen, wirkt wie eine maßstäblich vergrößerte Kopie der Geschichte mit dem Wellensittich, der in einer Zigarrenschachtel zur letzten Ruhe gebettet wird. Das wirkt wie die genaue Umkehrung jener süßlichen Gemälde aus der viktorianischen Zeit, auf denen die Bestattung von »Gockel Rotschopf« als höchst feierliches, trauerflorverhangenes menschliches Begräbnis dargestellt wird, der Sarg umringt von Tieren mit schwarzer Armbinde und Zylinder. In einer Welt, die den Tod zuerst kirchlich formalisierte und dann medizinisch hygienisierte, muß er vielleicht jetzt innerfamiliär privatisiert werden. Es gibt aber keinen Grund, sich über die Do-it-yourself-Methode in Sachen Tod lustig zu machen. Die Bewegung zeigt, daß die Menschen mit den derzeitigen Todesritualen unzufrieden sind und sich nach einer Form des Todes umsehen, die mit ihrem emotionalen Erleben in Übereinstimmung ist.

Ich wollte einmal von einer Bestattungsunternehmerin wissen, nach welchen Gesichtspunkten sie die Bilder an den Wänden ihres Wartezimmers ausgewählt hatte. Sie erzählte mir, sie habe es mit heiteren Kinderbildern probiert, aber die Leute hätten das unangemessen gefunden. Sie habe es dann mit tragischen Frauengestalten versucht, die unter Trauerweiden hinschwanden, aber das habe die Leute aufgeregt und ihren Kummer unziemlich verstärkt. Das Wichtigste sei, erklärte sie, daß es sich um »klassische« Werke mit verbürgtem künstlerischem Wert handle. Die Feststellung paßte auf merkwürdige Weise zu dem, was ein Militär mir gegenüber einmal geäußert hatte, und deutet vielleicht auf einen tiefsitzenden Klassenkomplex. »Der britische Gemeine,« hatte er kurzerhand erklärt, »ist im Grunde ein Snob. Er schätzt es, wenn er von einem Gentleman in seinen sinnlosen Tod geschickt wird.«

Wie sich erwies, kamen am besten die Bilder an, die den Wechsel der Jahreszeiten zeigten, Pralinenschachtel-Constables, die zu verstehen gaben, daß Kummer geradeso zum menschlichen Leben dazugehörte, wie der Winter Teil des Naturkreislaufs war. Das ist nicht sonderlich überraschend. Im heutigen Leben wird die Zeit zunehmend homogenisiert. Erdbeeren kann man das ganze Jahr über kaufen, sogar an englischen Sonntagen. Für viele weist die Zeit keine qualitativen Unterschiede mehr auf; sie hat ihre Rhythmen eingebüßt. Wie so vieles andere bemißt auch sie sich am laufenden Meter.

Wenn die Aktivisten des Do-it-yourself-Todes sich über die Hülle für den Leichnam Gedanken machen und dafür eintreten, Hartholzsärge zu vermeiden und biologisch abbaubare Beschläge und Papiersäcke aus Recyclingpapier zu verwenden, dann spiegelt dies einfach nur ihre ablehnende Haltung gegenüber der unnötig aufwendigen Verpackung von Fischstäbchen wider. Der Tod wird in die Lebenszyklen wieder eingebunden, und sei's auch auf noch so bescheidenem Niveau.

Die britische Haltung gegenüber Tieren scheint auf alle abzufärben, die in diesem Land leben. Die britischen Städte sind übersät mit sterblichen Überresten von Tieren. Auf einer Verkehrsinsel in Cambridge befindet sich der Grabstein des Hundes des Prinzen von Siam. Jahr für Jahr photographieren Tausende von Touristen das hochragende Monument des

Grand Old Duke von York oberhalb von Pall Mall. Direkt daneben aber, hinter Steinmauern diskret verborgen, befindet sich ein kleiner Grabstein, der dem »treuen Freund« Giro, dem Hund des Botschafters Hoesch, des Vorgängers von Ribbentrop an der deutschen Botschaft in London, gewidmet ist. Hoesch, ein überzeugter Antifaschist, war beim britischen Establishment sehr beliebt; angeblich wurde er 1936 »wie ein Hund« von den Nazis vergiftet, die ihn ohne viel Aufsehen und ohne einen Märtyer aus ihm zu machen loswerden wollten. Zum Teil verdankte er seine Beliebtheit der Tatsache, daß er Giro anbetete.

Und da gab es auch noch Mampus. Sein Name war ein Witz, wie geschaffen für eine würdevolle, vornehme britische Katze, tatsächlich aber ein indonesisches Slangwort, das soviel wie »ins Gras beißen« bedeutet. Auf Lateinisch hätte das Tier »Requiescatz« geheißen.

»Er's tot«, sagte die Stimme am Telefon. »Dion is' außer sich. Was fangen die Engländer mit toten Tieren an? Was steht im Gesetzbuch?«

»Weiß ich nicht. Sie begraben, nehme ich an.«

»Wir wohnen im 4. Stock. Es gibt keinen Garten. Dion is' außer sich«, wiederholte sie.

Man konnte den Körper eines Mampus nicht einfach in die Mülltonne werfen – eines Katers, der so groß und und geschmeidig, ein solch gewaltiger Mäusejäger war und dessen Schnurren wie das Grollen des Donners klang. Es gab natürlich Leute, die Tierbegräbnisse ausrichteten; aber die waren teuer, und Indonesier mußten mich für verrückt halten, wenn ich dergleichen vorschlug.

»Sie haben doch einen Garten«, sagte sie.

Langes, tiefes Schweigen. »Also, meinetwegen.«

Sie standen vor der Tür, die Augen der Mutter erregt und gerötet, die von Dion schwarz gesäumt. »Soviel Trara«, sagte sie. »Und alles wegen einer Katze.«

Dion hielt krampfhaft eine große Schachtel umklammert.

Kaum vorstellbar, daß er sie den ganzen Weg hierher getragen hatte. »Chips mit Schinkenaroma« stand darauf. Das wirkte ganz und gar unziemlich. Irgendwie hatte es nie einen Zweifel daran gegeben, daß Mampus Moslem war. Sogar seine Toilettengewohnheiten paßten dazu. Wenn er pinkeln mußte, stupste er einen mit der Pfote an, jaulte und wollte zum Badezimmer begleitet werden. Dort hockte er sich verlegen in die Duschwanne und jaulte dann wieder, bis jemand die Sache wegspülte.

Ich hatte ein Loch gegraben. Mit einem ersten Angriff, den ich gegen die Blumenrabatten führte, war ich gescheitert. Es gelang mir nicht, tiefer als ein paar Zoll vorzudringen. Ich suchte also weiter im Rasen nach einer Stelle, während mich die Nachbarschaft hinter zuckenden Gardinen wachsam beobachtete. Der Rasen hatte ein Fundament aus Ziegeln – kein Wunder, daß er nicht gedieh. Schließlich mußte ich zur Spitzhacke greifen. Ich hatte nie gewußt, daß ein Begräbnis ein körperlich derart anstrengender Vorgang ist. Dies war kein sauberer rechteckiger Einschnitt wie bei einer chirurgischen Operation. Hier klaffte eine Wunde in der aufgerissenen Erde.

Dion war unbeeindruckt. »Es muß nach Osten liegen.«

»Bitte, keine Freveleien«, sagte seine Mutter. »Es handelt sich um eine Katze.« Und dann, als Dion zu weinen anfing, kurzerhand die Kehrtwendung: »Du weißt doch, daß man das nicht darf. Keine Tränen bei Begräbnissen.«

Ich sah in die Schachtel. Da lag Mampus, steif und spöttisch grinsend, aber gehüllt in ein Stück Stoff, das mit simulierter islamischer Kalligraphie bedeckt war. Es sah aus wie eines jener besonderen Kopftücher, die moslemische Frauen bei Begräbnissen tragen sollen. Dion blickte mich beschwörend an. Seine Mutter wußte nicht, daß er es stibitzt hatte.

»Ist schon gut«, sagte ich, »wir legen ihn quer in die Schachtel, so daß sein Kopf nach Osten liegt. Wenn wir das Loch verändern, ist das nicht günstig.«

Ich versuchte, die Schachtel in das Grab zu schieben, aber

die Ränder fielen zur Mitte hin schräg ab; also nahmen wir die Schachtel wieder heraus, und Dion und ich schufteten erneut mit Pickel und Schaufel. Aus dem Todesreigen war ein Ringkampf geworden. Es gibt kein schrecklicheres Geräusch, als wenn Erde auf einen Sarg prasselt, und sei der auch nur aus Pappe. Danach hatten wir Erde übrig. Ich konnte mir nicht vorstellen, daß sie erpicht darauf waren, mich auf Mampus herumtrampeln zu sehen; also verschob ich diesen Teil auf später.

Verlegenes Schweigen. Wir hatten getan, was wir uns vorgenommen hatten, aber die Sache war noch nicht mit Brief und Siegel versehen. »Möchten Sie ein Gebet sprechen?«

Die Mutter wußte nicht recht. »Ich glaube nicht, daß ich das tun sollte. Solche Dinge sind Männersache.«

»Haben Tiere Seelen?« fragte ich. Eigentlich war das nicht der Augenblick für ethnographische Erhebungen, aber ich konnte nicht widerstehen.

»Nein«, sagte die Mutter. »Ja«, sagte Dion im selben Moment. Sie überlegte. »Also, man kann sich bei einer toten Katze *badi* holen.«

»Was ist *badi*?« Ich hatte das Wort noch nie gehört, fand aber später heraus, daß wir es mit »Verunreinigung« oder »Befleckung« übersetzen.

»Es ist die Krankheit, die man durch die Berührung mit dem Tod bekommt.«

Das war vielversprechend; hier steckte eine ganze Dissertation drin.

Dion stand da und starrte auf den Erdhügel; er sah klein und verloren aus, als sei in ihm eine Feder gebrochen, die nie mehr zu reparieren war.

»Eine Katze ist eines von Gottes Geschöpfen«, erklärte ich salbungsvoll. »Steht im Koran nichts über Katzen?«

Dion schüttelte den Kopf. »Nein. Es gibt Kühe und Kamele, aber keine Katzen. Mampus«, flüsterte er – und man wußte nicht, war es der Name der Katze oder ein Schlußwort.

9 Von der Wiege bis zum Grab

Je vollständiger das Leben ist, das man lebt, je mehr ... die schöpferischen Möglichkeiten verwirklicht werden, die man hat, um so weniger Angst hat man vor dem Tod ... Die Menschen fürchten sich nicht vor dem Tod als solchem, sondern davor, daß ihr Leben unvollständig bleiben könnte.

Lisa Marburg Goodman

In einem Großteil der Welt ist die Kindersterblichkeit nach wie vor außerordentlich hoch. Internationale Organisationen führen eine Art Buch über die Länder mit den höchsten Sterblichkeitsquoten und sehen darin einen Maßstab für die Beurteilung der relativen »Notsituation« dieser Länder. Ein afrikanisches Steuerformular, das ich einmal ausfüllte, wollte kurz und bündig wissen:

1. Haben Sie Kinder?
2. Sind noch welche am Leben?

Historiker wie Lawrence Stone vertreten eine merkwürdige Ansicht über Rentabilitätserwägungen beim emotionalen Engagement.[1] Sie machen geltend, Eltern im 18. Jahrhundert hätten für ihre Kinder wenig empfunden, weil sie wußten, daß bei ihnen die Wahrscheinlichkeit eines frühen Todes ziemlich groß war. Die Sentimentalisierung der Familie sei deshalb ein modernes Phänomen. Es wäre kühn, daraus den Schluß zu ziehen, daß die Zuneigung, die Eltern in anderen Gegenden für ihre Sprößlinge empfinden, entsprechend geringer als heute bei uns ist. Es stimmt, daß der Tod von Kindern wenig Störung im öffentlichen Leben bewirkt. Aus der umfassenderen gesellschaftlichen Perspektive betrachtet, sind einzelne Kinder relativ unwichtig, weil sie wenig soziale Identität haben und das volle soziale Sein, ihren Status als Person, erst noch erreichen müssen. Es gibt keine Besitztümer, die verteilt, keine Abhängigen, die versorgt, keine Heiratsschulden, die beglichen werden müssen. Hier greift der alte Unterschied zwischen sozialem und natürlichem Tod. Offiziell – davon wird stets ausgegangen – erhalten Kinder höchstens ein sehr vereinfachtes Begräbnis. Bis zu einem gewissen Punkt verhält sich das auch so.

In persönlicher Hinsicht allerdings kann sich kaum ein Ereignis so verheerend auswirken wie der Verlust eines Kindes. Daß die Kinder nach unseren Vorstellungen vom Tode um ihr Leben betrogen worden sind, läßt uns privat ihren Tod stärker betrauern als andere Todesfälle – selbst wenn er in der Öffentlichkeit mit Stillschweigen übergangen wird. In anderen Weltgegenden müssen unter Umständen für verstorbene Kinder, vorausgesetzt, sie waren als Mitglieder der Gesellschaft bereits anerkannt, ausgetüftelte Veranstaltungen ins Werk gesetzt werden, um ihnen einen simulierten Durchgang durch die versäumten Lebensstadien zu ermöglichen und sie das Erwachsenenalter erreichen zu lassen, in dem sie ordnungsge-

---

[1] Stone 1977

mäß und in aller Form sterben können. Ihr Tod fordert dann der Gemeinschaft vielleicht größere Anstrengungen ab als der Tod des angesehensten Erwachsenen.

»Eine andere Eigentümlichkeit der Statue Jizos [des Gottes der Barmherzigkeit], mag sie nun im Tempel, auf dem Friedhof oder am Wegesrand stehen, sind die zahlreichen Kiesel, die in seinem Schoß und rund um das Fundament aufgehäuft liegen. Wenn Kinder sterben, so wandern nach der Überzeugung vieler japanischer Buddhisten ihre Seelen zu einem Ort am Sai-no-kawara, dem buddhistischen Styx. Hier nimmt ihnen eine alte Hexe die Kleider weg und befiehlt ihnen, am Flußufer Steine aufzuhäufen. Nachts kommen die Teufel und zerstören die Steinhaufen wieder, so daß die ganze Arbeit umsonst war. Dann laufen die Kinder in ihrer Verzweiflung zu Jizo, der sie in den Falten seiner weiten Ärmel versteckt und sie tröstet. Sooft auf der Erde ein Betender einen Kiesel auf die Knie oder zu Füßen von Jizos Statue legt, hilft er, das Los eines dieser Kinder zu erleichtern.«[2]

Im heutigen Japan sind Gedenkstätten für Kinder und Jizo-Statuen ein riesiges Geschäft. Weil Antibabypillen verboten sind und finanzielle und soziale Bedingungen die Geburtenkontrolle zu einem dringlichen Desiderat machen, ist die Abtreibung weitverbreitet. Es heißt, daß jährlich mehr als eine Million Abtreibungen vorgenommen werden. Der Vorgang wird beschönigend als *mabiki* bezeichnet, als ein »Ausdünnen [wie bei Reissetzlingen], damit die anderen besser wachsen können«. Es gibt die Angst, der abgetriebene Fötus könne sich an der Mutter rächen; unter anderem beugt man dem durch die Einrichtung spezieller Friedhöfe für abgetriebene Föten vor, auf denen man vielleicht eine Statue von Jizo aufstellt, damit dieser den Kindern, die nie gelebt haben, beisteht. Die Grabsteine, die erheblich größer sind als die Föten, an die sie

---

[2] Carpenter, zitiert in Habenstein und Lamers 1960, S. 60

erinnern, stehen in Reih und Glied; ihr Kauf und ihre Pflege sind höchst kostspielig. Heute ist es Mode, Windmühlen aus Plastik vor ihnen aufzustellen, die sich unaufhörlich im Wind drehen; zu ihren Füßen liegt, unausgepackt in der Schachtel, teures Spielzeug. Man fühlt sich an die *kokeshi*-Puppen, die beliebten japanischen Figuren erinnert, die von Touristen so eifrig gesammelt werden. Das sind »niedliche« Babies mit Wickelkindkörpern ohne separate Arme und Beine, engelsgleiche Hätschelkinder in Reinkultur. Aber kein Kind spielt jemals mit ihnen. Vielmehr gelten sie als Abbilder der Opfer absichtlicher Kindstötungen, jener Säuglinge, die – häufig von ihren Müttern – durch Ersticken oder Erdrücken umgebracht wurden.

»Bei den Ojibwa wie auch bei anderen Indianerstämmen ist es sehr gebräuchlich, vom Haar verstorbener Kinder, zumal wenn sie noch Säuglinge waren, eine Locke abzuschneiden und sie in Papier und farbige Bänder einzuwickeln. Darum herum legen sie die Spielsachen, die Amulette und die Kleider der toten Kleinen. Das Ganze bildet ein längliches, fülliges Paket, das kreuzweise mit Stricken verschnürt wird und sich wie eine Puppe tragen läßt.

Dieser Puppe geben sie einen Namen, der die Bedeutung ›Elend‹ oder ›Unglück‹ hat und sich am besten mit ›Puppe des Kummers‹ übersetzen läßt. Dieses leblose Objekt tritt an die Stelle des verstorbenen Kindes. Die trauernde Mutter trägt es ein ganzes Jahr lang mit sich herum: sie legt es neben sich ans Feuer und seufzt häufig genug, wenn ihr Blick darauf fällt. Sie nimmt es auch wie ein lebendiges Kind auf ihre Ausflüge und Reisen mit. Wie man mir erzählt hat, liegt diesem Verhalten der Gedanke zugrunde, daß es dem kleinen hilflosen toten Geschöpf, weil es ja noch nicht laufen konnte, unmöglich sei, den Weg ins Paradies zu finden. Indem die Mutter das Ebenbild des Kindes ständig mit sich herumtrage, könne sie der Seele des Kindes dabei helfen, ins Paradies zu gelangen. Sie ermögliche der Seele, soweit zu reifen, daß sie sich schließlich allein zurechtfinden könne.«[3]

*

Schon seit der Abenddämmerung hallte das ganze Dorf von dem Hackgeräusch wider. Die Balinesen in der Gruppe waren aufgebracht und fürchteten Unglück. Was Balinesen mit einer Klinge nach Einbruch der Dunkelheit tun dürfen, unterliegt allen möglichen Einschränkungen. Wir waren ein vermischter Haufen, gestrandete Insassen eines Busses, der unterwegs in Sulawesi kaputtgegangen war. Die Dörfler kamen auf der Suche nach Unterhaltung aus ihren Häusern und boten uns ihr Mitgefühl und Kaffee an. Es war mittlerweile fast Mitternacht und empfindlich kühl. Der Fahrer hatte ein Feuer angemacht und schmiedete mit Hilfe eines Felsbrockens, den er als Hammer benutzte, auf einem Baumstamm unbekümmert ein wichtiges fabrikgefertigtes Bauteil des Busses wieder zurecht. Die Reparatur in einer westlichen Garage hätte zwei Wochen gedauert und ein Vermögen gekostet. Die Passagiere hatten sich in schwatzende Gruppen aufgespalten. Eine Frau trieb einen schwunghaften Handel mit *pa'piong*, die sie am nächsten Morgen in der Stadt hatte verkaufen wollen, Bambusröhren, die mit Reis, Huhn und Gewürzen gefüllt sind. Man hält sie einfach über ein Feuer, und wenn man nach ein paar Minuten den Bambus aufbricht, ist das Essen heiß und schmeckt wir frischgekocht.

Gelangweilt wanderte ich in der Richtung, aus der das Hackgeräusch kam. Eigentlich war es ein bißchen spät, um Brennholz zu hacken. Eine Gruppe von Männern standen um einen jungen Baum und kletterten abwechselnd hinauf, um mit Macheten auf ihn einzuhacken, während sie über ihr

---

[3] Kohl 1985, S. 108

Vorgehen diskutierten. Etwa drei Meter über dem Boden hatten sie eine beträchtliche Menge Holz herausgehackt; überall auf der Erde lagen Splitter verstreut.

»Was machen Sie da?« fragte ich. »Einen Bienenstock?«

Ein Mann mit Sägemehl im Schnurrbart grinste. »Nein. Das ist ein Sarg. Das Baby meiner Schwester ist gestorben.«

Natürlich. Mit dem Tod durfte man sich bei Tageslicht nicht befassen. Er zählte zu den Dingen der Nacht. Ich stieß stotternd ein paar Worte der Anteilnahme hervor, entschuldigte mich und wollte mich davonstehlen, als er sagte: »Sehr freundlich von Ihnen, daß sie gekommen sind.« Da saß ich fest, und das einzige, was mir einfiel, war, ein paar Zigaretten herumzureichen. Eine in schwarzes Tuch gehüllte Frau erschien und sackte zu einem formlosen, schluchzenden Haufen zusammen.

»Meine Schwester«, erklärte der Mann, »ihr Ehemann arbeitet als Matrose und ist unterwegs.« Er mahlte heftig mit der Kinnlade.

»Ich schätze, das ist alles nur passiert, weil er zur Schmiede gegangen ist, während sie schwanger war.«

Die Toraja haben Angst davor, daß sich das Schmiedehandwerk störend auf die menschliche Geburt auswirkt, weil in ihren Augen Sexualität und Schmiedekunst zu eng miteinander verwandt sind: bei beiden spielen Hitze, Erschütterung und Transformationsvorgänge eine Rolle. Die Gefahr besteht, daß sich beide miteinander verquicken und daß es im einen Fall zu einer Verhunzung des Metalls, im anderen Fall zu einer Fehlgeburt kommt. Jeder, der etwas mit einer Geburt zu tun hat, sollte sich der Schmiede fernhalten. Vorwurfsvoll und drohend zugleich tönte vom Bus das Geräusch herüber, das der Stein auf dem Metall machte. Ich überlegte krampfhaft, was ich sagen konnte. Was würde ein Indonesier sagen?

»Gibt es noch mehr Kinder?«

»Noch nicht.« Er holte tief und leicht zittrig Atem. »Glücklicherweise war es kein Junge.«

Verdammt. Das war's, wonach ich mich hätte erkundigen müssen. Sie brachten ein kleines, in Tuch eingewickeltes Paket heraus, schoben es sanft in das Loch im Baum und wanden um den Stamm eine Art Binde aus geflochtenem Schilf; dabei pafften sie unverdrossen meine industriell gefertigten Zigaretten.

»Ich habe in Malaysia gearbeitet«, sagte der Mann und klopfte mit dem Messer gegen sein Bein; es klang wie Metall auf Holz. »Als Holzfäller, wissen Sie. Wenn sie dort die Nabelschnur vergraben, pflanzen sie an der Stelle eine Kokospalme, die zusammen mit dem Kind groß wird. Hier machen wir es andersherum. In einem oder zwei Jahren wird der Baum sich geschlossen haben und weiterwachsen – wie ein Kind.« Er deutete mit seiner Machete in die Gegend, und nun entdeckte ich an anderen Bäumen weitere Placken, die wie alte Narben aussahen.

Beim Bus wurde wild gehupt und mit den Scheinwerfern geblinkt. Der Fahrer war offenbar fertig mit der Reparatur, hatte das Teil wieder eingebaut und wollte losfahren. Ich hatte keine Ahnung, was ich hätte sagen können. Aber in England hätte ich das schließlich auch nicht gewußt. Sollte ich die Mutter ansprechen, die dasaß und von leisem Schluchzen geschüttelt wurde? Sie zu ignorieren, kam mir ebenso unhöflich vor, wie ich es als dreist empfand, sie anzusprechen. Schließlich kannte sie mich ja gar nicht. Und was hätte ich schon sagen können? Ohne passende Geste war ich wie gelähmt. Weder eine kleine Verbeugung noch ein Händedruck schienen geeignet. Aber in Indonesien ist ein Ausdruck stiller Verlegenheit durchaus geeignet, seinen Respekt zu bezeigen; also stand ich einfach weiter herum. Der Fahrer hupte abermals, diesmal anhaltender, dringlicher. Meinen angestammten Platz im Bus hatte ich jetzt schon verloren; ich sah voraus, daß ich stundenlang prekär auf einem Hinterbacken neben der Tür würde sitzen müssen, mit einem speienden Kleinkind auf dem Schoß. Zu meiner Erleichterung stand die Mutter auf, rotzte auf die Erde und ging ins Haus. Den Männern winkte ich zu, der Bruder bekam einen Händedruck und eine Umarmung. »Sie werden bald wieder Onkel sein«, wagte ich mich im Flüsterton vor. Er sah mich überrascht an. Nun hatte ich doch noch den richtigen Ton getroffen.

»Sie haben es bemerkt«, sagte er, wider Willen beeindruckt.

»Und das im Dunkeln! Sie müssen verheiratet sein. Stimmt, sie ist wieder schwanger.«

*

Zumindest bis zur Mitte des 18. Jahrhunderts war es in England gängige Praxis, einem Neugeborenen den Namen eines bereits lebenden älteren Geschwisters noch einmal zu geben. Die Gefahr der Verwechslung war gering, da alle Aussichten bestanden, daß nur eines der beiden Kinder das Erwachsenenalter erlebte.[4]

Bei den Tlingit in Alaska gehörten Namen zu den wichtigsten Besitztümern, die nach dem Tode der betreffenden Person neu verteilt wurden; Namen sind das Kernmaterial für die Schaffung sozialer Identität. In den meisten nichteuropäischen Gesellschaften läßt sich »Name« auch mit »Ruhm« oder »Ruf« übersetzen. Von vergleichbaren Systemen wird aus Neuguinea und aus Südamerika berichtet. Namen können so knapp sein wie Lebensmittelvorräte; unter Umständen müssen die Menschen nach einem Namen und nach der Identität, die er verleiht, Schlange stehen.

Jedem Clan bei den Tlingit gehörte ein fester Bestand an Namen, die im Zuge der Generationen immer wieder in Umlauf gebracht wurden. Jedes Individuum hatte »Geburtsnamen«, die es mit einem in ihm wiedergeborenen Vorfahren verknüpften, und »große Namen«, deren Beilegung Anlaß für die Verteilung von Geschenken war. Namen konnte

---

[4] Gittings 1988, S. 7

man verlieren, schänden und aufgeben, oder man konnte sie als wertvolles Gut von anderen Clans übertragen bekommen. Als die bleibenden Elemente des Clans galten die Namen, nicht die Menschen. Die einzelnen Menschen waren nur Träger der Namen. Gab es nicht genug Menschen, um alle die Namen zu tragen, wurden welche adoptiert.

*

Maskeraden in Afrika sind prinzipiell und ausschließlich Männersache. Auf den Bisagosinseln vor Guinea-Bissau allerdings gibt es Feste, bei denen Mädchen aufwendige Tierkostüme und Tiermasken anlegen, sich mit Waffen tummeln, Trommeln schlagen und komplizierte Initiationsriten absolvieren.

Sie machen das allerdings nicht für sich. Sie tun es für tote Jungen. Jungen, die nicht den vollständigen rituellen Zyklus durchlaufen haben, sind nicht imstande, auf ihrer Reise zur Geisterwelt ans Ziel zu gelangen. Sie kommen nicht über die westlichste Insel der Bisagos-Inselgruppe hinaus und sind eine Gefahr für die Lebenden – besonders für ihre eigenen Mütter. Soweit sie am Leben sind, müssen Jungen die Riten selbst absolvieren. Mädchen dagegen sind aus Sicht des Systems eine Art Notbehelf.

Die Sache beginnt damit, daß der Geist eines toten Jungen in den Körper eines jungen Mädchens aus seiner Gruppe eindringt; während der folgenden paar Jahre agiert sie in einem gerafften Durchgang durch die verschiedenen Initiationsstufen als Ersatzmann für den Verstorbenen. Oft war der betreffende Junge bei seinem Tod noch ein kleines Kind. Zum Teil besteht die Aufgabe des besessenen Mädchens darin, dem Jungen eine Individualität zu verleihen und wie ein Schauspieler eine Figur mit eigenen kleinen Gesten und Persönlichkeitsmerkmalen zu kreieren.

Die Mutter des Jungen wird die Adoptivmutter des Mädchens, aber der Junge gilt auch als ihr Mann, so daß sie sich sexueller Beziehungen zu anderen enthalten muß. Die Sozialwissenschaft pflegte früher solche Bräuche gern mit emotionalen Kompensationsleistungen zu »erklären«. Durch die Riten rückt nach dieser Lesart das Mädchen ins Zentrum der Aufmerksamkeit der gesamten Gesellschaft, zieht das allgemeine Interesse auf sich und sonnt sich im Glanze des Geistes, dessen Ehefrau sie ist. Die Initiation eröffnet ihr einen Weg, auf dem sie Priesterin werden, Einfluß gewinnen und zu großem Ansehen gelangen kann. Ihre außergewöhnlichen Kräfte werden dem männlichen Toten zugeschrieben, der von ihr Besitz ergriffen hat. Aber der tote Junge vermag nur mittels des lebenden Mädchens in den Genuß gleichermaßen der Mannesreife und des Ehestandes gelangen und also ungehindert den Platz in der Welt der Toten einnehmen, der ihm zusteht. Jedes Urteil darüber, wer von beiden das bessere Geschäft macht, hängt ab von dem »Wirklichkeitsbegriff«, den man mitbringt.

Tatsächlich ist es gar nicht so ungewöhnlich, daß man jung Verstorbene symbolisch die Lebensstufen durchlaufen läßt, damit sie das Erwachsenenalter erreichen. Zum Zeichen, daß die Kinder das soziale Reifestadium erreicht haben, bekommen sie bei den Balinesen die Schneidezähne abgefeilt, damit diese nicht mehr so scharf sind wie Tierzähne. Stirbt ein Kind vorher, so wird es nach dem Tod dieser Operation unterzogen. Wenn bei den Chamba in Nigeria und Kamerun eine Frau im Kindbett stirbt und sich anschließend herausstellt, daß sie einen nicht mißgestalteten Jungen trug, wird der Fötus beschnitten, um ihm die Wiedergeburt zu ermöglichen.

Die Nuba im Südsudan sind insofern außergewöhnlich, um nicht zu sagen einzigartig, als sie die Beschneidung *ausschließlich* an den Toten praktizieren. Die Erklärung dafür ist in dem Umstand zu finden, daß die männlichen Mitglieder einer Gruppe früher von Arabern verschleppt und zwangsbeschnitten wurden. Da die Nuba glauben, daß die Beschnittenen und die Unbeschnittenen nach dem Tod an verschiedene

Orte kommen – dieser Glaube diente ihnen dazu, sich von ihren Nachbarn abzusetzen –, werden heute alle Männer der betreffenden Gruppe unmittelbar nach dem Tod beschnitten, so daß sie sich mit ihren unseligen gekidnappten Vorfahren wieder vereinigen können.

Die Karo Batak auf Sumatra gingen angeblich noch ein ganzes Stück weiter. Kinder wurden nach dem Tod einer Art Heiratsritual unterworfen, wobei die Ehe in der Weise vollzogen wurde, daß man den Penis des Jungen in ein warmes Bambusrohr oder in eine Banane packte und in dieser Verpackung in die Vagina des toten Mädchens einführte.

In Transsylvanien ist es bis heute Brauch, die Leiche eines Unverheirateten einem Lebenden aus dem gleichen Dorf anzutrauen, der über dem Sarg das entsprechende Gelübde spricht. Tote Mädchen werden in ein Brautkleid gehüllt und mit einer Puppe beerdigt, die für die Kinder steht, die sie nie haben werden.

Der technische Fortschritt macht solchen Bräuchen nicht den Garaus. Er ermöglicht im Gegenteil eine noch aufwendigere rituelle Abwicklung ganzer Heere von Toten. In den USA machen die Mormonen Gebrauch von riesigen Computern, um Tote nachträglich zu taufen und ihre Daten in einem atomsicheren Bunker für alle Zeit zu speichern. Sie sind auch um künftige Verkörperungen bemüht: In einer mormonischen Spielart der Sorge um den Nachschub für Reinkarnationszwecke drängen sie die Gläubigen, sich fleißig zu vermehren, um Körper für die in der Präexistenz festgehaltenen Seelen zu beschaffen. Das Interesse an einer ordnungsgemäßen Abwicklung der Toten spielt auch in der modernen Politik durchaus eine Rolle, wie man an den leidenschaftlichen Debatten sehen kann, die Mitte der siebziger Jahre im amerikanischen Kongreß geführt wurden und bei denen es um die Frage ging, ob man Robert E. Lee, dem Konföderierten-General aus dem Bürgerkrieg, die amerikanische Staatsbürgerschaft wieder zuerkennen sollte – obwohl man sich doch hätte sagen können, daß dies dem Toten ganz gewiß kein Kopfzerbrechen mehr bereitete.

*

Beleidigendes Verhalten bei Begräbnissen kann Teil einer umfänglicheren »Spaßbeziehung« sein, aber es gibt auch Tote, die wegen der Umstände ihres Ablebens beleidigt werden, die mit anderen Worten einen »schlechten« Tod gestorben sind.

Im Jahre 1279 fand in Budapest ein Kirchenkonzil statt, um dem System zu steuern, demzufolge für Opfer von Mord, Überschwemmungen, Feuersbrünsten und Hauseinstürzen eine Buße entrichtet werden mußte, ehe sie ein christliches Begräbnis erhielten. Die Art, wie sie ums Leben gekommen waren, galt als schlechter Tod.

In dem Begriff »schlechter Tod« vermengen sich mehrere Vorstellungen. Da gibt es die langsamen und schmerzhaften Todesarten, unschöne Formen des Sterbens. In vielen Teilen der Welt wird menschliche Bosheit, Zauberkraft und Hexerei für sie verantwortlich gemacht. Oder der Tod kann an einem ungünstigen Ort oder zu einer unpassenden Zeit eintreten, weit weg von zu Hause, so daß der Leichnam unwiederbringlich verloren ist. Aus solchen Toten gehen unter Umständen gefährliche Geister hervor, die sich aber gelegentlich umfunktionieren lassen. Die Maori machten Kriegsgötter aus ihnen, die gegen äußere Feinde einsetzbar waren.

Manche Völker verwenden Staffelskalen von einer Detailliertheit, die einem Versicherungsstatistiker zur Ehre gereichen würde; häufig ist irgendein Grundverhältnis maßgebend für die Einteilung. So stufen die Tlingit die Todesarten nach Maßgabe des Gegensatzes naß/trocken ein. Der schlimmste Tod ist das Ertrinken, weil hier der Leichnam und damit zugleich die Hoffnung auf eine Wiedergeburt verloren geht. Die Leichen unbedeutender Sklaven waren bloßer Abfall und wurden deshalb zwischen Hochwasser und Niedrigwasser an den Strand geworfen. Normale Leichen wurden verbrannt, was ihnen einen Platz am Feuer im Dorf der Toten sicherte. Dieses Dorf stellte man sich als einen nassen, ungemütlichen Ort vor, dessen ungeliebte Bewohner vor sich hin fröstelten und zu »Moosaugen« wurden. Krieger, die im Kampf fielen, waren trockener. Sie verwandelten sich in Polarlichter; ihre Skalps wurden getrocknet und aufbewahrt. Schamanen waren so trocken, daß sie direkt durch den Rauchabzug aus dem Haus geschafft und ohne weitere Behandlungen einfach in ein Grabhaus gelegt werden konnten.

Andere Tode wiederum sind schlecht, weil sie dem Sinn für das, was natürlich ist, widerstreben: Kinder sterben vor ihren Eltern, Leute werden vom Blitz erschlagen, Menschen erkranken an Aussatz, wo das Fleisch wie bei einer Leiche fault, während die Person noch am Leben ist. Vor allem aber sterben Frauen während der Schwangerschaft oder im Kindbett – sie, die Leben geben sollen, bringen Tod. Diese Todesformen mögen zwar mit dem Gedanken einer Bestrafung verknüpft sein – so daß etwa Tod im Kindbett auf Ehebruch verweist oder ein Tod durch Blitzschlag nur Hexen ereilt –, aber das Schlechte an ihnen liegt weniger in der moralischen Verfassung der Opfer als in der Todesart selbst beschlossen, die ein Vergehen gegen die Natur darstellt.

Daß der Tod im Kindbett als ein guter Tod angesehen wird, geschieht vergleichsweise selten. Eine Ausnahme bildeten die Azteken, weil sie den Kindbettod mit dem Fallen im Kampf gleichsetzten. Der Tod war so allgegenwärtig, daß selbst die normale Geburt dem Gefangenenmachen für die Menschenopfer parallelisiert wurde. Die Hebamme stieß sogar Kriegsschreie aus.

In Westafrika wird diese Art Tod üblicherweise mit einem Vergehen gegen die Erde in Verbindung gebracht; sie hat unter Umständen zur Folge, daß der Leichnam verstümmelt und der Lebenszyklus abrupt abgebrochen wird, so daß die

Verstorbene von den Prozeduren, die zum Ahnenstatus und zur Wiedergeburt führen, ausgeschlossen bleibt. Bei den Aschanti wird eine Frau, die im Kindbett stirbt, von allen Frauen des Dorfes beschimpft; ihr Leichnam wird auf den Abfallhaufen geworfen.

James Fox berichtet, daß auf der indonesischen Insel Roti die normalen Toten früher unter dem Haus begraben wurden; bis heute herrscht dort die Überzeugung, daß sie sich innerhalb des Hauses, auf dem Dachboden, aufhalten.[5] Die Wahl des Hauses, unter dem jemand begraben wurde, entschied letztlich über die einigermaßen fließenden Sippenbindungen des Betreffenden und kam sowohl der spirituellen Macht des Hauses als auch seinen Erbansprüchen zugute. Säuglinge wurden unter der Einstiegsleiter begraben, weil man sich davon eine rasche Wiedergeburt erhoffte.

Eine Frau, die im Kindbett starb und also einen schlechten Tod erlitt, mußte verkehrt herum zu Grabe getragen werden und wurde zu einem gefährlichen Geist in Gestalt einer Eule. Die Bewohner von Roti versuchten dem dadurch vorzubeugen, daß sie Nadeln in die Finger ihrer Hand steckten und Eier in ihre Achselhöhlen legten, um das Wachsen ihrer Schwingen zu hemmen. Ähnliche Ängste trifft man auch in vielen Gegenden Südostasiens an. In der malaiischen Kultur wird eine Mutter, die im Kindbett stirbt, zu der schrecklichen Dämonin *pontianak*, die in Gestalt einer schönen, lüsternen Frau die Welt durchstreift, Männer bezaubert, sich ihnen plötzlich als abstoßende alte Vettel mit langen Krallen zu erkennen gibt und sie im Liebesakt erwürgt. Bei den Iban in Borneo heißen diese Frauen *antu koklir* und vergreifen sich vor allem am männlichen Genital. Wenn man nachts durch den Wald gehe und etwas Angenehmes rieche, so müsse man, wird einem eingeschärft, unbedingt so tun, als finde man den

---

[5] Fox 1973

Duft abstoßend. Es könne sich um das Parfüm eines solchen Geistes handeln, der einen umgarnen wolle. Über die Düfte der Nacht dürfe man niemals etwas Nettes äußern!

*

Der junge Mann beugte sich über seinen Computer und starrte angestrengt auf den Bildschirm. »Warten Sie«, rief er über die Schulter. Ich verkaufe eigentlich keine Karten. Ich bin Archäologe.«

Ich befand mich in Rabat – nicht dem marokkanischen, sondern dem Ort gleichen Namens auf Malta, wo Paulus Schiffbruch erlitt, als er unterwegs nach Rom war, um dort vor Gericht gestellt zu werden. Er nutzte den unplanmäßigen Aufenthalt, um den römischen Statthalter auf der Insel zu bekehren, und indem er das tat, legte er den Grundstein für einen Tourismus, der bis heute blüht und gedeiht. Das Fundament der kleinen Stadt ist durchlöchert von Katakomben, die aus dem weichen, honigfarbenen Felsgestein Maltas herausgehauen sind und von denen die Legende dankenswerterweise mehrere mit dem heiligen Paulus in Verbindung bringt.

»Die Gräber hier haben nichts mit dem heiligen Paulus zu tun. Sie sind sich darüber im klaren?«

»Ja. Ich weiß. Das sind die in der Nähe der Kirche.«

Er schnaubte. »Alles Vermutungen. Auch dafür gibt es keine Beweise. Ich bin Archäologe, deshalb halte ich mich an die Wahrheit.«

Das brauchte mich nicht zu bekümmern, deshalb ließ ich die Sache auf sich beruhen, kaufte meine Eintrittskarte und stieg die Treppe hinauf zu dem kleinen Museum, während der Archäologe andere Schäfchen sammelte, um eine Herde zusammenzubekommen, für die es sich lohnte, die Tore aufzuschließen. Die biblische Metaphorik ist ansteckend.

Es war die beste Art von Museum, die ich mir vorstellen kann: das mit Knochen und Steinen überladene Regal eines

Schuljungen, der an Gigantomanie leidet. Es gab karthagische Gefäße, Stoßzähne vom Mammut, Klumpen Eisenerz und einen ganzen Raum mit barocken Grauslichkeiten wie dem in Ton gebrannten Haupt Johannes des Täufers und dem Schiffbruch des heiligen Paulus, dargestellt mit ausgeschnittenen Figuren in einem tiefen Rahmen, der wie ein vorweggenommener Fernseher wirkte. Dann wurden wir zum Gang in die Katakomben gerufen.

Wir waren ein merkwürdiges Häuflein. Mehrere Deutsche, die einander heftige Übersetzungsdienste leisteten, eine französische Familie einschließlich einer eingetrockneten betagten Großmutter, die laut gegen den angelsächsischen Sprachimperialismus wetterte, und eine riesige, dicke Irin mit einem schmächtigen Winzling von Gatten, der ihre Vorfreude auf das verheißene Grauen zu dämpfen suchte.

»Das hier ist *kein* Grab«, sagte unser gelangweilter Führer. »Es war früher [gähn] ein Grab, aber jetzt ist es eine Kirche. Die Malereien sind gerade restauriert worden. Sie wurden im 19. Jahrhundert völlig falsch restauriert, und das mußte erst beseitigt werden, damit es ordentlich gemacht werden konnte.« Er klang verärgert, als hätte man ihn gezwungen, die Arbeit persönlich zu erledigen. »Alle Gräber sind durch lange unterirdische Gänge miteinander verbunden, aber das war ursprünglich nicht so. Als die Türen zugebaut wurden, grub man statt dessen die Gänge [gähn], aber dadurch erhält man einen völlig falschen Eindruck...«

Wir krochen herum, stießen uns die Köpfe, lernten den Unterschied zwischen Trog- und Fenstergrab kennen, machten keine Fotos, berührten keine Knochen, wischten über keine Flächen mit der Hand. Plötzlich steckte die Irin in einem engen Gang fest. Ihr Mann versuchte es mit Ziehen, dann mit Schieben, schließlich tänzelte er mit hängenden Armen auf der Stelle und wußte nicht, was tun, während sie wie ein in den Fels eingelagertes, versteinertes Weichtier dastand.

»Um Himmelswillen... Hör auf einzuatmen, Bridget! Zieh

dich zusammen, mach dich klein.« Man konnte ihm das Hohlwerden förmlich ansehen.

Der Führer hatte nichts gemerkt. »... da sehen Sie also, daß man die Tafel entfernt hat, auf der früher die Toten zusammen mit den Lebenden speisen sollten [gähn], und auf diesem Gemälde sehen Sie...«

Die Franzosen saßen auf der falschen Seite der unglücklichen Frau in der Klemme und fingen an, sich über die Freiheitsberaubung zu beklagen. »Ah! Zut! Alors! Es ist, weil sie schwanger ist«, bemerkte die alte Dame.

»Ich trau' mich nich', an mir rumzuzerren«, wimmerte Bridget. »Das is' schlecht für das Baby.«

»... und hier sehen Sie die Muschel, Symbol des ewigen [gähn] Lebens. Ich erzähle Ihnen all das in drei Minuten, obwohl es mich in der Doktorarbeit Jahre angestrengten archäologischen Forschens gekostet hat. So soll also die Kommunion die heidnische Idee ersetzen, daß Tote und Lebende gemeinsam Mahlzeit halten...«

»Es ist dein Mantel, Frau. Zieh den Mantel aus, und du kommst durch.«

Bridget fing mit Wackelbewegungen an, die wie die Parodie eines Striptanzes wirkten, während ihr Mann ohne Erfolg an ihren Ärmeln zerrte. Mit einer letzten Verrenkung schlüpfte sie schließlich durch, und der Mantel fiel zu Boden.

»Ah! Zut! Alors!« In ihrem Sog quollen die Franzosen heraus.

»... und weil die Höhlen so klein sind, nehmen die meisten [gähn] – völlig irrigerweise – an, daß die Menschen der damaligen Zeit sehr kleinwüchsig waren. Aber Sie müssen wissen, die Toten wurden als Babies beerdigt, mit angezogenen Beinen, deshalb ist alles so klein. Dieser ganze Ort wurde für Babies gebaut, dafür, daß sie im nächsten Leben als Babies wiedergeboren wurden. Und jetzt [gähn] gibt es hier keinen Weg nach draußen; wir müssen also den ganzen Weg, den wir gekommen sind, wieder zurück.«

Es dauerte eine Augenblick, bis wir begriffen, daß sein letzter Kommentar uns die Richtung zum Ausgang wies und keine Stellungnahme zum Thema Sterblichkeit war.

»Ah, non! Zut! Alors!«

*

Bis zur Abschaffung der Todesstrafe für Mord, das heißt sogar noch im 20. Jahrhundert, war es in Großbritannien üblich, die Gehängten im Gefängnishof ohne Kennzeichnung der Stelle in ätzendem, ungelöschtem Kalk zu begraben. Dieses Verfahren führte zu Problemen, wenn, wie im Falle des Iren Roger Casement, aus dem »Verräter« ein »Patriot« wurde, dessen Leichnam wiederbeschafft werden mußte, damit er in seinem mittlerweile anerkannten Heimatland von Staats wegen und in allen Ehren bestattet werden konnte. Irgendwie gelang es immer, den Sarg zu füllen, auch wenn nicht immer ganz klar war, womit.

Frühere Jahrhunderte setzten entsprechend dem öffentlichen Charakter der damaligen Hinrichtungen andere Prioritäten. Während die Verurteilten häufig strenge Trauerkleidung tragen mußten, zog man jugendliche Missetäter als Braut oder Bräutigam an, damit sie ihren irdischen Lebenslauf ordnungsgemäß vollendeten.

Man darf nicht davon ausgehen, daß Leben und Tod überall einen so eindeutigen Gegensatz bilden wie in unserem eigenen Denken. Das Ritual setzt unter Umständen das eine dem anderen gleich. An einem bestimmten Punkt im Ritual der Massai wird das Opfertier, ein Ochse, mit Milch, Honig und einem Frauenrock erstickt, die normalerweise Symbole des Lebens darstellen[6]; sein Fleisch gibt man jungen Männern zu essen, damit diese »wiedergeboren« werden, den Wechsel von einer Altersklasse in die nächste vollziehen kön-

---

[6] Arhem 1989, S. 226

nen. Allgemeiner betrachtet, befördert der Glaube an die Wiederverkörperung der Toten die Neigung, Kinder ebensosehr mit dem Tod wie mit dem Leben in Verbindung zu bringen. Hohe Kindersterblichkeitsraten lassen sich als ein Anzeichen dafür interpretieren, daß die Kinder danach streben, ins Land der Toten zurückzukehren. Bei den Tlingit in Alaska nahm man an, daß sich Kinder im Säuglingsalter an frühere Existenzen erinnern konnten. Erst viel später wurde die verschrumpelte Nabelschnur, die sie um den Hals trugen, zerschnitten, womit dann auch jenen Erinnerungen ein Riegel vorgeschoben wurde.[7]

In weiten Teilen Westafrikas gibt es den Glauben, daß es sich bei bestimmten Kindern um »Gespensterkinder« handelt, um boshafte Wesen, die unter Schmerzen und Qualen geboren werden, ihren Eltern Sorgen und Kummer bereiten und dann tückischerweise sterben, nur um wiedergeboren zu werden. Diese Monsterkinder mästen sich am Leid ihrer Eltern und verkaufen deren Tränen gegen riesige Summen im Lande der Toten. Werden sie rechtzeitig erkannt, bekommen sie Namen, die auf ihre Häßlichkeit oder Boshaftigkeit anspielen, so daß sie ihre Attraktivität für Geister verlieren, oder man beschmiert sie mit irgendwelchem widerlichem Zeug, um den Teufelskreis zu durchbrechen. Nach ihrem Tod werden ihre Leichen unter Umständen verstümmelt.

*

Margaret studierte Ethnologie im zweiten Jahr. Sie hatte sich auf Afrika spezialisiert, und es lief nicht sonderlich gut für sie. Anfangs hatte es die üblichen, unvermeidlichen Probleme gegeben, mit denen eine strebsame junge Yoruba-Frau fertig werden muß, wenn sie ihre eigene Kultur mit fremden Augen

---

[7] Kan 1989, S. 108

betrachten soll. Auf sie wirkte das Ganze ungefähr so überzeugend wie Londoner Slang aus dem Munde von Prinz Charles. Aber sie leistete erbitterten Widerstand. Am Ende einer besonders langweiligen Vorlesung über Verwandtschaftsbeziehungen und soziale Kontrolle war sie aufgestanden und hatte dem entsetzten Dozenten mit Donnerstimme entgegengehalten: »Sie erzählen uns all diese Dinge über Druck, der mittels Verfügung über wirtschaftliche Ressourcen und Anschuldigungen wegen Magie ausgeübt wird, aber ich liebe meine Mutter, weil sie mir die Brust gegeben hat, und aus keinem anderen Grund.«

Aus ihren Akten ging indes klar hervor, daß etwas nicht stimmte – schlechter werdende Noten, nicht abgelieferte Aufsätze, Fehlzeiten. Und man brauchte ihr nur ins Gesicht zu sehen, das grau und leblos war und auf dem ein Ausdruck müder Hoffnungslosigkeit lag, um zu dem gleichen Schluß zu gelangen. Wir wollten über ihre kommende Semesterarbeit reden, aber gleichzeitig hatte ich auch die Funktion eines »persönlichen Betreuers«. Ich hatte mir ein paar Sätze zurechtgelegt, um den neuen Studenten diese Funktion zu erläutern. »Sie werden feststellen, daß ihre Hauptprobleme aus persönlichen Beziehungen, Geldmangel, Wohnungsnot und Arbeitsdruck entstehen. Bitte denken Sie daran, daß Ihr persönlicher Betreuer die gleichen Probleme hat.« Nach Margarets Gesichtsausdruck zu urteilen, war ihr nichts von alledem fremd.

Zu Anfang des Jahres erhielten wir Tutoren je eine Flasche Sherry für die »Sympathiewerbung« bei unseren Schutzbefohlenen. Ich gab Margaret einen Schluck davon.

»Es ist meine Seele«, sagte sie.

»Ihre Seele?«

Sie nickte. »Ich hatte Zwillinge, die gestorben sind.« Die Yoruba haben angeblich die höchste Rate von Zwillingsgeburten auf der ganzen Erde. Zwillinge sind kleiner und schwächer als Einzelgeburten. Viele sterben. Ihren Papieren zufolge war sie neunzehn Jahre alt und unverheiratet; ich trug die Verantwortung für ihr sittliches Wohlverhalten.

»Wir ließen für die toten Babies zwei *ibejis* machen, Sie wissen doch, die kleinen Schnitzereien. Ich kümmerte mich um sie, tanzte mit ihnen, fütterte sie. Als ich nach England kam, brachte ich sie mit. Dann ging ich in diese Kirche in Brixton – eine christliche Kirche – und traf einen Nigerianer. Er sagte, ich triebe Teufelskult. Er sagte, ich solle ihm meine *ibejis* geben.«

Ihre Augen füllten sich mit großen Tränen, und ihr Mund verzog sich zum Weinen. »Und jetzt kommen sie in meinen Träumen zu mir. Ich weiß, sie wollen mich töten.«

»Haben Sie mit diesem Mann gesprochen und ihn gebeten, die Holzfiguren zurückzugeben?«

Sie langte nach der Flasche und goß sich Sherry nach. »Er hat gelacht und gesagt, daß er sie verkauft und das Geld der Kirche gegeben hat, aber –«, ein wütender Schluck Sherry, »ich glaube, er hat das Geld behalten. Er verrät nicht, wo er sie verkauft hat. Ich kann meine Babies nicht wiederkriegen. Ich bin zu einem *babalaawo*, einem weisen Mann, gegangen, und der hat mir gesagt, ich muß neue Figuren besorgen; aber das hier ist England, wo soll ich *ibejis* herbekommen?«

Wo hatte sie in England einen *babalawoo* aufgetan? Vielleicht war das Problem weniger ernst, als ich gedacht hatte. »Schauen Sie, ich habe erst neulich etwas über *ibejis* gelesen. Wir können die Sache lösen. Heutzutage braucht man keine traditionelle Schnitzerei mehr zu machen. Man kann von einem einzigen Fotonegativ zwei Abzüge machen oder auch eine Plastikpuppe nehmen, oder man verwendet eine englische Schnitzerei. Es gibt jemanden beim studentischen Gesundheitsdienst, der sich aufs Schnitzen versteht.« Seine Spezialität waren Eulen, wie ich mich erinnerte, aber das nur nebenbei. »Es kommt alles in Ordnung. Gehen Sie wieder zu dem *babalaawo* und fragen sie ihn, was die beste Art ist.«

Margaret hatte sich sichtlich aufgeheitert. »Sie haben recht. Vielleicht müssen es keine Yoruba-Schnitzereien sein. Vielleicht tun es auch englische. Man hat sozusagen eine unbefristete Aufenthaltserlaubnis.«

Ich stellte den »Sympathie-Sherry« in die Schublade zurück und drückte sie mit dem Fuß fest zu.

»Kommen wir jetzt zu Ihrer Semesterarbeit.«

Ihr Gesicht verdüsterte sich und nahm wieder einen mürrischen Ausdruck an. »Ich habe kein Thema, über das ich schreiben könnte.«

»Oh, doch! Sie haben! Wir haben uns gerade darüber unterhalten.«

Am Fuß des Formulars, das ich nach solchen Besprechungen ausfüllen mußte, befand sich ein ganz kleines Kästchen, unter dem »ergriffene Maßnahmen« stand. In unserer Kultur, in der man alle Probleme ins Medizinische abschiebt, lautete die Eintragung normalerweise »an das Gesundheitszentrum zwecks Beratung überwiesen«. In Margarets Fall stand auf dem Formular nicht »Beratung«, sondern »Holzschnitzerei«.

10 Fortschritte in der Kopfjagd: Krieg, Mord und Todesstrafe

> *»Der Körper eines toten Feindes riecht immer*
> *gut.«*
> Karl IX von Frankreich (1550–1611)

Am schockierendsten in der Literatur über den Justiztod sind manchmal nicht die großen Greuel, sondern die kleinen Rücksichten: Eine Frau bei den Tlingit bittet die Mörder ihres Sohnes inständig, den von Dolchstichen durchbohrten Leichnam nicht auf die Erde fallen zu lassen, damit er keine Schrammen davonträgt; Marie Antoinette entschuldigt sich beim Henker, weil sie ihm auf dem Weg zum Schafott auf den Fuß getreten ist; Anne Boleyn bittet wegen der Form ihres Nackens um Nachsicht; das Vorrecht britischer Adliger, mit einer Seidenschnur erhängt zu werden; das Recht des Verurteilten auf ein Frühstück seiner Wahl. Im antiken Rom galt es offenbar als gottlos, eine Jungfrau hinzurichten. Man ließ sie durch den Gefängniswärter vergewaltigen und löste damit das ethische Problem. Totenmasken, die im 19. Jahrhundert im Gefängnis Newgate von Mördern nach der Hinrichtung abgenommen wurden, zeigen den Abdruck des Seiles um den Hals. Später wurde das Seil mit handvernähtem Leder sorgfältig gepolstert, um dem Verurteilten die Unannehmlichkeiten solcher Abschürfungen zu ersparen. All dies macht die Begabung des Menschen deutlich, sich an Lappalien festzubeißen.

Für den Geschmack der Briten haftet dem Tod durch Erschießen ein garstig totalitärer Zug an; sie fühlen sich dadurch an den staatlichen Einsatz der Armee zur Unterdrückung der eigenen Bevölkerung, an den Anspruch von Regierungen auf das todbringende Gewaltmonopol erinnert. Die britische Marine hat durchweg das Hängen bevorzugt, ein Haurruckverfahren, das mit seinen Seilen und Knoten gut zur Seefahrt paßte. Es war reichlich von abergläubischen Vorstellungen umrankt. So konnte etwa die Berührung der noch warmen Hand des Toten Krankheiten heilen und dem Henker kleine Nebeneinkünfte verschaffen.

Das Erschießungskommando ist eine Parodie auf den Heldentod, auf den Tod des hoffnungslos unterlegenen, mit dem Rücken zur Wand stehenden Einzelkämpfers, ist die triumphale Durchsetzung des Militärischen gegen das aus Feigheit oder aus anderen Gründen Unmilitärische. Im 19. Jahrhundert wurden Urteile wegen Verrats oft durch Schüsse in den Rücken vollstreckt. Ein besonderer Clou bestand darin, den Verurteilten vorher sein eigenes Grab schaufeln zu lassen. Aber es gibt auch das Zugeständnis, demzufolge nach der klassischen Version einer aus dem Exekutionskommando nur eine Platzpatrone im Gewehr hat, so daß alle wähnen dürfen, am Tode ihres Mitmenschen unschuldig zu sein. Das Bedürfnis, sich der tatsächlichen, persönlichen Verantwortung zu entziehen, lag vielleicht auch dem alten thailändischen Brauch zugrunde, Verurteilte in einen riesigen Ball aus Rotang einzuschließen. Der Ball, der sonst bei dem *takraw* genannten Kampfspiel verwendet wurde, war in diesem Fall mit großen, nach innen gerichteten Metallspitzen gespickt. Dann mußten sich zwei Elefanten den Ball zuspielen, und

das Ergebnis war Tod durch Fußball; das Hin- und Herge-
kicke zweier ebenso desinteressierter wie übermächtiger
Kräfte zerfetzte das Opfer.

Am unangenehmsten und am schwersten verdaulich sind
absurde oder ironische Todesfälle, wie etwa ein Bischof, den
der Blitz erschlägt, während er das Prozessionskreuz hebt,
eine alte Dame, die von einem entlaufenen Edamer niederge-
walzt wird, oder ein Mensch, den ein Krankenwagen über-
fährt; in unseren Augen *muß* der Tod tragisch sein. Aber
schließlich haftet der Aristotelischen Bestimmung des Tragischen, der Vorstellung von einem Mann, den die Statue erschlägt, die er selbst sich zum Ruhme errichtet hat, für unser
Gefühl etwas Ironisches an und rückt die Tragik in gefährliche Nähe zur Komik. Ähnlich verhält es sich auch mit dem
Piratenbrauch des Plankenlaufs: eine Laufplanke, die nir-
gendwohin führt und über die das Opfer mit verbundenen
Augen unter allgemeinem Gelächter in seinen Untergang getrieben wird; Tod durch Bauchplatscher.

Das Mittelalter ließ sich viele häßliche öffentliche Todesarten einfallen, die Furcht und Schrecken verbreiten sollten,
wie etwa das Vierteilen eines Opfers, das von vier starken
Pferden besorgt wurde, die dem Opfer die Glieder ausrissen,
nachdem diese mit Hilfe eines Dolches »gelockert« worden
waren. Etwas unsäglich Kleinliches allerdings haftet dem
französischen Brauch an, den Verurteilten auf dem Scheiterhaufen zu verbrennen und dann seine Asche mit der einer
verbrannten Kopie der Prozeßakten oder – falls es sich um einen Autor handelte – seiner anstößigen Schriften zu vermengen. Vielleicht fühlt man sich allzu unmittelbar an Kafkas
schreibenden Folterapparat erinnert, der in die Haut des Mis-
setäters das Gebot einritzt, das dieser übertreten hat.

Die bösartigste öffentliche Hinrichtungsform aber stellt
vielleicht die Guillotine dar. Die Konstruktion – bekannt unter dem Namen »Die Jungfrau« – wurde bereits lange vor der
Französischen Revolution in Schottland verwendet – ebenfalls

ein Zeichen der Verbundenheit Schottlands mit Kontinental-
europa. Die Deutschen und Italiener benutzten sie regelmäßig. Dr. Guillotin, Arzt und Mitglied der Verfassunggeben-
den Nationalversammlung, griff die Idee auf; zum ersten Mal
wurde im Jahre 1792 offiziell von der Vorrichtung Gebrauch
gemacht.

Das Hauptverdienst der Guillotine war, daß sie den *ma-
schinellen* Tod brachte, das moderne, wissenschaftliche, egali-
täre Sterben, den Fließbandtod, eingeführt von einem Komi-
tee, das Prototypen der Maschine an Leichen und an
lebenden Schafen ausprobierte. Das Gefühl von Modernität,
das sich mit ihr verbindet, läßt an die Kipplaster denken, die
angeblich in Saudiarabien verwendet werden, um Ehebre-
cherinnen zu steinigen. Die Guillotine war ein großer gesell-
schaftlicher Erfolg. Modebewußte Damen legten ihre Kruzi-
fixe ab und trugen statt dessen kleine Fallbeile als Ohrringe.
Auch die Phantasie der Kinder wurde beflügelt. Sie fingen an,
Modell-Guillotinen zu bauen und in einem solchen Umfange
die Fauna abzuschlachten, daß die beunruhigten Behörden
einschreiten und die Apparate, quasi die Schmutzvideos der
damaligen Zeit, beschlagnahmen mußten. Zur Feier des von
Robespierre eingeführten Kultes des »höchsten Wesens« im
Jahre 1794 defilierte die politische Führung schweigend an
einer in blauen Samt gehüllten und rosenbestickten Guillotine vorbei, die so zu einem makabren Ersatz für das Kreuz
oder die Mutter Gottes wurde.

Das Gerät hatte zugegebenermaßen Nachteile. Auch
schon im 18. Jahrhundert wurde es als extrem feucht empfunden. Der Blutstrom schoß Berichten zufolge zwei Meter
hoch in die Luft, was beim Bedienungspersonal Erscheinun-
gen von Blutekel hervorrief, die einer Lady Macbeth Ehre
gemacht hätten. Ursprünglich firmierte die Guillotine unter
dem Namen Louisette oder La Petite Louison, nach dem
Arzt Louis, der sie »verbessert« hatte. Mysteriöserweise
wurde auch das maskuline *guillotin* durch Anfügung eines e

zum femininen *guillotine*. Später wurde der Apparat dann Sainte-Guillotine, Dame Guillotine oder La Veuve, »Die Witwe«, genannt. Warum diese merkwürdige Assoziation der Guillotine mit dem Weiblichen? Vielleicht war der Auslöser, daß der Begriff »Maschine« weiblichen Geschlechts ist. Vielleicht handelte es sich um vorfreudianischen Galgenhumor angesichts der Tatsache, daß der Kopf des Opfers in eine Öffnung gesteckt wurde, ehe sich ein orgiastischer Blutstrom ergoß, oder maßgebend war die unausrottbare Vorstellung von einer letzten, sinnlosen Erektion bei Hingerichteten. Aber man beachte, daß die Guillotine stets ein *unverheiratetes* weibliches Wesen ist, denn die Verbindung ist stets ebenso kurzlebig wie heftig.

*

In einer Studie des Massachusetts Institute of Technology (MIT) wird behauptet, daß mindestens seit den siebziger Jahren ein großstädtischer amerikanischer Zivilist größere Gefahr läuft, eines gewaltsamen Todes zu sterben, als das bei einem Soldaten der Fall war, der im Zweiten Weltkrieg an der Front kämpfte.[1] Das erscheint uns als ein vernichtendes Urteil über den Zustand westlicher Gesellschaften. Wir fühlen uns bewogen, in der modernen Großstadt einen massiv gefährlichen Ort zu sehen, wo uns »unnatürliche« Gewalt droht, und die Geborgenheit des traditionellen dörflichen Lebens dagegenzuhalten. Folgt man aber den Ausführungen von Einheimischen in den verschiedensten Teilen der Welt, so sterben die meisten Menschen durch Mord. Einige Kulturen räumen ein, daß es für eine kleine Minderheit hochbetagter Menschen das Phänomen des natürlichen Todes gibt, aber da in der Dritten Welt nur wenige Menschen über vierzig Jahre alt werden, stellen viele Kulturen den natürlichen Tod prak-

---

[1] Koch 1985

tisch vollständig im Abrede. Fast alle Todesfälle werden der Magie und Zauberei, das heißt, der Bosheit anderer Menschen, oder einer mörderischen Einwirkung der Ahnen oder einer Mischung aus beidem zugeschrieben.

Auch Kannibalismus kann dabei im Spiel sein. Die Vorstellung von Hexen, die sich an Leichen und anderem menschlichem Fleisch mästen, trifft man allenthalben an. In Nordindien müssen die Toten symbolisch verzehrt werden, um Unreinheit zu beseitigen und für Fruchtbarkeit zu sorgen, was unter anderem zur Folge hat, daß die Priesterkaste an Darmlähmung leidet.[2] Die Aghori-Asketen in Benares (Baranasi), die unflätige Reden führen und sich hemmungslos gehen lassen, suhlen sich förmlich in ritueller Unreinheit, indem sie behaupten, verwesendes Fleisch von menschlichen Gebeinen abzunagen und mit Prostituierten zu schlafen, während diese ihre Menstruation haben; damit beabsichtigen sie, den Wertvorstellungen dieser Welt die Wirklichkeit zu bestreiten und außergewöhnliche spirituelle Kräfte auszubilden.[3]

William Arens hat, ohne überzeugen zu können, die These vertreten, der Kannibalismus sei eine bloße symbolische Erdichtung oder phantasierte Anschuldigung, ähnlich wie (aus heutiger westlicher Sicht) der Vorwurf der Hexerei. Deshalb richte sich der Kannibalismusvorwurf auch immer gegen die Nachbarn und seien die Zeugen immer gerade nicht zur Hand; das Ganze sei eher eine Sache des Hörensagens und des Allerweltswissens als der nachprüfbaren Empirie. In dieser Formulierung wird das Problem auf klassische Weise fehlrepräsentiert – ganz ähnlich wie bei der abgedroschenen Frage, warum in manchen Kulturen der Mann seine Frau aus einer bestimmten Verwandtschaftsgruppe auswählen müsse. Dabei geht es gar nicht darum, daß eine bestimmte Sorte

---

[2] Parry 1985
[3] Parry 1982

Frauen geheiratet werden *muß*. So erscheint die Sache nur dem Eurozentrismus des auf seine Wahlfreiheit pochenden Beobachters. Vielmehr handelt es sich darum, daß der Mann durch sein privilegiertes Verhältnis zu dieser Verwandtschaftsgruppe Anspruch auf eine Kostbarkeit, eine Frau, erheben *kann*. Beim Kannibalismus ist es ebenso. Die Frage lautet nicht so sehr, ob er je praktiziert worden ist, sondern warum ihn nicht jedermann praktiziert. Die Antwort dürfte wahrscheinlich darin zu suchen sein, daß der Kannibalismus ein gar zu nützliches Unterscheidungsmerkmal ist, durch das sich der Mensch vom Tier abgrenzen läßt.

Die gegen andere Gruppen erhobene Anschuldigung, sie äßen Menschenfleisch, ist ein probates Mittel, die Betreffenden zu Tieren zu erklären, zu egoistischen und gesellschaftsfeindlichen Wesen, und sich damit den Vorwand zu schaffen, sie entsprechend zu behandeln. Auf die Opfer bezogen, bedeutet diese Sicht, daß man sie zu bloßem »Fleisch« erklärt.

Aber mit Hilfe des Kannibalismus lassen sich auch ganz gezielt Statusansprüche erheben. Noch vor gar nicht so langer Zeit, während des Biafra-Krieges, habe ich in Südnigeria Kriegergruppen erlebt, die ihr Selbstverständnis in Jagdbegriffen artikulierten und sich mittels des rituellen Verzehrs von menschlichem Fleisch als »Leoparden« stilisierten, als furchtlose Menschentöter, die sich außerhalb der Normalität bewegten. Im 19. Jahrhundert hatte die Niger Delta-Kirche Angst, dem Kannibalismus Vorschub zu leisten, wenn sie den zentralen kannibalistischen Ritus des Christentums, das Abendmahl, bei dem das Fleisch und Blut des Erlösers verzehrt wird, praktizierte. Ihre Lösung bestand darin, eine Art von matschigem Biskuit zu nehmen und von »Manna« zu reden.

Es gibt indes gutbelegte Beispielfälle von Gruppen, die im Verzehr der Toten nicht nur kein moralisches Vergehen, sondern im Gegenteil einen Beweis von löblichem Bürgersinn sahen. Ein ausgefallenes Beispiel für Europa liefert Abbé Meillet, der sich in der französischen Revolution dafür stark machte, das Fleisch guillotinierter Staatsverbrecher einem nationalen Metzgerladen zu übergeben, so daß patriotische Bürger allwöchentlich ein »jakobinisches Abendmahl« feiern konnten. Sein Vorschlag wurde nie in die Tat umgesetzt, obwohl der Abbé ganz einleuchtend argumentierte, ein Verbrechen gegen die Gemeinschaft lasse sich durch den gemeinschaftlichen Verzehr des Verbrechers angemessen sühnen. Vielleicht verliehen dieser Sicht die australischen Wotjobaluk am besten Ausdruck, als sie einen Mann, der mit einer Blutsverwandten – verbotenem Fleisch – durchgebrannt war, zerstückelten und als Gruppe verzehrten.[4]

Mit seiner Vorstellung von Vätern, die ihre eigenen Söhne töten, um sie kannibalistisch zu verzehren, steht das Christentum nicht allein. Für die Azteken waren Kannibalismus und Opfer die beiden janusköpfigen Aspekte des Todes, die alle politischen, sozialen und kosmischen Beziehungen strukturierten. Die Welt teilte sich auf in Verbündete und Schlachtopfer. Die Menschen machten im Krieg Gefangene, die als Schlachtopfer von den kannibalistischen Göttern und den eigenen Blutsverwandten verzehrt wurden. Im ersten Teil des Opfervorganges adoptierte der Opfernde das Opfer als seinen Sohn, so daß die Menschen den Göttern ihre eigenen Kinder darbrachten. Dadurch, daß im Augenblick der Opferhandlung der Gott und das Schlachtopfer identisch wurden, verwandelten sich die Menschen in Götter, die Lieferanten der Opfer in Vornehme, die Fremden in Dazugehörige. Die Menschen gaben den Göttern menschliche Herzen zu essen, legten die abgezogene Haut der Schlachtopfer an und verzehrten das Fleisch, das nach dem Opfer in den Tempeln zurückblieb. Wenn das Blut nicht floß, würde die Sonne nicht mehr aufgehen und der Himmel einstürzen; es würden keine Kinder mehr geboren. Der ganze Vorgang war Wiederholung eines ursprünglichen Opfers der Götter selbst, bei dem die Menschen

---

4 Lévi-Strauss 1994, S. 126

aus göttlichem Blut entstanden und die Sonne aus der Opferung göttlicher Kinder hervorging. Die Sonne mußte nun ihrerseits durch menschliches Blut erneuert werden, das im Opferakt göttlich wurde.

Das Opferritual hatte außenpolitische Konsequenzen, weil es weder die endgültige Unterwerfung noch die völlige Ausmerzung der Feinde zuließ, die für den Nachschub an Schlachtopfern sorgen mußten. Die Blutsbande zwischen Göttern und Menschen spiegelten sich in den Beziehungen zwischen den Menschen im Zentrum und denen in den Randgebieten des Reiches. Die Schlachtopfer selbst widerstrebten ihrem Schicksal nicht immer, da ihr Tod ihnen die Garantie bot, daß sie göttlich wurden, einen Platz im Haus der Sonne einnahmen und das Privileg genossen, die Sonne auf ihrer morgendlichen Bahn zu begleiten. So führte der Tod als Opfer und als kannibalisches Ereignis Menschen, Götter und den Kosmos in einem Akt wechselseitiger Bekräftigung zusammen und bildete ein Modell für den Staat und das ganze Universum.

*

»Fassen wir zusammen«, sagte Wed: »englische Kinder werden dazu ermuntert, in aller Öffentlichkeit die Folter, die Verbrennung und den Tod eines Menschen zu genießen, dessen Hauptvergehen darin bestand, daß er der falschen Religion anhing.« So versteht ein moslemischer Besucher vom Volk der in Sumatra lebenden Minang den Guy Fawkes Day, der in England alljährlich zur Feier der Aufdeckung der sogenannten »Pulververschwörung« gegen das Parlament im Jahre 1605 gefeiert wird.

Hinter uns loderte der städtische Scheiterhaufen, den eine ansonsten ganz und gar nicht zu politischen Exzessen neigende Stadtverwaltung auf Gemeineland errichtet hatte und dessen ohnmächtig aufbegehrende, züngelnde Flammen sich in den Fenstern der georgianischen Fassaden stattlicher Bürgerhäuser spiegelten.

»Nun…«, setzte ich an. Etwas derartiges hatte ich doch ganz gewiß nicht zu verstehen geben wollen. »Das ist eine sehr negative Art, die Dinge zu betrachten. Ich bin sicher, daß die Kinder die Sache nicht auf diese Weise sehen.« Es war Pech, daß just in diesem Augenblick das Feuer die Schießbudenfigur erreichte, die ganz oben auf den gestapelten Holzpaletten thronte. »Brenn', Baby, brenn'«, kreischte ein kleiner Junge verzückt.

»Eine amerikanische Wendung«, erklärte ich hastig. »Muß sie wohl im Fernsehen aufgeschnappt haben. Man könnte im Freudenfeuer vielleicht eine Verherrlichung des Feuers selbst sehen. Wie nennt man bei Ihnen das Feuerwerk? Ah richtig, *bunga api*, ›Feuerblumen‹. Na bitte, da haben wir's ja. Die Größe und Schönheit des Feuers. Ein fehlgeschlagener historischer Flächenbrand, der zu Feuerblumen entschärft ist. Schwerter in Pflugscharen umgeschmiedet. »Dafür gibt es«, deutete ich geheimnisvoll an, »Vorbilder in der Volksüberlieferung.«

Wed schüttelte den Kopf. Ausgrenzung und Dämonisierung des Anderen. Wenn man sich anschaut, wie in Irland der religiöse Terrorismus nach wie vor tobt, ist das sonnenklar. Man nennt den *Guy Fawkes Day* ja auch Bonfire Night (Freudenfeuernacht). Was bedeutet hier das »Bon«?

»Äh…kommt angeblich von bonefires, Knochenfeuern, dem Verbrennen von Knochen. Aber das ist nicht der Punkt…«

»Sieh nur«, sagte die Mutter des Kindes und deutete mit dem Finger. »Schau, wie das ganze Haar in Flammen aufgeht, und jetzt fallen die Arme ab. Weg sind sie!«

Der kleine Junge wand sich und quietschte vor eitel Wonne. »Toll! Sein Kopf! Sein Kopf! Der Kopf war eine heruntergesackte, flammende Kugel aus zusammengeknoteten Lumpen, die man in das eine Bein einer zwickellosen Strumpfhose gestopft hatte; mit Lippenstift hatte man die

Andeutung eines Gesichts darauf gemalt. Während wir hinsahen, löste sich der Kopf und rollte in einem neuerlichen Auflodern der Flammen mit schmelzenden Gesichtszügen langsam herab. Die Menge jubelte.

»Er ist tot«, sagte der kleine Junge im Tone grimmiger Befriedigung. »Kopf ab! Kopf ab!«

»Eine Wendung aus einem klassischen Kinderbuch«, beeilte ich mich, Wed zu erklären. Darf natürlich nicht wörtlich genommen werden. Wir haben keine Todesstrafe mehr.«

»Habe ich nicht irgendwo gelesen, daß die Feuerwerkskörper alle besondere Namen haben«, erklärte Wed stirnrunzelnd, ›Römische Fontäne‹, ›Katharinenrad‹?«

»Ach ja, da geht es um die Verbrennung von Märtyrern, aber...«

Der kleine Junge hatte sich mittlerweile in eine steifbeinige Imitation von Frankensteins Monster verwandelt. »Ich bin der Geist von Guy Fawkes«, verkündete es mit hohler Stimme und stürzte sich auf seine kichernde Schwester. Sie fielen zu Boden, wälzten sich kreischend übereinander. Wed war ganz Auge und Ohr. Ich konnte mir vorstellen, wie er nach Padang zurückfuhr und in wohlgesetzten Worten, mit einem Hauch von Abscheu in der Stimme, einen Vortrag über Sexualität, Politik und Tod in englischen Ritualpraktiken und Kindheitserfahrungen hielt.

»Wir müssen los«, drängte ich. »Wir sollten bei den Leuten um die Ecke reinschauen, da sie uns eingeladen haben. Sie haben Essen zubereitet, über dem Bonfire, wie du weißt, und es wird Glühwein serviert.«

»Über dem Bonfire zubereitet«, sagte Wed. »Wie die Leiche, meinst du? Und Glühwein – wie Blut?«

Der kleine Junge versuchte inzwischen, der Puppe seiner Schwester den Kopf abzureißen, während sie aus vollem Hals schrie, seine Beine umklammerte und auf seine unempfindlichen, weil noch nicht ausgebildeten Hoden einschlug. »Mein Baby! Ich will mein Baby!«

266

»Ihr verdammten Blutsauger!« keifte die Mutter und schnauzte sie schließlich an: »Wartet nur, bis ich euch zuhause habe. Euer Papa bringt euch um.«

Keine Frage, ich mußte Wed schnellstens von hier wegschaffen.

*

Manets bekannter Endfassung von der *Erschießung Maximilians* gingen zahlreiche frühere Entwürfe voraus. Im Jahre 1969 untersagten die französischen Behörden die Ausstellung des Bildes, weil sie seiner politischen Moral nicht trauten: Die Uniformen erinnerten an die des französischen Militärs und übermittelten möglicherweise eine aufwieglerische politische Botschaft – eine französische Marionette, die dem mexikanischen Volk aufgezwungen und dann von der eigenen Partei erschossen wurde. Seine Sympathie für die indianische Bevölkerung stand immer in einem merkwürdigen Reibungsverhältnis zu dem äußeren Eindruck, den er machte, dem Eindruck eines offenkundigen Außenseiters, eines blonden, blauäugigen, gutgenährten Fremden. In rührend hilflosen Versuchen, Manets eigene politische Position zu bestimmen, haben sich Kunstkritiker in eine Diskussion darüber verrannt, ob Maximilians Sombrero einen Heiligenschein andeuten soll oder nicht.

Wie die Welt des Todes ist auch die der Kunst voll von wildwüchsigen Motivationen, die, dem Künstler zu unterstellen, stets prekär bleibt. Ich erinnere mich, daß ich einmal der Aufführung eines gewissenhaft modernen Klavierwerks beiwohnte, bei dem der Künstler es verschmähte, mit dem Konzertflügel auf die übliche Weise zu hantieren; er kroch vielmehr unter den Deckel, um die Saiten mit einem Buch zu bearbeiten. Erst nachdem er im frenetischen Applaus der Zuhörer ausführlich gebadet hatte, stellte sich heraus, daß es sich bei dem Buch um ein Musiklexikon handelte.

Auf Manets Bild ist man schon über den Augenblick des zuvorkommend gewährten letzten Stumpen hinaus. In späteren Zeiten wäre die Asche der Zigarre gesammelt worden, wie bei Che Guevara, wo sie in einer kleinen Plastikkugel landete, den einer der CIA-Leute fortan am Griff seiner Pistole mit sich herumtrug. Aber der Geschmack war damals nicht besser als heute, und so wurden die Kleider des Kaisers später ausgestellt, mit Einschußlöchern und allen Schikanen.

Der Unteroffizier zur Rechten bereitet sich schon auf den Gnadenschuß vor; zwei Schüsse waren tatsächlich nötig, um Maximilian den Rest zu geben. Nach seinem Tod wurde der Leichnam ausgestopft. Da der mexikanische Einbalsamierer keine Glasaugen vorrätig hatte, die dem durchbohrenden blauen Blick Genüge getan hätten, ersetzte er das Blau durch Braun. So wurde der fremde Kaiser zu guter Letzt doch noch mexikanisiert.

*

In der traditionellen Kultur der Fidschiinseln, wie sie Marshall Sahlins erforscht hat, waren der Tod und der Kannibalismus zentrale Aspekte in einer regionalen Ökonomie der politischen Macht.[5] Ein Eingeborenenmythos stellt einen Zusammenhang her zwischen der Ankunft eines stattlichen Fremden und dem Ende inzestuöser Sitten sowie des Brauches, Menschen aus der eigenen Gruppe zu verzehren. Fortan sind Häuptlinge fremden Gebläts, aber andere Männer, die man im Austausch für Frauen erhält, verzehrt man. Das Austauschprinzip wird in die Formel »rohe Frauen gegen gekochte Männer« gefaßt, was eine perfekte Verknüpfung zweier Austauschaspekte bedeutet.

Schlachtopfer erwarb man auf den Fidschiinseln im Krieg, häufig mit Hilfe auswärtiger Verbündeter, mit denen man

---

[5] Sahlins 1983

durch Heiratsbande liiert war, die also Empfänger »roher Frauen« waren und dafür »gekochte Männer« für den Verzehr liefern mußten. Der Herrscher selbst, der ja ebenfalls von auswärts stammte, hatte von den Einheimischen Frauen erhalten, für die er als Gegenleistung menschliches Fleisch zur Verfügung stellen mußte. Verschiedene Rituale bringen den Häuptling in Verbindung mit den Schlachtopfern oder dem obersten Fleischverzehrer, dem Kriegsgott. Die meisten Herrscher wurden am Ende ermordet und verzehrt.

Die Jungen wurden zu kriegerischen Betätigungen angehalten. An ihren Lippen rieb man Menschenfleisch. Man ermunterte die Jungen dazu, die Leichen toter Feinde mit Schmähungen zu überhäufen oder Verwundete zu töten und zu verstümmeln. Die Köpfe und Geschlechtsteile von Feinden wurden in die Bäume gehängt, damit sie die Fruchtbarkeit des Landes und seiner Bewohner erhöhten. Ein Mann, der nie einen Feind mit der Keule erschlagen hatte, verbrachte das Leben nach dem Tod damit, auf menschliche Exkremente einzuschlagen, wohingegen erfolgreiche Schlächter mit Titeln und Ehren überhäuft wurden und orgiastische sexuelle Befriedigung daraus zogen. Manchmal kam es zu einem Massaker von dreihundert und mehr Menschen, wenn ein großes Dorf vom Feind erobert wurde.

Bei der Verteilung des Fleisches kamen soziale Unterschiede zum Tragen. Die schmackhaftesten Stücke, Herz, Schenkel und Oberarme, bekamen die Häuptlinge und Priester. Hände, Köpfe und Füße fielen an die einfachen Krieger. Die Jungen mußten mit den Resten vorlieb nehmen. Frauen durften überhaupt kein Menschenfleisch essen, da sie aus Sicht der Fidschianer sexuell auf die Seite der »Verzehrten«, nicht der »Verzehrer« gehörten.

Im 19. Jahrhundert konnten sich Kinder in London ihren Unterhalt damit verdienen, daß sie Hundekot sammelten, der zum Gerben feiner Lederhandschuhe für vornehme Leute gebraucht wurde. Die vornehmen Leute scheuten sich nicht, ihre Hände in solches Material zu stecken. Verarbeitete tierische Materialien sind etwas ganz anderes als der »Rohstoff«, aus denen sie gemacht sind. Der Nazi-Ausdruck Menschenmaterial kann einen frösteln machen, denn er beinhaltet, daß Menschen emotionslos als ein neutraler Rohstoff betrachtet werden, der so benutzt, verarbeitet und ausgebeutet werden kann, als sei er leblose Materie. Die logische Konsequenz dieser Sichtweise war, daß Buchdeckel und Lampenschirme aus menschlicher Haut gefertigt werden konnten. Verständlicherweise ist das heutzutage ein heikles Thema bei uns; wir sind rasch entsetzt, wenn wir hören, was andere Kulturen mit menschlichen Überresten anfangen. Der Besitz »menschlicher Materie« ist zu einem Politikum geworden; rund um die Welt werden Museen gezwungen, ihren Bestand an Menschenknochen aus den Kulturbereichen der amerikanischen Indianer und der australischen Aborigines herauszurücken, damit die Knochen »anständig« begraben werden können. Die Eingeborenenvölker sehen darin Trophäen aus einer imperialistischen Vergangenheit, die zum Zweck einer Sammlung von Musterexemplaren aus Gräbern geraubt oder gar durch gezielten Mord beschafft worden seien. Die genervte westliche Wissenschaft beruft sich auf objektive wissenschaftliche Ansprüche, auf ein wertfreies Recht auf Wissen. Aber der Postmodernismus und die Verfechter der Eingeborenenrechte sind sich darin einig, daß die ganze Besitzproblematik eine reine Machtfrage sei. Ironischerweise geht in manchen Fällen die Argumentation, daß die Achtung vor den Toten untrennbar mit der Achtung vor den Lebenden verknüpft sei, auf christlichen Einfluß zurück. »Musterexemplare« werden also der Erde als »sterbliche Überreste« zurückgegeben, und zwar auch von Völkern, die traditionell der Frage, was schließlich mit den Gebeinen passiert, wenig Bedeutung beimaßen und diese weitgehend als leblose Materie betrachteten.

In dem Prozeß werden zweifellos häufig Identitäten neu bestimmt. Ein amerikanischer Archäologe erzählte mir einmal, er grabe einen »alten« Methodistenort an der amerikanischen Ostküste aus, zu dem auch ein Friedhof gehöre, unter dem sich alte Indianergräber befänden.

»Es ist manchmal schwierig, herauszubekommen, wer zu welcher Gruppe gehört, und man hat gar nicht die Zeit, sie alle zu sortieren. Das letzte, was man heutzutage braucht, sind menschliche Überreste; man bestattet sie also einfach wieder, und zwar fast jeden als amerikanischen Ureinwohner. Die machen sowieso mehr Theater als die Methodisten. Sie erinnern sich vielleicht, daß vor einigen Jahren eine Reihe von Inuit verkündeten, sie würden nach New York kommen und einen Friedhof der Weißen ausgraben, so, wie das Archäologen mit ihrem Friedhof gemacht hatten. Wir wußten, verdammt noch mal, nicht, was wir darauf antworten sollten!«

Am 20. Januar 1770 berichtete Kapitän Cook über eine Begegnung mit den Eingeborenen von Neuseeland. »Vier der Eingeborenen brachten in ihrem Kanu die Köpfe von Männern zum Schiff, die sie kürzlich getötet hatten. Sowohl die Haarschöpfe als auch die Haut befanden sich an den Köpfen: Mr. Banks kaufte einen von den vieren, aber von den anderen wollten sie sich um keinen Preis der Welt trennen ...« Bezahlt wurde der eine Kopf mit »einer Unterhose aus sehr weißem Linnen«. So machten die Europäer Bekanntschaft mit den präparierten Köpfen der Maori, während die Maori Bekanntschaft mit dem »Anstandsgefühl« der Europäer machten.

Der westlichen Sicht vom Körper gilt die Kopfjagd seit langem als Zeichen der Barbarei. Wie der Kannibalismus wurde auch sie häufig automatisch jener Gruppe von Bräuchen zugerechnet, über die man sich erhaben fühlte. Es gibt eine wahrscheinlich apokryphe Geschichte vom Tode eines deutschen Gesandten in Kamerun Ende des 19. Jahrhunderts. Um den Toten vor einer solch barbarischen Schändung zu bewahren, hätten seine Begleiter beschlossen, ihm eigenhändig den

Kopf abzuschneiden und ihn mit zurück nach Berlin zu nehmen. Die dortige Bevölkerung habe aus Neugier den Leichnam ausgegraben, habe entdeckt, daß der Tote von den eigenen Leuten geköpft worden war, und sei über diese deutsche Barbarei entsetzt gewesen. Beide Seiten hätten so die felsenfeste Überzeugung gewonnen, daß die anderen Kopfjäger, wahrscheinlich auch Kannibalen und von zivilisiertem Verhalten weit entfernt seien. In vielen Dörfern in Kamerun ist man auch heute noch der unerschütterlichen Ansicht, daß die Konserven mit Corned beef gekochtes Menschenfleisch enthalten.

Ähnlich scheint sich die Sache in Neuseeland entwickelt zu haben. Präparierte Köpfe, *mokomokai*, stammten hauptsächlich von im Krieg gefallenen Feinden oder Sippengenossen. Die Köpfe von Feinden wurden nach Hause zurückgebracht, um sie zu beleidigen und zu verspotten. Die Köpfe von Sippengenossen sollten bei der Trauerarbeit helfen und an die Tapferkeit des Betreffenden erinnern; aber ein wichtiges Motiv war auch der Wunsch, zu verhindern, daß die Köpfe der eigenen Leute von den Feinden mißhandelt wurden. Eine Geschichte bei den Maori erzählt von einem Mann, der im Kampf heftig bedrängt wird und seinen Bruder anfleht, ihm den Kopf abzuhacken und damit zu fliehen, damit er nicht dem Feind in die Hände falle.

Besonders begehrt waren die tätowierten Köpfe von Häuptlingen, in die kurvenreiche Muster so tief eingeritzt waren, daß es fast schon wie eine Schnitzerei wirkte. Gekocht, geräuchert und getrocknet, wurden solche Köpfe rasch zu einem exotischen Souvenir, das Europäer sammeln konnten, zu einem aufregenden Zeugnis der barbarischen Wildheit fremder Weltgegenden und primitiver Völker. Es existieren Geschichten, daß Sklaven oder Gefangene mit Gewalt tätowiert wurden, damit ihre Köpfe dann abgeschnitten und an Europäer verkauft werden konnten. Solche Köpfe spielen nun in der Debatte darüber, wer ein Besitzrecht auf

Skelette und menschliche Überreste hat, eine große Rolle; sie werden als Beweis für den barbarischen Umgang der Europäer mit Eingeborenenvölkern angeführt.

Die Beispiele aus Kamerun und aus Neuseeland zeigen, daß es keinen Grund gibt, von einem in sich kohärenten Begriff der Kopfjagd auszugehen. Der rituelle Umgang mit Körperteilen von Feinden entspringt unter Umständen vergleichbaren Motiven, unabhängig davon, um welche Körperteile es sich handelt. Und umgekehrt kann das Abschneiden von Köpfen auf ganz unterschiedliche Motive rückführbar sein.

*

Im Westen bilden Leben und Tod einen ausgeprägten Gegensatz. Häufig wird das Leben mit dem »Weiblichen«, der Tod mit dem »Männlichen« verknüpft. Der Tod ist etwas moralisch Zweifelhaftes, nicht hingegen die Geburt. Anderswo aber stellen das Lebenspenden und das Todbringen unter Umständen keinen Gegensatz dar, sondern sind einander parallel. Wenn andere Kulturen Frauen, die im Kindbett sterben, mit Schmähungen überhäufen, so finden wir das zum Teil deshalb anstößig, weil wir Schwierigkeiten mit der Vorstellung dieser Kulturen haben, nach der die Geburt zwar etwas Gutes ist, dennoch aber mit Blutvergießen einhergeht und insofern als etwas stark Verunreinigendes angesehen werden kann. Daß sich zum Beispiel ein Yanomamö-Krieger, der einen Feind im Kampf tötet, dadurch massiv verunreinigt, erscheint uns viel leichter einsichtig; während die Betroffenen ungeheuer stolz auf die Tat sind, erscheint sie uns heute als zutiefst ambivalent. Befleckung und vorbildliches Verhalten können ohne weiteres Hand in Hand gehen.

Die jüngsten heftigen Proteste wegen der Aufnahme von Frauen in die Armee haben sich in vorhersehbarer Weise entwickelt. Lange Zeit waren Frauen auf die »Betreuungssparte« bei der Kriegsführung beschränkt, das heißt, sie durften

Dienst in der Krankenversorgung, im Verpflegungswesen und in der Verwaltung tun, nicht aber am todbringenden Geschäft teilnehmen. Der Preis, den sie dafür zahlen müssen, daß sie als vollgültige Armeeangehörige geduldet werden, besteht darin, daß sie bizarre Uniformen männlichen Zuschnitts tragen und auf weibliche Merkmale wie lange Haare und Schminke verzichten müssen, daß sie mit ihrer Entlassung rechnen müssen, wenn sie schwanger werden, und daß sie Unterstellungen hinsichtlich ihrer sexuellen Orientierung ausgesetzt sind.

Dank einer merkwürdigen Umkehrung gilt im Westen das Töten als ein Tun, das die Potenz der beteiligten Männer erhöht, das sie männlicher, maskuliner macht. Bezeichnenderweise macht sich der Mann in den westlichen Gesellschaften mehr Sorgen um seine Manneskraft als um seine Fruchtbarkeit. Nicht nur das Töten anderer Menschen gilt als ein Mittel zur Steigerung der Männlichkeit. Bei amerikanischen Männern stehen der Jagdsport und das Sportfischen im gleichen Ruf.

Westliche Armeen fungieren als Einrichtungen zur Hebung der Manneskraft; die gleichen Argumente, die einst beweisen sollten, wie absolut unmöglich reguläre weibliche Soldaten seien, werden jetzt gegen die Aufnahme männlicher Homosexueller in die Armee vorgebracht. Andere Armeen haben einen anderen Zusammenhang zwischen dem Töten und der geschlechtlichen Orientierung hergestellt. Bis zur Kolonialzeit begünstigten die Azande in Zaire eine rein homosexuelle Ausrichtung ihrer Kriegerelite, und den Griechen galt häufig die praktizierte Homosexualität als Ausfluß eines Übermaßes an Manneskraft und deshalb als beste Voraussetzung für das Tötungshandwerk.[6]

Die Iban auf Borneo bringen die von den Männern geübte Kopfjagd in Verbindung mit der Fruchtbarkeit im allgemei-

---

[6] Dover 1978, S. 164

nen. Erst wenn ein Knabe einen Kopf erbeutet hatte, war er heiratsfähig, ein richtiger Mann. Heutzutage handelt es sich bei dem vergossenen Blut eher um das des Mannes selbst, denn zum Prüfstein der Mannesreife ist das Tätowieren geworden. Träumte man vom Roden von Bäumen für den Reisanbau, so verhieß das eine erfolgreiche Kopfjagd – die beiden Tätigkeiten waren ausschließlich Männersache und wurden zur gleichen Zeit im Jahr praktiziert.

Entscheidend bei der Kopfjagd in Südostasien ist, daß der Tod hier lebensspendend ist. Er läßt den Reis wachsen, verschafft den Frauen mehr Kinder, heilt die Kranken, kräftigt die Kinder. Wie der Zusammenhang genau funktioniert, hat unter Ethnologen zu reichlich Hickhack geführt, stellt aber offenbar für die Iban selbst kein Problem dar.

Derek Freeman hat gezeigt, wie der Reis für zeremonielle Zwecke, *nasi pun*, streng analog zum Verlauf der Kopfjagd angebaut wird.[7] Ein ritueller Gesang vergleicht die vielen sprießenden Reisähren mit den Köpfen der Feinde der Iban. Die einen wie die anderen müssen gereift und getrocknet werden, damit Leben wächst und gedeiht. Die Menschenköpfe werden als weinende Kleinkinder dargestellt. Sie werden von weiblichen Geistern umsorgt, weinen aber trotzdem. Erst wenn transvestitische Priester, *manang bali*, sich ihrer annehmen, lachen sie. Die Priester versöhnen das Männliche und das Weibliche, Leben und Tod, um die Fruchtbarkeit zu entfesseln.

*

Im Jahre 1231 starb die fromme Elisabeth von Thüringen im zarten Alter von dreiundzwanzig. Sie hatte ihr Leben im selbstlosen Dienste an Kranken und Notleidenden verbracht. Ihre Frömmigkeit und ihre Opferbereitschaft ließen sie als

---

[7] Freeman 1970

augenscheinliche Anwärterin auf den Status einer Heiligen erscheinen. Noch ehe die Tote erkaltet war, schnitten die Bürger von Marburg dem Leichnam in rasender Begeisterung Haare und Nägel sowie Finger, Ohren und Brustwarzen ab. Schließlich entwendeten sie noch das Leichtuch.[8] Als im 11. Jahrhundert der Einsiedler St. Romuald die Absicht äußerte, sein umbrisches Dorf zu verlassen, verschworen sich die Einwohner, ihn zu ermorden, weil sie fürchteten, um die Reliquien gebracht zu werden, die der Körper des Toten zu liefern versprach.

Leichen, die im mittelalterlichen Europa normalerweise Gegenstand des Grauens und der Angst vor Befleckung waren, konnten sich auch in eine machtvolle Quelle von Wunderheilungen verwandeln und göttlichen Schutz gewähren. Die Leiche mußte nicht einmal menschlicher Herkunft sein. Jahrhundertelang florierte in Südostfrankreich der Kult eines heiligen Windspiels.[9] Die Reliquienkulte führen uns das Kunststück einer Neubestimmung vor, durch die aus sterblichen Überresten, die unwiderleglicher Beweis des Todes sind, Dinge werden, die als Schlüssel zum Leben gelten. Das gesamte Christentum steht schließlich im Zeichen des Kreuzes, eines primitiven todbringenden Folterinstruments, das in ein Symbol des ewigen Lebens verwandelt ist. Selbst die absurdesten und verunreinigendsten Teile und Hervorbringungen des Körpers erscheinen als *relativ* heilig im Vergleich mit dem menschlichen Körper im Normalzustand; daß sie ihren Wert so offenkundig einer Verkehrung der Normalität verdanken, erhöht nur ihre Überzeugungskraft. Geradeso, wie in Indien dem Urin heiliger Kühe reinigende Kraft zugeschrieben wird, findet man die wunderwirkende Vorhaut Christi nicht nur in der Kirche San Giovanni in Laterano, sondern auch in den französischen Städten Charroux, Puy und Coulombe, in

---

[8] Muensterberger 1994, S. 70
[9] Schmitt 1988

Santiago de Compostela und sogar in Hildesheim und Antwerpen. Trotz ihres untadeligen protestantischen Rufes besitzt die Anglikanische Kirche bis heute Altäre aus alter Zeit, die Gebeine von Heiligen umschließen.

Die schöpferische Kraft der Reliquien war so groß, daß sie beliebig oft zerteilt werden konnte, ohne daß die einzelnen Teile an Wirksamkeit einbüßten. Stand die Echtheit konkurrierender Reliquien in Zweifel, so konnte man sie zusammenbringen, und die unechten verwandelten sich dann dank der Symbolkraft der echten diesen an; im Blick auf die Unmenge Holz, für die in Anspruch genommen wurde, daß sie vom Heiligen Kreuz stammte, war also die Echtheitsfrage gar kein Problem. Durch die gleiche Eigenschaft zeichnete sich übrigens auch die glückbringende rote Unterhose des Rennfahrers James Hunt aus. Wenn sie abgetragen war, konnte sie dem Vernehmen nach ohne weiteres gegen eine neue ausgetauscht werden, vorausgesetzt, auf die neue wurde ein Flikken der alten aufgenäht; auf diese Weise lösten Generationen von Unterwäsche einander ab.

Theoretisch gesehen, war die Einstufung von Objekten als Reliquien Konsequenz eines Akts der Erhöhung und Verklärung der Person, zu der diese Objekte gehört hatten; danach ließen sich die Reliquien kaufen, schenken oder stehlen, ohne daß dies ihre Rolle als sakrale Werkzeuge des göttlichen Willens beeinträchtigte.[10] Reliquien gehörten zu den wichtigsten Beutestücken, die vom vierten Kreuzzug, der mit der Eroberung und Plünderung von Byzanz im Jahre 1204 endete, zurückgebracht wurden. Diese Art der Neueinstufung des Körpers ähnelt so ziemlich der Behandlung, die auch anderen Dingen bei uns im Westen widerfährt, wenn sie ein Stadium durchlaufen müssen, in dem sie nur »Trödel« sind, ehe sie die erhabene Stellung wertvoller Antiquitäten erringen.[11]

[10] Geary 1988
[11] Thompson 1976

Den Schweiß von Elvis Presley, der aus den Hobelspänen destilliert wurde, mit denen der Boden seiner Konzertarenen bestreut war, kann man in Plastikfläschchen kaufen.[12] Joni Mabe, die mit der Schaustellung von Denkwürdigkeiten des verstorbenen Sängers Karriere gemacht hat, ist im Besitz einer Warze, die angeblich vom Handgelenk des »King« stammt. Zusammen mit einem Fußnagel von Elvis bildete sie das Altarstück ihrer Ausstellung in Los Angeles.

»Ihre Popart-Collage, mit der sie an den ersten Todestag von Elvis erinnert, besteht aus einem fingierten Fanbrief, umgeben von Fotos, die sie barbusig und in intimem Kontakt mit einer Nachbildung von Elvis zeigt. In dem Brief steht unter anderem: ›Ich hätte dich retten können, Elvis. Wir hätten in Graceland ein gemeinsames Glück finden können. Ich weiß, daß ich dein gebrochenes Ich wieder hätte heilen können. Du hättest gewissermaßen die Entdeckung machen können, wie sich in deinen Gefühlen für mich Sex und Religion verbanden. Ich bete dich an... Ich kann zwischen Phantasie und Wirklichkeit nicht mehr unterscheiden. Elvis, ich muß dir etwas gestehen. Ich erwarte ein Kind von dir. Der letzte Elvis-Imitator, mit dem ich gefickt habe, trug deinen heiligen Samen. Bitte, schick Geld. Ich lege Fotos von mir und dem irdischen Gesandten bei, den du mir geschickt hast. Ich bin krank vor Sehnsucht nach dir... Joni Mabe.‹«[13]

Ich hatte eine ganz kurze Begegnung mit Joni Mabe in Los Angeles. Sie baute gerade ihre Ausstellung in Ernie Wolfes Galerie ab. Die Wände waren übersät mit Bildern, Collagen, Objekten. Auch die Warze fehlte nicht. Ich bekam einen Keks angeboten, der irgendeine besondere Beziehung zu Elvis hatte. Sie steckte in einer Art von Cowgirl-Kluft; sie

---

[12] Marcus 1992
[13] Windsor 1994, S. 58

sprach mit dem Südstaaten-Akzent, der die Stimme wie eine gerissene Gitarrensaite klingen läßt. Sie hatte einen langen Tag mit der Presse und den anderen Medien hinter sich. Die hatten sich einen großen Spaß mit ihr gemacht und waren mit dem scheinbaren Ernst auf sie eingegangen, mit dem man Leuten begegnet, die an UFOs glauben. Aber wenn man genauer hinsah, fing man an, sich zu fragen, wer eigentlich wen an der Nase herumführte. Die Zeitungsleute machten sich über sie lustig, aber sie machte schließlich daraus ein gutes Geschäft. Joni erzählte von einem zudringlichen Radioreporter, der ihr ein Mikrophon vor die Nase gehalten und verlangt hatte: »Was ist, wenn Sie es in einem Wort zusammenfassen müßten, das Wichtigste an Elvis?«

»Nu, also«, sagte Joni, »er is' halt...«

»Ein Wort«, bellte der Reporter.

»Dood?« schlug sie vor.

*

»Ich möchte Sie bitten, nichts zu berühren...«, beginnt John Ross, Kustos des Kriminalmuseums in New Scotland Yard. Der übliche Museums-Sermon. Eine Million feuchte Hände im Jahr können eine ganze Menge Schaden anrichten. Aber das hier ist kein übliches Museum.

»...viele der Objekte sind nach wie vor blutbefleckt, mit organischen Rückständen verunreinigt oder giftverseucht. Einige der Waffen sind gefährlich.« Er nimmt einen Kugelschreiber hoch und drückt lässig auf das obere Ende. Eine tödliche Klinge schießt vor. Alles zuckt zusammen.

Das Museum dient eigentlich Ausbildungszwecken und ist nicht der Öffentlichkeit zugänglich. In einem Kasten an der Wand befinden sich echte Rauschmittel. Das da ist eine Bombe der IRA. Als Kustos, der ich selber bin, habe ich an die kollegiale Solidarität appelliert und mich so hineingemogelt. Der Museumsbesuch ist Teil der offiziellen Besichtigungstour der Londoner Polizei für ausländische Kollegen, aber selbst Polizeioffiziere müssen unter Umständen Jahre warten, ehe sie drankommen. John Ross ist ein Hüne mit den überraschend sparsamen Gesten, die man bei großen Menschen manchmal antrifft. Man kann ihn sich vorstellen, wie er vierschrötig in einer Toreinfahrt steht und durch seine schiere Fähigkeit, das Gesetz zu verkörpern, eine tobende Menge zurückhält. Er hat die typische Polizistenangewohnheit, einem zu nahe zu kommen und ohne ausdrückliche Drohung einschüchternd zu wirken.

Er führt uns herum. Es ist ein moderner verglaster Bau, aber hier haben sie einen Raum aus dem alten Scotland Yard nachgebildet, wie wir alle ihn uns als Kinder vorstellten: mit einem Kamin und einem Fenster, als wäre die Trennlinie zwischen dem Museum und dem, was es enthält, verschwunden. In seinem Buch *The Decline of English Murder* beklagt George Orwell, daß es das klassische Verbrechen nicht mehr gebe – das gute alte britische Verbrechen, bei dem zwecks Aufrechterhaltung der gesellschaftlichen Fassade die schrecklichsten Missetaten begangen werden. Hier kann man sehen, was Orwell damit meint. Alle großen Klassiker sind zu besichtigen, dicht gedrängt nebeneinander, merkwürdig unauffällig. Hier sind die berühmten deutschen Silberplomben, mit deren Hilfe eines der Opfer der Christie-Morde identifiziert wurde. Da ist ein menschlicher Rükkenwirbel aus seinem Garten mit den eingelagerten Wurzeln. Um die Zeit des Todes zu bestimmen, rechneten sie aus, wie lange die Wurzeln hatten wachsen müssen. Da drüben ist die Badewanne von Dennis Nilson, in der er seine erdrosselten Opfer wusch, ehe er sie ankleidete und in einen Sessel setzte, damit er zur Arbeit gehen konnte und ihn jemand erwartete, wenn er abends nach Hause kam. Auf dem Herd steht der große Topf, in dem er das Fleisch zu Schmiere verkochte, ehe er es hinunterspülte. Er benutzte ihn auch einmal, um für seine Arbeitskollegen zu Weihnachten ein Currygericht zu kochen. Die Frauen verziehen das Gesicht, aber nicht wegen der Morde, sondern weil die Herdplatte so verdreckt ist.

Es gibt Überreste von Bombenattentaten wie den fast völlig aufgeschlitzten Helm eines Gardekavalleristen. »Sie erinnern sich an die Bombe, die 1982 hochging, elf Tote, einige junge Kavalleristen, die kaum die zwanzig überschritten hatten? Das war der Helm eines von ihnen. Die Bombe war proppenvoll mit Nägeln.« Er deutet die Bahn an, auf der sich das Geschoß in den Kopf des Opfers hineinbohrte. Alle verstummen, während sie sich ausmalen, wie das berstende Metall den Kopf zerfleischt. »Der Kommandeur der Truppe erhielt wöchentlich Hunderte von Briefen – fast in allen ging es um die Pferde. Wie viele erinnern sich noch an das verwundete Pferd?« Die meisten von uns tun das. »Sefton«, murmeln wir beschämt. »Und die Männer?« Nicht einer kann sich erinnern.

»Ruth Ellis? Die letzte Frau, die gehängt wurde? Das ist die Schußwaffe.« John skizziert den Fall, legt ihn wie ein Skelett frei, breitet ihn wie ein Musterexemplar vor uns aus. »Es wirkt herzlos«, sinniert er. Heutzutage wäre sie wegen der vorangegangenen Fehlgeburt davongekommen. Zur damaligen Zeit aber . . . Man kann nicht sagen, daß sie unrecht hatten. In der Welt, in der sie lebten, erschien ihr Tun sinnvoll. In Zukunft wird es uns vielleicht genauso gehen.« Der Relativismus – die letzte Zuflucht des in moralischer Hinsicht Verunsicherten und des Ethnologen.

Jemand erkundigt sich nach den beiden abgetrennten Armen, die am Ellbogen enden und wie Laichkraut in einem Glasgefäß hin und her wogen. Er zögert, fängt in rechtfertigendem Ton an: »Polizisten haben einen merkwürdigen Humor. Wenn ein Kollege nett zu dir ist, denkst du: ›Ich bin todkrank; er weiß es schon und ich noch nicht.‹ Es ist nicht Fühllosigkeit. Man bekommt schreckliche Dinge zu sehen. Dürfte man nicht lachen, man würde durchdrehen. Man begegnet dem gleichen Phänomen bei Ärzten und Krankenschwestern. Es ist ein Abwehrmechanismus.« Er macht eine gleichmütige Kopfbewegung in Richtung Arme. Die Handflächen schwimmen oben, in einer Art theatralischer Unschuldsbeteuerung.

Wir hörten, daß ein Verdächtiger in Deutschland gestorben war, und fragten wegen Fingerabdrücken an. Das da haben sie uns geschickt – einfach so – in einem Paket.«

»H-armlos«, witzelt einer.

Alle lachen. Er schaut sich im Kreis um, schätzt die Damen ab. Soll er in einer Zeit, in der das Allerwichtigste ist, keinen Anstoß zu erregen, den Scherz wagen? »Gott sei Dank haben wir keine Spermaprobe verlangt«, bemerkt er anzüglich. Über seiner Schulter sehe ich Jack the Ripper, Polizeifotos von allen seinen Opfern, die durch die schwarzbraune Tönung der Bilder irgendwie noch gräßlicher wirken. Wir betrachten die Proben menschlichen Fleisches, die in Plastikquader eingebettet sind wie Ferienandenken, die man als Briefbeschwerer benutzt. »In früheren Tagen«, sagt John, »waren die Geschworenengerichte weniger zimperlich. Heutzutage wird das meiste photographiert, und die Richter entscheiden, was die Geschworenen vertragen können. Damals packte man die Sachen einfach auf ein Tablett und ließ es herumgehen.«

An der Wand sind die Utensilien aus einem viktorianischen Bordell gestapelt, ein Gestell mit Fesseln, Peitschen, Domina-Stiefeln, einer ledernen Pilotenkappe. Hier sind wir in der Sektion Schwarze Komödie. John führt unerschrocken vor, wie das Gestell zum Auspeitschen benutzt wird. »Fragen Sie mich nicht, warum die Fesseln meinen Maßen so gut entsprechen.« Dann senkt er die Stimme. »Sexualität, Gewalt und Tod«, sagt er seufzend. »Für viele, die hier endeten, ist das untrennbar miteinander verknüpft. Fragen Sie Ihren Hauspsychiater. Es gibt Mörder, denen kommt es nur, wenn das Opfer stirbt.«

Wie auf einem Hutständer in der Diele hängen in einer

Ecke die Seile von den letzten Hinrichtungen. Wir werden daran erinnert, daß für gewisse Dinge wie Hochverrat und Brandstiftung in einem Marinedock nach wie vor die Todesstrafe verhängt werden kann.

»Bis vor ganz kurzer Zeit«, vertraut uns John an, »gab es immer noch einen Galgen in Pentonville. Er mußte geölt und regelmäßig überprüft werden.« Er macht Ausführungen über die Todesstrafe; der kalte, sachliche Ton verleiht jedem Wort erdrückendes Gewicht. »Ein guter Henker kann einen Verurteilten binnen sieben Sekunden nach dessen Eintritt in den Hinrichtungsraum ins Jenseits befördern.« Ein schlechter Henker, der die Gewichte falsch wählt, fiel mir ein, kann einem Verurteilten glatt den Kopf abreißen. »Es klingt vielleicht barbarisch, aber die Methode ist menschenfreundlicher als Gas oder der elektrische Stuhl – falls man die Todesstrafe überhaupt befürwortet.«

Die Seile sind anders, als man erwartet, sind keine Spiralengebilde à la Clint Eastwood. Das eine Ende des Seils läuft in eine Metallschlaufe aus, und das andere wird einfach nur durch die Schlaufe durchgezogen. Wer aber das Zuziehen der Schlinge für entscheidend hält, täuscht sich. Die Schlaufe kommt unter das Kinn, damit die Nackenwirbel nach hinten abknicken. Neben der Tür befinden sich zwei Schädel. Der erste war ein entscheidendes Beweisstück bei einem Mordprozeß in den fünfziger Jahren; das eindeutige Opfer eines gewaltsamen Todes in einem Fall, wo der Körper zerstückelt und aus einem Flugzeug verstreut worden war. Viele Jahre danach, als die gerichtsmedizinischen Techniken sich gewaltig verfeinert hatten, wurde festgestellt, daß der Schädel nichts mit dem Fall zu tun hatte. »Dieser Huppel auf der Rückseite«, sagt John, »ist ein Schädelwulst – so lautet der Fachausdruck. Niemand hat seit tausend Jahren etwas Ähnliches gehabt. Es ist auch ein angelsächsischer Schädel. Aber er *wurde* freigesprochen.«

Daneben ist eine Schädelhälfte, in Silber eingefaßt, hübsch

mit Patina überzogen, das zentrale Beweisstück in einem lebensechten viktorianischen Melodram. Eine Dienstmagd wird vom Sohn des Hauses verführt und dann als gefallenes Mädchen schwanger aus dem Haus gejagt. Gezwungen, auf den Strich zu gehen, wird sie Jahre später Puffmutter. Eines Tages taucht ausgerechnet ihr Exliebhaber in ihrem Bordell auf. Sie bringt ihn um, schneidet ihm den Kopf ab und läßt den Schädel in Silber fassen. Jeden Abend trinkt sie ihren Wein daraus. Das Trinkgefäß hebt den Geschmack. Daß sie sich auf dem Totenbett offenbart, gehört natürlich mit zu der Geschichte.

*

In Ost-Timor herrschte eitel Normalität. Es war im Spätsommer 1991, wenigstens fünfzehn Jahre, nachdem die indonesische Armee Ost-Timor dem restlichen Land »eingegliedert« hatte. Daß schreckliche Dinge geschehen waren, stand außer Frage. Offene Feldschlachten wurden geschlagen, Menschen klammheimlich und heimtückisch verschleppt; es gab eine Hungersnot und Zwangsumsiedlungen. Ein Drittel der Bevölkerung war spurlos verschwunden, einfach nicht mehr da. Dennoch war, wie mir versichert wurde, alles normal. Ein Sondervisum? Aber nicht doch. Tim-Tim war einfach nur eine weitere friedliche Provinz Indonesiens. Jeder, der wollte, konnte hinfahren.

Die Einschußlöcher im Gouverneurspalast über dem Meer waren zugestopft und übermalt. Merkwürdigerweise ließ man zu, daß die Werbewirksamkeit dieser Maßnahme durch das rostende Landeboot beeinträchtigt wurde, das arg zusammengeschossen ein paar hundert Meter weiter am Strand lag. Am komischsten war die Stille in der Nacht. Normalerweise geht es in indonesischen Städten bis in die frühen Morgenstunden hoch her. Hier, in Dili, machte alles bei Einbruch der Dunkelheit dicht. Aus den portugiesischen Geschäften waren chinesische geworden, aber die meisten hatten geschlossen.

Ich reiste mit Billy, meinem timoranischen Führer von der anderen Seite der ehemaligen Grenze. Ich hatte Glück, ihn gefunden zu haben; er war älter, ernsthafter und zuverlässiger als die anderen, kannte sich mit den Tuchstoffen aus, die ich für ein Museum kaufte und verfügte über einen boshaften Humor. Wenn wir irgendwo hinkamen und keine guten Stoffe auftreiben konnten, grinste er, band mir eines der Tücher um den Hals und ließ mich dreimal rund um den Busbahnhof marschieren. Die Leute kamen dann zu ihm, um sich nach dem verrückten Kerl aus dem Westen zu erkundigen, und er brachte das Thema Stoffe zur Sprache. Nicht lange, so hatte er einen Weber aufgetan, in dessen Haus wir schließlich landeten. Während wir mit Bussen herumreisten, sahen wir patrouillierende Soldaten, die damit beschäftigt waren, die Gulleys entlang den Straßen zu kontrollieren. In jedem Bus saß hinten ein bewaffneter Soldat, der ein abgenutztes Gewehr auf dem Knie balancierte.

Wir kamen in Baucau an, einer herrlichen alten portugiesischen Stadt, die sich früher in tadellosem kolonialem Weiß den Hügel hinab bis zum azurenen Meer erstreckte. Seitdem hatten sie die Sache offenbar ein bißchen schleifen lassen; überall waren Zeichen des Verfalls zu sehen. Das Hotel war zu ihrem Bedauern geschlossen. Es war jetzt ein Offiziersklub. In den Medien gab es später alle möglichen Anspielungen auf die Dinge, die in den Kellern des Klubs vorgegangen waren.

Billy und ich saßen fest. An diesem Tag fuhr kein Bus mehr, und eine Unterkunft hatten wir nicht. Aber Indonesier sind nette Leute. Ein javanesischer Offizier sprach uns an, stellte ein paar Fragen und lieferte uns am Kasernentor ab. »Sie bleiben die Nacht über besser hier«, erklärte er, als sei dies das Natürlichste von der Welt.

Wir bekamen mit ausgesuchter Höflichkeit schlechten Reis vorgesetzt und wurden in einer Baracke untergebracht, in der

buginesische Soldaten einquartiert waren. Moslems aus Sulawesi. Es war ein neues Gebäude mit hochgelegenen Fenstern.
»Gegen die Granaten«, sagte einer grinsend. Wir schliefen auf
Matratzen auf dem Boden, die Gewehre in der Mitte zusam-
mengestellt, Billy und ich am einen Ende.

Auf ihren Schulterabzeichen stand »Hasnuddin-Brigade« –
der Name des Nationalhelden der Buginesen. Ich hatte ihre
Heimatstadt, Ujung Pandang, besucht. Wir spielten bis spät
in die Nacht »Sind sie da-und-da gewesen ...? Haben sie das-
und-das gesehen?« In einer ganzen Reihe von Fällen konnte
ich damit dienen. Die Buginesen gelten mittlerweile in Indonesien als eine Art Buhmann, aber diese Soldaten hier waren
gutartige, großherzige Wesen. Wir schliefen in einer Atmosphäre allgemeiner Gastlichkeit ein.

Ein merkwürdiges Geräusch weckte mich. Das Mondlicht
fiel durch die hohen Fenster und glänzte auf den Gewehren.
Billy war ebenfalls wach. Geweckt hatte uns das Weinen eines
der Soldaten. Ich weiß nicht, was bei uns in der Armee passiert,
wenn einer mitten in der Nacht in Tränen ausbricht. Seine Ka-
meraden scharten sich um ihn und machten besänftigende Ge-
räusche. Etliche tätschelten ihn und drückten ihn an sich.
Schließlich bettete einer den Kopf des Schluchzenden auf
seine Knie und streichelte ihm über das Haar, um ihn zu beru-
higen. Er sah mich an und seufzte. »Das ist alles Ihre Schuld?«

»Meine Schuld?«

»Ja. Sie haben von Ujung Pandang gesprochen, und da hat
er Heimweh bekommen. Gestern erhielt er einen Brief von
seiner Frau mit einem Bild seiner Tochter, die er noch nie gesehen hat.« Er beugte sich über seinen Freund und flüsterte
ihm ins Ohr. Der Mann schniefte, fuhr mit der Hand unter
seine Nackenrolle, tastete blind umher und schwenkte
schließlich das Foto eines kleinen Mädchens in provinziellem
Rüschenkleid.

»Wah«, sagte ich, »was für ein reizendes Kind«, auch wenn
ich weit entfernt davon war, zu meinen, was ich sagte.

»Ja«, sagte der Mann und fing wieder an zu schniefen, sogar noch lauter als vorher. Sein Freund sah mich vorwurfsvoll an. Ich war keine große Hilfe.

Am nächsten Morgen nahmen Billy und ich Abschied: ringsum freundschaftliches Händeschütteln, ein Lächeln und eine Umarmung von dem Mann, der geweint hatte. Die Sonne schien. Das Nachtgespenst des Kummers war verflogen. Das Mitgefühl und die emotionale Unschuld des Ganzen hatte mich beeindruckt, der Umstand, daß es möglich war, seine Kinder zu vermissen und deswegen zu weinen, daß man der Armee angehören konnte, ohne gleich ein brutaler Macho zu sein.

Ein paar Monate später sah ich sie im Fernsehen wieder. Sie schossen auf Studenten, von denen viele praktisch noch Kinder waren. Ich war entsetzt. Ich kannte diese Soldaten und hätte jeden von ihnen als anständigen und gutartigen Menschen wärmstens empfohlen. Der Wert sämtlicher Urteile, die ich mir je über andere Leute gebildet hatte, stand auf dem Spiel. Waren sie es wirklich? Ich mußte mich täuschen. Die Lektüre der Presseberichte brachte wenig. Es wurde wild mit den Worten »indonesisch« und »javanesisch« herumgeworfen. Ich studierte erneut die Videoaufzeichnung. Man konnte die Schulterabzeichen nicht erkennen. Man erkannte eigentlich *gar nichts*. In der Hitze und dem Staub und dem Kugelhagel von Angst und Haß verzerrt, sah ein Gesicht wie das andere aus. Ich konnte mir keine Gewißheit verschaffen. Waren sie es, oder waren sie es nicht?

Ich konsultierte einen indonesischen Freund. Er reagierte abweisend. »Die Leute von Tim-Tim sind Terroristen«, verkündete er selbstgerecht. »Sie bringen unsere Männer um. Würdet ihr nicht genauso handeln? *Macht* ihr nicht in Irland dasselbe?

»Äh ... also. Das ist kompliziert. Wenn etwas wie das da passierte, gingen die Studenten auf die Straße.«

»Oh, das haben wir in Bandung gemacht.«

Ich war überrascht. »Ihr habt gegen die Regierung demonstriert? Wie hat sie darauf reagiert.«

»Nein.« Verärgert über meine Doofheit schüttelte er den Kopf. »Nicht gegen die Regierung, gegen die Chinesen.« Er sah meine Verwirrung, seufzte und buchstabierte mir wie einem Trottel die Geschichte vor, wobei er jeden Satz mit einer Handbewegung skandierte. »Die Chinesen kontrollieren die Wirtschaft, aber man traut ihnen nicht.« Zack. »Wir erlauben ihnen nicht, in die Armee einzutreten; folglich werden sie nicht wie unsere eigenen Leute erschossen.« Zack. »Wenn es einen Vorfall wie diesen gibt, sind es unsere Leute, die es ausbaden müssen.« Zack. »Also ziehen die Studenten los und verhauen ein paar Chinesen.« Handfläche klatscht auf Handfläche. »Schau«, er verfiel in saloppes Amerikanisch. »Manchmal sind die Zeiten hart. Leute kommen um. Wo überall der Tod lauert und die Kacke am Dampfen ist, kann man von Glück sagen, wenn einem bloß ein Ei in die Fresse fliegt.«

In Memoriam

*Das Leben ist ein Glücksspiel mit furchtbar
geringen Gewinnchancen – wäre es eine
Wette, niemand würde sie annehmen.*
Tom Stoppard,
Rosenkranz und Güldenstern sind tot, 1967

Die Agni von der Elfenbeinküste haben eine Theorie über
den Zufallscharakter des Todes:

*»Ursprünglich war der Tod gut und streckte nur die Alten und
Gebrechlichen nieder. Gott verschwendete kein Leben und hatte
dem Tod befohlen:* ›*Streck die Alten nieder, verschone die anderen.*‹ *Jeden Tag suchte der Tod sie heraus und gehorchte dem Gebot. Eines Tages kam er in eine Familie und sah die alte Frau, die
ein Baby wiegte.*

›*Komm!*‹ *sagte der Tod.*

›*Hab Erbarmen!*‹, *antwortete die alte Frau.* ›*Ich bin immer
noch nützlich. Sieh doch!*‹

›*Stimmt*‹, *sagte der Tod. Er ging weg und erzählte Gott abends
davon.*

›*Du hast mir nicht gehorcht*‹, *sagte Gott.* ›*Werde deshalb
blind. Wenn du morgen arbeitest, werden alle sterben, die du an-
rührst.*‹

Seitdem sterben Menschen jeden Alters.«[1]

---

[1] Thomas 1982, S. 43

Ich habe einen bedrohlichen Brief bekommen. Darin geht es nicht um unbezahlte Rechnungen, um religiöse Dinge oder um anstößige persönliche Ansichten. Ich werde darin auch nicht etwa geschmäht, weil ich im Zuge eines der für unsere Zeit typischen Ehedramen den einst geliebten und jetzt gehaßten Partner abgebe. Er kommt nicht von einem Menschen, der mich genau kennt, und auch nicht von jemandem, der mich aus allgemeinen politischen Gründen aufs Korn nimmt. Er kommt nicht einmal vom Staat. Und er kommt in Form einer Geburtstagskarte. Er wird mir – wie alljährlich zu meinem Geburtstag – von dem Mann geschickt, der mir meine Lebensversicherung verkauft hat. Vorne darauf ist wie gewöhnlich ein knuddeliges Tier, das auf irgendeine Weise Sparsamkeit verkörpert. Diesmal ist es eine Haselmaus mit ausgestellten Backentaschen, die für künftige Notzeiten Nüsse verstaut. Auf der Rückseite steht diskret eine Kontaktnummer. Ich kann mich nicht einmal revanchieren. Ich weiß nicht, wann sein Geburtstag ist

Die Muslime lehnen Lebensversicherungen ab, weil sie darin eine unverschämte Wette gegen Gott sehen, ein anmaßendes Aufbegehren menschlichen Wollens und Wissens gegen die Allwissenheit und den Ratschluß des Allmächtigen. Gott allein entscheidet rechtens über Leben und Tod. Edward Evans-Pritchard hat vor vielen Jahren darauf hingewiesen, daß ein wesentlicher Unterschied zwischen Kulturen, die mit der Magie als Erklärungsprinzip arbeiten, und denen, die das nicht tun, in dem Punkt besteht, an dem der Anspruch auf Erklärung fallengelassen wird.[2] Bei uns im Westen ist die Todesursache eine allgemeine Erkrankung oder der bloße Zufall. Anderswo findet man es unter Umständen nötig, die Erklärung genauer auf den Betreffenden abzustimmen. Warum ist dieser bestimmte Mensch zu diesem bestimmten Zeitpunkt aus diesem bestimmten Anlaß gestorben? Das sind Dinge, von denen wir

---

[2] Evans-Pritchard 1988

behaupten, sie entzögen sich unserer Kenntnis oder lägen in der Kompetenz Gottes. Und wir sträuben uns sogar gegen die statistische Erfassung der Wahrscheinlichkeit von Todesfällen, indem wir uns an die Erinnerung an Onkel Georg klammern, der täglich sechzig Zigaretten paffte und über neunzig wurde.

Einer der häufigsten Anlässe für Streit zwischen den Volksgruppen in Singapur ist das Glücksspiel. Die Malaien als Muslime sehen darin den direktesten Weg in die Hölle. Die Chinesen stehen im Ruf, auf schlechterdings alles Wetten abzuschließen, auf die Schreie von Vögeln, auf die Ziffern von Autokennzeichen, auf Telefonnummern und, was in malaiischen Augen am allerschlimmsten ist, bei Gelegenheit von Begräbnissen. Die Freunde und Verwandten des Toten sitzen dann vor dem Sarg und frönen unter großem Triumph- und Kummergeschrei dem Glücksspiel. Wenn sich die Malaien darüber beschweren, wird ihnen geantwortet, das Spiel sei wesentlicher Bestandteil des Begräbniszeremoniells. Fragt man die chinesischen Trauergäste, warum sie das tun, zucken sie mit den Achseln und sagen: »Wir vertreiben uns damit die Zeit« oder »Wir machen das, um den Geist des Toten zu unterhalten« oder »Es macht den Toten reich« oder »Sind nicht Leben und Tod insgesamt ein Glücksspiel?«. Gebildete Chinesen passen ihre Antwort westlichen Differenzierungen an. »Das ist kein Glücksspiel«, sagen sie empört, »es ist *rituelles* Glücksspiel«. Wird immer Karten gespielt? fragt man. Warum nicht Mah-jong? »Oh nein, das würde zuviel Krach machen.« Dabei muß der Informant brüllen, um sich verständlich zu machen, weil die Kartenspieler alle laut schreien und draußen eine Gruppe von jungen Männern in einen auf vollen Touren laufenden Lieferwagen steigen und dabei Zimbeln gegeneinander schlagen. »Die Klänge des Lebens«, sagen sie dazu. »Die Toten mögen das.«

Eine ähnliche Geschichte wird bei den Balinesen erzählt. Vor einer normalen Beerdigung spielen sie Karten, aber zu jeder größeren Einäscherungszeremonie, bei der die Leichen wieder ausgegraben und verbrannt werden, gehört ein Hahnenkampf. Clifford Geertz besteht mit Nachdruck auf der Vielzahl von Aspekten, die ein Hahnenkampf umfaßt.[3] Zu jedem Kampf aber gehören Sieger und Verlierer, Überleben und Tod.

Jeder unverhoffte Glücks- oder Unglücksfall bietet Gelegenheit, Tapferkeit, Dankbarkeit oder Haltung zu zeigen, aber als die beste Todesart gilt in Bali, wenn jemand in aller Ruhe mit absolutem Gleichmut die Stunde seines Ablebens kundtut und akzeptiert. Solche Todesfälle sind sehr selten, aber offenbar sind bei der Einäscherung von derart harmonisch Verstorbenen Hahnenkämpfe mit ihrer Unberechenbarkeit fehl am Platz.

In vielen Teilen der Welt ist das Glücksspiel eng mit dem Tode verknüpft, denn es kündet von Geschicklichkeit und Zufall, von Unvorhersehbarkeit und Schicksal, von persönlicher Gegnerschaft und Solidarität, von Unwiderruflichkeit und von katastrophischer Zuspitzung oder vom jähem Ende eines Stichkampfes. Man kann gegen Spielregeln verstoßen, aber den Tod betrügt niemand.

Das altägyptische Brettspiel *snt* setzte sich im Modell mit dem Sterben auseinander. Auf Wandmalereien sieht man einen einzelnen menschlichen Spieler, der ein Spiel mit einem unsichtbaren Gegner, dem Tod, austrägt. Der Spieler rückt wie bei Monopoly auf einer Bahn voran, und die einzelnen Felder sind mit Anweisungen beschriftet, die sich auf das Sterben beziehen, wie etwa »Du betrittst die Treppe der Seelen von Heliopolis« oder »Setze über den Teich, ohne durchs Wasser zu waten«.

Die Hochlandbewohner von Neuguinea sind beeindruckt davon, wieviel Kontrolle westliche Verwaltungsbeamte über Geschehensabläufe haben und wie sehr sie allem Anschein nach die Zukunft planen können. Wenn einer von den Beamten nach Hause zurückgekehrt ist, erfahren die Hochlandbe-

---

3 Geertz 1983, S. 202ff.

wohner häufig, daß er kurz darauf gestorben ist. Allgemein ist man überzeugt davon, daß die Fremden den Zeitpunkt ihres Todes in einem ihrer vielen Bücher mit Zeit- und Fahrplänen nachschlagen und deshalb dafür sorgen können, daß sie rechtzeitig nach Hause zurückkehren, um ihren Sarg vorzubereiten.

Am engsten aber ist die Verknüpfung von Tod und Glücksspiel vielleicht in Südamerika. In Ekuador spielen die Männer ein Würfelspiel namens *huairu* direkt auf dem Körper des Toten.[4] Der Würfel aus Knochen ist nicht ausgewogen, so daß es große Geschicklichkeit erfordert, ihn zu werfen und mit ihm umzugehen; am meisten Punkte erzielt man, wenn es einem gelingt, ihn gegen die Schwerkraft in eine senkrechte Stellung zu bringen. Die Spieler sind keine engen Verwandten des Toten und spielen sogar maskiert; dennoch wird das Spielresultat dem Verstorbenen zugeschrieben, dessen Seele angeblich im Würfel steckt. Das Spiel wird so zu einem Mittel, herauszufinden, wem der Tote wohlgesonnen ist, und eine allgemeine Atmosphäre des Überflusses zu schaffen, die für die Zukunft aller Überlebenden von Bedeutung ist. Tatsächlich würfeln die Männer um den Besitz des Toten; unter Umständen wird das Gewonnene dann auf der Stelle bei einem Fest verpraßt. Die Verlierer werden von den Gewinnern mit Peitschenhieben oder mit Schlägen auf den Kopf bestraft, aber die Strafenden handeln stellvertretend für den Toten, dessen Geist auf diese Weise Zufallsereignisse in Bekundungen seines letzten Willens und testamentarische Verfügungen verwandelt.

In unserer eigenen Kultur fahren wir erbarmungslos mit der Fortpflanzungsmaschinerie Schlitten und wüten mit ebensolcher Scheinheiligkeit gegen Versuche, die Geschlechtszugehörigkeit der Nachkommenschaft zu kontrollieren, wie gegen das Versäumnis, Familienplanung zu praktizieren. Wir haben

---

[4] Karsten 1930

Experten, Statistiker, die für verschiedene Gruppen der Menschheit das Sterblichkeitsrisiko errechnen und in Form von Lebensversicherungen mit den Betreffenden Wetten abschließen. In dem Maße, wie sich die genetische Profilmethode entwickelt, wird es immer leichter, nicht nur den Zeitpunkt unseres Todes – wann wir dran sind –, sondern auch die Todesursache vorauszusagen. Die Frage, wie engmaschig das Klassifizierungssystem sein darf, wie stark also in den Wetten auf unser Ableben, die wir mit den Versicherungen abschließen, die Karten gezinkt sein dürfen, sorgt zunehmend für Unruhe, da die Verweigerung einer Lebensversicherung bedeuten kann, daß man keinen Kredit und keine Hypothek aufnehmen, kein Haus bauen, kein Sozialleben führen kann. Und was noch schwerer wiegt: Je vorhersagbarer der Tod ist, um so mehr sind wir Gefangene eines vorausbestimmten Schicksals, um so weniger frei sind wir. Die Soziologie hat bereits den Zorn der Öffentlichkeit zu spüren bekommen, weil sie versucht, die einzelnen ins Gehäuse der Statistik einzusperren; wir schwanken unglücklich hin und her zwischen den Extremen eines allzu berechenbaren und eines allzu ungewissen Todes.

Die Glückwunschkarte des Versicherungsagenten erinnert mich also daran, daß ich erfaßt bin und in den versicherungsstatistischen Tabellen meinen festen Ort habe und daß sich das Roulette nach wie vor – wenn auch immer langsamer – dreht und der Ball das statistisch vorgesehene Loch noch sucht, in das er hineinrollen wird. Es handelt sich um eine ärmliche Version der mittelamerikanischen Ballspiele, die auf grandiosen steinernen Spielfeldern ausgetragen wurden und bei denen Lebende und Tote gegeneinander kämpften und Mythen jahreszeitlicher, dynastischer und kosmischer Erneuerung aufgeführt wurden. Das Spiel war allerdings manipuliert: Der Verlierer verlor oft sein Leben, und somit gewann der Tod auf jeden Fall. Aber kosmologisch gesehen war der Ausgang weniger klar. Der Tod führte zur Wiedergeburt, so daß letztlich das Leben der Gewinner war. Wie bei der Lebensversicherung konnte man auch in Mittelamerika nur dadurch wirklich gewinnen, daß man verlor – keiner nimmt mit anderen Worten seinen Gewinn mit, wenn er vom Roulettetisch aufsteht.

Literatur

Abrahamsson, H., »The Origin of Death«, *Studia Ethnographica Upsaliensia* III, 1951.

Adams, M., »Style in Southeast Asian Materials Processing: Some Implications for Ritual and Art«, in *Material Culture, Style, Organization and Dynamics of Technology*, hrsg. v. H. Lechtmann und R. Merrill, Proc. American Ethnological Society, 1977.

Ardener, E., »Witchcraft, Economics and the Continuity of Belief«, in *Witchcraft Accusations and Confessions*, hrsg. v. M. Douglas, Tavistock, London 1970.

Arens, W., *The Man-Eating Myth*, Oxford University Press, New York 1979.

Arhem, K., »Milk, Meat and Blood: Diet as a Cultural Code among the Pastoral Maasai« in *The Creative Communion*, hrsg. v. A. Jacobson-Widding und W. van Beek, Uppsala 1988.

Ariès, P., *Geschichte des Todes*, Carl Hanser, München 1980 [franz. Orig. 1978].

Asquith, P., »The Monkey Memorial Service of Japanese Primatologists«, *Royal Anthropological Institute Newsletter*, Nr. 54, 1983.

Astuti, R., »Invisible Objects«, *Res* 25, 1994, S. 111–22.

Aubrey, J., *Remains of Gentilisme and Judaisme*, Stachell, Peyton und Co., London 1881.

Bagliani, A., »Démembrement et integrité du corps au XIIIe siècle«, *Terrain* 18, 1992, S. 26–32.

Baumann, Z., *Mortality, Immortality and Other Life Strategies*, Polity, Oxford 1993.

Binns, C., »The changing face of power: revolution and accomodation in the development of the Soviet ceremonial system«, I. Teil, *Man* 14 (4), 1979, S. 585–606.

– II. Teil, *Man* 15 (1), 1980, S. 170–87.

Bloch, M., »Tombs and States«, in *Mortality and Immortality*, hrsg. v. S. Humphries und H. King, Academic Press, London 1981.

– »Almost eating the ancestors«, *Man* 20 (4), 1982, S. 631–46.

Bloch, M., und Parry, J., *Death and the Regeneration of Life*, Cambridge University Press, 1982.

Boddy, J., »The Body as Oasis«, *American Ethnologist* 9 (4), 1982, S. 682–98.

Bundy, R., »Folktales from Liberia«, *Journal of American Folklore* 31, 1919.

Carneiro da Cunha, M., »Eschatology among the Kraho: reflection upon society, free field of fabulation«, in *Mortality and Immortality*, Academic Press, London 1981.

Casaverde, »El mundo sobrenatural en una comunidad«, *Allpanchis* 3, 1970, S. 121–244.

Corlin, C., »The Journey Through the Bardo«, in *On the Meaning of Death*, hrsg. v. S. Cederroth u.a., Uppsala Studies in Cultural Anthropology 8, Uppsala 1988.

Davis, W., *Passage of Darkness*, University of North Carolina Press, Chapel Hill und London 1988.

Descola, P., *Les Lances du Crépuscule*, Plon, Paris 1994.

Dover, K., *Greek Homosexuality*, Vintage, New York 1978.

Dubois, H.-M., »Monographie des Betsileo«, *Travaux et Mémoires de l'Institute d'Ethnologie* XXXIV, 1938.

Eicher, J., und Erekosima, T., »Kalabari Funerals: Celebration and Display«, *African Arts* XXI (1), 1987, S. 38–45.

Evans-Pritchard, E., *Hexerei, Orakel und Magie bei den Zande*, Suhrkamp, Frankfurt a.M. 1988 [engl. Orig. 1937].

Firth, R., *We, the Tikopia*, George Allen and Unwin, London 1936.

Fortes, M., *The Web of Kinship Among the Tallensi*, OUP, London 1949.

Fortune, R., *Sorcerers of Dobu*, Routledge, London 1932.

Fox, J., »On Bad Death and the Left Hand: A Study of Rotinese Symbolic Inversions«, in *Right and Left*, hrsg. v. R. Needham, University of Chicago Press, Chicago und London 1973.

– »Sister's Child as Plant«, in *Rethinking Kinship and Marriage*, hrsg. v. R. Needham, Tavistock, London 1983.

Freedman, M., *The Study of Chinese Society*, Stanford University Press, Stanford 1979.

Freeman, J., *Report an the Iban*, Athlone, London 1979.

Geary, P., »Sacred commodities: the circulation of medieval relics«, in *The Social Life of Things*, hrsg. v. A. Appadurai, Cambridge University Press 1988.

Geertz, C., *Dichte Beschreibung – Beiträge zum Verstehen kultureller Systeme*, Suhrkamp, Frankfurt a.M. 1983 [engl. Orig. 1975].

Gittinger, M., *Splendid Symbols*, Oxford University Press, Singapur 1985.

– *To Speak With Cloth*, Museum of Cultural History, Los Angeles 1989.

Gittings, C., *Death, Burial and the Individual in Early Modern England*, Routledge, London 1988.

Goody, J., *Death, Property and the Ancestors*, Tavistock, London 1962.

Gose, P., »Sacrifice and the commodity form in the Andes«, *Man* 21 (2), 1986, S. 293–310.

Gossen, G., *Chamulas in the World of the Sun*, Harvard University Press, Cambridge 1974.

Griaule, M., *Dieux d'eau: Entretiens avec Ogotemmeli*, Editions du Chêne, Paris 1948.

Gutmann, B., *Dichten und Denken der Dschagganeger*, Evang.-Luth. Mission, Leipzig 1909.

Habenstein, R., und Lamers, W., *Funeral Customs the World Over*, Milwaukee 1960.

Harrison, S., *The Mask of War*, Manchester University Press, Manchester und New York 1993.

Héritier-Izard, F., »Univers Feminin et destin individuel chez les Samo«, in *La Notion de la Personne en Afrique Noire*, Centre National de Recherches Scientifiques, Paris 1983.

Hertz, R., »A contribution to the collective representation of death«, in *Death and the Right Hand*, Free Press, Glencoe 1960 [Orig. 1907].

de Heusch, L., »Heat, Physiology and Cosmogeny: *Rites de Passage* among the Thonga«, in *Explorations in African Systems of Thought*, hrsg. v. I. Karp und C. Bird, Indiana University Press, Bloomington 1980.

Hobart, M., »The elixir of mortality: Towards a Balinese economy of Death«, Unveröffentlicht, 1987.

Hope, W., »On the Funeral Effigies of the Kings and Queens of England with special reference to those in the Abbey Church of Westminster«, *Archaeologia* LX (2), 1903, S. 511–64.

Hoskins, J., »So My Name Shall Live: Stone-Dragging and Grave-Building in Kodi, West Sumba«, *Bijdragen to de Taal-, Land- en Volkenkunde* 142 (1), 1986, S. 31–51.

Huntington, R., und Metcalf, P., *Celebrations of Death*, Cambridge University Press, 1980.

Irving, W., »Rural Funerals«, in *The Sketchbook of George Crayon*, London 1820.

Jacobson-Widding, A., »The Red Corpse, or the Ambiguous Father, *Ethnos* 45 (3–4), 1980, S. 202–10.

– »The Fertility of Incest«, in *The Creative Communion*, hrsg. v. A. Jacobson-Widding und W. van Beek, Uppsala Studies in Cultural Anthropology 15, Uppsala 1990.

Jacobson-Widding, A., und van Beek, W., *The Creative Communion*, Uppsala Studies in Cultural Anthropology 15, Uppsala 1990.

Jensen, E., *The Iban and Their Religion*, Clarendon Press, Oxford 1974.

Junod, H., »Les conceptions physiologiques des bantous sudafricains et leurs tabous«, *Revue d'Ethnographie et de Sociologie* 1, 1910, S. 126–69.

Kan, S., *Symbolic Immortality*, Smithsonian Institution Press, Washington und London 1989.

Kantorowicz, E., *The King's Two Bodies*, Princeton University Press, 1957.

Karsten, R., »Ceremonial games of the South American Indians«, *Commentationes Humanarum Letterarum* III (2), Societas Scientiarum Fennica, 1930.

Kearl, M., *Endings*, Oxford University Press, New York und Oxford 1989.

Kelly, R., »Witchcraft and sexual relations: an exploration in the social and semantic implications of the structure of belief«, in *Men and Women in the New Guinea Highlands*, hrsg. v. P. Brown und G. Buchbinder, American Anthropological Association, Washington/D.C. 1976.

Koch, E., »Death and Justice«, *New Republic*, 15. April 1985, S. 12–15.

Kohl, J., *Kitchi-Gami*, Minnesota Historical Society Press, St. Paul 1985.

Kopytoff, I., »Ancestors as Elders in Africa«, *Man* 41 (2), 1971, S. 129–42.

Leach, E., *Rethinking Anthropology*, Athlone, London 1961.

Le Moal, G., *Les Bobo. Nature et fonction des masques*, Organisation de Recherches Scientifiques et Techniques d'Outre Mer, Paris 1980.

Lévi-Strauss, C., *Die elementaren Strukturen der Verwandt-schaft*, Suhrkamp, Frankfurt a. M. 1981 [franz. Orig. 1969].

– *Das Rohe und das Gekochte*, Suhrkamp, Frankfurt a. M. 1971 [franz. Orig. 1970].

– Das wilde Denken, Suhrkamp, Frankfurt a. M. 1994 [franz. Orig. 1962].

Litten, J., *The English Way of Death*, Robert Hale, London 1992.

Llewellyn, N., *The Art of Death*, Redaktion, London 1991.

Mack, J., *Madagascar: Island of the Ancestors*, British Museum Press, London 1986.

Mackinnon, S., »Flags and Half-Moons: Tanimbarese Textiles in an ›Engendered‹ System of Valuables«, in *To Speak with Cloth*, hrsg. v. M. Gittinger, Museum of Cultural History, Los Angeles 1989.

Malinowski, B., »Baloma: the spirits of the dead in the Trobriand Islands«, *Journal of the Royal Anthropological Institute* 45, 1916.

– *Das Geschlechtsleben der Wilden in Nordwest-Melanesien*, Syndikat, Frankfurt a. M. 1979 [engl. Orig. 1929].

Mansfeld, A., *Urwalddokumente*, Mansfeld, Berlin 1908.

Marcus, D., *Dead Elvis*, Harmondsworth, London 1992.

Martin, E., »Gender and Ideological Differences in Representations of Life and Death«, in *Death Ritual in Late Imperial and Modern China*, hrsg. v. J. Watson und E. Rawski, University of California Press, Berkeley und Los Angeles 1988.

Meunier, J., *Voyages sans alibi*, Flammarion, Paris 1994.

Morley, J., *Death, Heaven and the Victorians*, London 1971.

Mosko, M., *Quadripartite Structures: categories, relations and homologies in Bush Mekeo culture*, Cambridge University Press, 1985.

Muensterberger, W., *Collecting*, Princeton University Press, 1994.

Olson, R., *Social Life and Social Structure of the Tlingit Indians in Alaska*, University of California Anthrop. Records 26, 1967.

Overing, J., »Death and the loss of civilized predation among the Piaroa«, *L'Homme*, 1993, S. 126–8.

Parry, J., »Sacrificial death and the necrophagous ascetic«, in *Death and the Regeneration of Life*, hrsg. v. M. Bloch und J. Parry, Cambridge University Press, 1982.

Paulme, D., *La mère devorante*, Gallimard, Paris 1978.

Plowden, E., *Commentaries on Reports*, London 1816.

Puckle, B., *Funeral Customs, Their Origin and Development*, London 1926.

Radcliffe-Brown, A., *The Andaman Islanders*, Cambridge University Press, 1933.

Rattray, R., *Religion and Art in Ashanti*, Clarendon Press, Oxford 1927.

Rein-Wuhrmann, A., *Mein Bantuvolk im Grasland von Kamerun*, Stuttgart 1925.

Rivers, W., *Psychology and Ethnology*, Kegan Paul, London 1926.

Rubin, A., *Marks of Civilization*, Museum of Cultural History, Los Angeles 1988.

Sahlins, M., »Raw Women, Cooked Men, and Other ›Great Things‹ of the Fiji Islands« in *The Ethnography of Cannibalism*, hrsg. v. P. Brown und D. Tuzin, Washington/D.C. 1983.

Sanday, P., *Divine Hunger*, Cambridge University Press, 1986.

Scheff, T., »The Distancing of Emotion in Ritual«, *Current Anthropology* 18 (3), 1977, S. 483–505.

Schmitt, J.C., *The holy Greyhound*, Cambridge University Press, 1988.

Siegel, J., »Images and Odors in Javanese Practices Surrounding Death«, *Indonesia* 36, 1983, S. 1–14.

Spencer, B., und Gillen, F., *Across Australia*, Macmillan, London 1912.

Sterner, J., »Who is Signalling Whom? Ceramic Style, Ethnicity and Taxonomy among the Sirak Bulahay«, *Antiquity* 63, 1989, S. 451–9.

Stone, L., *The Family, Sex and Marriage in England 1500–1800*, Weidenfeld and Nicolson, London 1977.

Strathern, A., *The Rope of Moka*, Cambridge University Press, 1971.

Strong, S., *Shining Path*, Fontana 1993.

Tambiah, S., »On flying witches and flying canoes: the coding of male and female values«, in *The Kula*, hrsg. v. J. Leach und E. Leach, Cambridge University Press, 1983.

Taylor, C., »Remembering to forget: identity, mourning and memory among the Jivaro«, *Man* 28 (4), 1993, S. 653–78.

Thomas, L.-V., *La Mort Africaine*, Payot, Paris 1982.

Thompson, M., *Rubbish Theory*, Oxford University Press, 1976.

Thompson, S., »Death, Food and Fertility«, in *Death Ritual in Late Imperial and Modern China*, hrsg. v. J. Watson und E. Rawski, University of California Press, Berkeley und Los Angeles 1988.

Topley, M., »Chinese Rites for the Repose of the Soul«, *Journal of the Malayan Branch of the Royal Malaysian Society*, Bd. 25, Teil 1, 1952, S. 148–59.

Valch, J., *The Afro-American Tradition in Decorative Arts*, Cleveland 1978.

van Baal, J., *Dema*, Nijhoff, Den Haag 1966.

van Gennep, A., *Übergangsriten, Campus, Frankfurt a.M. 1986* [Orig. 1909].

Wakeman, F., »Mao's Remains«, in *Death Ritual in Late Imperial and Modern China*, hrsg. v. J. Watson und E. Rawski, University of California Press, Berkeley und Los Angeles 1988.

Watson, J., »Of Flesh and Bones: The Management of Death Pollution in Cantonese Society«, in *Death and the Regeneration of Life*, hrsg. v. M. Bloch und J. Parry, Cambridge University Press, 1982.

Watson, J., und Rawski, E. (Hrsg.), *Death Ritual in Late Imperial and Modern China*, University of California Press, Berkeley und Los Angeles 1988.

Weiner, A., *Women of Value, Men of Renown*, University of Texas Press, Austin und London 1976.

Wilson, G., »Nyakyusa Conventions of Burial«, *Bantu Studies*, 1939.

Windsor, J., »Identity Parades«, in *The Cultures of Collecting*, hrsg. v. J. Elsner und R. Cardinal, Redaktion, London 1994.

Yoshida, K., »Masks and Transformation among the Chewa of Eastern Zambia«, *Senri Ethnological Studies* 31, *Africa* 4, 1992, S. 203–74.

Zegwaard, G., »Headhunting Practices of the Asmat of Netherlands New Guinea«, in *Peoples and Cultures of the Pacific*, hrsg. v. A. Vayda, Natural History Press, New York 1968.

Abbildungsnachweise

Sachbücher bei Klett-Cotta

Alexander Frater:
Regen-Raga
Eine Reise mit dem Monsun
Aus dem Englischen von Bettina Runge
368 Seiten, 1 Karte, gebunden, ISBN 3-608-93284-4

»Alexander Frater vermag das Reisen als eine Form von
Lebenskunst darzustellen. Sein doppeltes Talent, zur glückhaften
Reise und zu ihrer Beschreibung, macht »Regen-Raga« zu einer
Sensation auf dem Gebiet der hierzulande leider viel zu gering
geschätzten Gattung der Reiseerzählung.
Tobias Gohlis / Die Zeit

Frank Viviano:
Depeschen aus dem pazifischen Jahrhundert
Aus dem Englischen von Bettina Runge und Hans-Ulrich Möhring
344 Seiten, eine Karte, gebunden, ISBN 3-608-91702-0

»...Neben der plastischen Darstellung komplexer Zusammenhänge
gelingt es diesem Buch vor allem, immer wieder die ungeheure
Dynamik dieser Weltregion faßbar zu machen. Nicht durch
Zahlenspielereien und weniger durch Momentaufnahmen explo-
siv boomender Metropolen als vielmehr immer wieder in
zunächst scheinbar ephemeren Details...«
Ulrich Baron / Rheinischer Merkur

Barry Lopez:
In der Wüste. Am Fluß
Aus dem Amerikanischen von Hans-Ulrich Möhring
202 Seiten, Leinen, ISBN 3-608-93332-8

»Wäre«, so meint ein Kritiker, »Castanedas Don Juan ein
Schriftsteller, so würde er schreiben wie Barry Lopez.
Beide wissen um die Magie von Orten, eine Magie, die jenseits
des menschlichen Fassungsvermögens ist. Sie erinnert mich
an Peyote, an Buddhismus, an Tanz.«

Klett-Cotta

James Hamilton-Paterson bei Klett-Cotta:

Seestücke

Das Meer und seine Ufer
Aus dem Englischen von Hans-Ulrich Möhring
324 Seiten, 7 Abbildungen, Leinen
ISBN 3-608-93672-6

»Hamiltons Meditationen über das Meer und seine Ufer sind wissende,
geschliffene Texte, Essays über Inseln und Karten, Riffe, Wracks, über
Fischfang und Tiefen, Piraten und Nomaden der See. Vielleicht ist der
Autor ja ›im tiefsten Herzen ein Abenteurer, wie es heute nur noch
wenige gibt‹, vielleicht ist er aber auch ein Philosoph. Er verkehrt mit
Ozeanographen und Meeresbiologen, gibt indes zu erkennen, daß
sentimentale Antworten ihm lieber sind als wissenschaftliche...
Es ist im besten Sinne des Wortes ein Lesebuch über die Beziehung von
Mensch und Ozeanen, ein skeptischer Monolog.«
Lutz Fennek / BuchJournal

Wasserspiele

Aus dem Englischen von Karin Meissenburg
370 Seiten, gebunden
ISBN 3-608-93801- X

Tiwarik heißt eine kleine wasserlose Insel in Sichtweite der
philippinischen Hauptinseln, wo James Hamilton-Paterson für eine Zeit
seßhaft war. Mit der Insel hat es eine besondere Bewandtnis.
»Ich habe auf Tiwarik gewartet«, sagt der Autor und erzählt, wie er als
Zwölfjähriger aus Langeweile während einer Schulstunde die Karte einer
Insel malte. Längst vergessen, tauchte das Heft dreißig Jahre später
zufällig auf. »Auf dem linierten Papier war eine Zeichnung der Insel
Tiwarik, die ich selbst erst zwei Jahre zuvor entdeckt hatte!«
Tiwarik ist kein idyllisches Ferienparadies. Tiwarik ist ein extremer Ort –
harsche Windböen, blaue Untiefen, karge Klippen und ein üppiges Meer.
Wer dort, wie der Autor es tat, gleich einem Einheimischen leben will,
muß zunächst die fremde Landschaft deuten können: wo lauert Gefahr,
wo finde ich Beute, wo baue ich eine Hütte, wo kann man sicher gehen,
weil der Geist des Ortes wohlgesonnen ist.